财 政 部 规 划 教 材
全国高职高专院校财经类教材

财 政 与 金 融

（第三版）

王国星 主编

中国财政经济出版社

图书在版编目（CIP）数据

财政与金融/王国星主编．—3版．—北京：中国财政经济出版社，2010.1
财政部规划教材．全国高职高专院校财经类教材
ISBN 978-7-5095-1967-7

Ⅰ．财…　Ⅱ．王…　Ⅲ．财政金融-高等学校：技术学校-教材　Ⅳ．F8

中国版本图书馆CIP数据核字（2010）第006359号

责任编辑：张　军　　　责任校对：胡永立
封面设计：陈　瑶　　　版式设计：董生萍

中国财政经济出版社 出版
URL：http：//www.cfeph.cn
E-mail：cfeph@cfeph.cn

社址：北京市海淀区阜成路甲28号　邮政编码：100142
发行处电话：88190406　财经书店电话：64033436
涿州市新华印刷有限公司印刷　各地新华书店经销
787×1092毫米　16开　12.75印张　306 000字
2010年3月第3版　2010年8月涿州第2次印刷
定价：22.00元
ISBN 978-7-5095-1967-7/F·1645
（图书出现印装问题，本社负责调换）
本社质量投诉电话：010-88190744

编写说明

本书是财政部规划教材，由财政部教材编审委员会组织编写并审定，作为全国高职高专院校财经类教材。

本书包括财政与金融两方面的内容，主要阐述了财政学和金融学的基本知识、基本业务和基本理论。财政部分主要阐述了财政职能、财政支出、财政收入、财政预算、财政体制等；金融部分主要阐述了信用、利率、金融机构、金融市场、货币供求、国际金融等，还介绍了财政政策与货币政策。

本书吸取了我国财政金融理论工作者的一些研究成果，适当借鉴了西方国家的一些财政金融理论，并结合了我国财政金融改革的实践，吸收了当前财政与金融改革的最新内容。我们力求突出内容的基础性、知识的实用性和行文的简洁性，以便于更好地教与学。

在教材的编写过程中，得到了教材编审组的具体指导；教材引用了有关作者的论点，在此我们一并表示衷心的感谢。

教材由江西财政厅的王国星担任主编并编写第一、十一章，河南财政税务高等专科学校的韩宗保担任副主编并编写第四、五章，江西财经职业学院的樊纪明编写第二、三章，河南工程学院的党亚娥编写第六、十章，广西国际商务职业技术学院的黄少容编写第七、八章，河南财专的胡艳荣编写第九、十一章。主编提出编写大纲和编写体例，并最后总纂定稿。

本教材配有习题集，用书学校任课老师若需要章后练习题的答案，请以电子邮件的形式向中国财政经济出版社索取，E - mail：chenbing@ cfeph. cn。若需要其他网络教学资源，请登录如下网址：http//www. zgcjjy. com（或 www. 中国财经教育网 . com），进入“下载专区”即可。

限于水平和时间，教材难免出现误漏之处，敬请批评指正。

编　者

2010 年 2 月

目录

第一章

财政导论

学习要点

- 公共需要
- 市场失灵
- 公共物品
- 外部效应
- 公共财政
- 财政职能

第一节　社会公共需要

一、社会公共需要

社会资源的配置方式有两种，一种是市场配置方式，另一种是政府配置方式。我们在现实生活中的衣、食、住、行等物质消费与读书、看报、看电影、看电视等精神消费，都可以自己花钱买，尤其是在改革开放30年后，商品与劳务服务都丰富了，似乎“只要有钱，到市场上什么都能买到”。市场果真能为有钱人提供一切吗？人们有钱买小汽车，但无能力修马路；人们有钱买住宅，却不保证能获得好的治安；人们有钱吃大餐，却没有不呼吸污染空气的自由……可见，人们要安居乐业，必须要有国防和立法、司法与行政；人们出门要经过道路、桥梁、港口、码头、机场；人们生活要有自来水、下水道、气象服务、环境保护；人们文明程度提高要有幼儿园、小学、中学、大学、公共图书馆、科技馆等，这些物品市场上是不能全部买到的，它们基本都由政府提供。所以，人们日常生活离不开“市场”，同样离不开“政府”，社会资源必须由市场与政府两种方式来配置。

市场与政府是两种不同的资源配置方式，但它们的目标却是共同的，即都是为了满足人类的社会需要。

（一）私人需要与公共需要

人类的社会需要五花八门，但从最终需要来看可分为两大类：一种是以个人或家庭为单位提出的私人需要；另一种是以社会为单位提出的公共需要。私人需要由市场通过购买私人物品来满足，公共需要由政府通过财政收入和支出来满足。

私人需要与公共需要有联系。私人需要是基础，是人的基本需要；公共需要是一定范围内多数人共同的需要，是一种基于个人的需要，或者说是人的更高层次的需要，而不是一种抽象的超越个人需要的需要。

私人需要与公共需要也存在着很大的区别。私人需要的基本特征：一是独享性，私人需要的满足排斥他人需要的满足，对某个人需要的满足不能同时使其他人的需要得到满足。二是分散性，需要的主体是某个人或少数人。三是有偿性，私人为满足需要必须有偿购买，等价交换。

（二）社会公共需要的特征

社会公共需要是指社会安全、公共秩序、公民基本权利的维护和经济发展的条件等公众共同利益的需要。

一是公众性。公共需要反映全体社会成员的共同利益，是公众在生产、生活、工作中的共同需要，而不是哪一个或哪一些社会成员单独或分别提出的，也不是私人需要的简单数学相加。

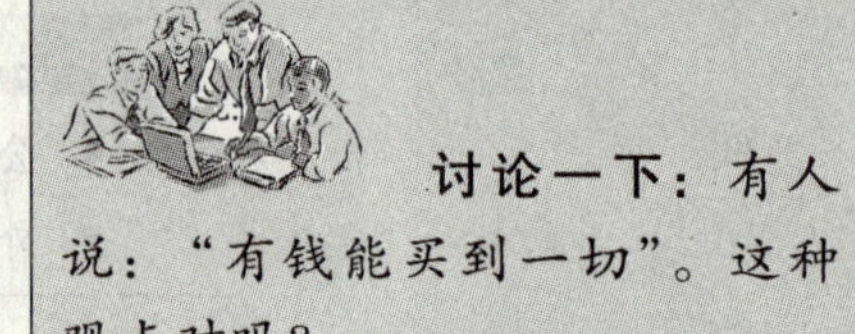

讨论一下：有人说：“有钱能买到一切”。这种观点对吗？

二是整体性。公共需要是无可分割的，是公众意志的整体体现，只能由整个社会集中执行和组织，而不能由哪一个或哪一些社会成员通过分散的活动来加以满足。

三是无偿性。公共需要不因人们的地位和收入不同而有区别。社会成员满足公共需要并非按市场规则进行等价交换，或无需付任何费用，或只支付与提供这些公共物品的所费不对称的少量费用。

四是历史性。社会公共需要在任何社会形态下都是存在的，但公共需要的范围并没有一个固定的模式。决定公共需要范围的物质力量首先是生产力发展水平，其次是社会生产关系状况和社会制度。

（三）社会公共需要的内容

社会公共需要的内容必然会随着历史的变化而不断变化。但就我国目前的生产力和生产关系状况而言，基本上可以分为这样几大类：

一是典型的公共需要。亦称纯公共需要，主要是执行国家职能的需要，包括国防、外交、公检法、行政管理、基础教育、公共卫生、环境保护等。

二是准公共需要。是指公共需要与私人需要之间在性质上难以严格划分的一些需要，如高等教育、医疗事业等。

三是再生产的共同外部条件。或者说是公共工程性的公共需要，主要是大型公益性基础设施，如铁路、电力、航空等。

（四）我国社会公共需要的变化

改革开放30年来，我国社会成员的公共需要开始发生了一些较大的变化。

1. 公共需要结构的升级化。我国社会成员从追求温饱到追求小康、从追求初步小康到追求全面小康，社会成员从基本生存的公共需求到全面发展的公共需求，整个需求结构在不断升级。处于不同收入群体的居民对公共需要的要求是不同的。中高收入群体更多地要求政府提供公共安全等服务；而中低收入群体则更多地要求政府提供公共医疗、义务教育等公共服务。随着经济发展和居民收入增长，公共需要结构在不断升级。

2. 公共需要数量的增长化。伴随社会经济的快速发展，公共需求的增长也不断加快。广大居民在公共安全、公共医疗、义务教育、社会保险等方面的需求增长速度越来越快。我国这些年财政支出数量和结构的变化也显示了这一特点。

3. 公共需要主体的多样化。一是城镇中低收入群体成为公共需要的主体之一。二是广大农民开始成为公共需要的重要主体。由于历史原因，我国的广大农民基本被排除在享受公共服务的主体之外。随着财政体制改革和农村改革的不断深化，公共财政的阳光将普照中国大地。

4. 公共需要提供者的选择化。政府不可能也不需要永远作为公共需要的唯一提供者。有些事情虽然一般地可以归类为公共需要，但只要民间可以办，又愿意办，而且也不妨碍社会公共利益，这就并不一定得由政府提供，完全可由市场提供。有些事情虽然一直由民间举办，但只要这些事情，民间办不了，民间不愿办，而社会又特别需要，这就可由政府提供。随着市场经济体制的不断完善，在公共需要提供方面，以履行公共管理职能为己任的政府主体、以追求利润最大化的企业为代表的市场主体、以非营利性的非政府组织为代表的民间主体等都将发挥各自独特的作用，特别是政府利用市场力量间接地提供公共需要的数量将会不断增加。

二、市场失灵

社会资源配置的两种方式中，市场配置是一种重要的方式。市场对社会资源的配置是通过市场机制来实现的，如价格机制、供求机制、竞争机制等。市场机制共同作用的结果是优胜劣汰，从而优化社会资源配置。但市场机制的资源配置功能不是万能的，其自身存在固有的缺陷，也就是市场失灵。

市场失灵（市场缺陷或市场失效）是指市场经济运行中自发产生的缺陷或弊端，或者说是现实市场中不符合完全竞争条件的因素以及市场运行结果中被认为不完善的方面。

（一）公共物品

公共物品（又称公共品或公共产品）是用于满足社会公共需要、具有非排他性和非竞争性特征的社会产品。既包括生产与消费不可分离的无形产品——劳务服务，也包括生产与消费可以分离的有形产品——各种使用价值不同的物品。

1. 公共品是与私人品相对应的物品。私人品由私人生产，供私人消费，其产权是能够界定和量化的。公共品是由公众生产，供公众消费，其产权是集体所有、共同消费的物品，这里的“集体”是一个相对于私人而言的概念，其产权是难以界定和量化的，在规模上可以大到整个国家，小到一个乡镇，也就是有全国性公共品和地方性公共品。

2. 公共品具有非排他性和非竞争性。公共品的非排他性，是指任何人都不能独占专用，这是从受益角度来说的。要么社会无法在技术上阻止不付费的人也消费，要么虽然在技术上可以阻止不付费的人消费，但这种阻止的费用太昂贵，有违经济原则。如国防、环境保护、社会治安等，它们都无法从技术上阻止不付费的人消费。当然由于各种技术进步，公共品的排他程度也会发生变化。如电视节目，原来是一种纯公共品，但随着有线电视和解密技术的发展，电视节目也可排他消费。

公共品的非竞争性，是指当一个人对社会产品进行消费时，并不排斥他人也同时消费；或者说，对公众来说，每增加一个消费的边际成本为零，这是从消费角度来说的。如新鲜空气、路灯、免费电视等。

公共品的这两个特征表明人们可以不付费而受益，在趋利性这一市场机制的影响下，会形成“免费搭车”的现象，即免费享用公共品的利益。

3. 公共品分为纯公共品和准公共品。这是按公共程度来划分的。纯公共品指完全具备非排他性与非竞争性的社会产品，如国防、外交、立法、司法和从事行政管理的政府各部门等。

准公共品也称“混合品”，指只具备上述两个特征的一个，而另一个特征则表现不充分的社会产品。它可以分为两大类：一类是利益外溢的准公共品。这类公共品的受益一部分由其所有者享用，或者说其受益是可以定价的，从而可在技术上实现价格排他，使其具有私人产品的特性。同时，这类产品的另一部分受益可由所有者之外的人享有，即效用具有不可分割性。如高等教育，受到教育的人会因此直接受益，并为其日后的经济收益奠定基础。但教育无论在什么层次上，都带有社会功能，可以使全社会的文明程度提高。另一类是拥挤性的准公共品。这类公共品是指那些随着消费者人数的增加而产生拥挤，从而会减少每个消费者从中受益的公共品。它们的受益具有非排他性，但在消费上具有一定程度的竞争性。也就是说，当与之有关的消费者人数达到拥挤点之后，若消费者再增加，就会影响某些人的费用支出。例如，拥挤的公路会发生堵车，也会带来交通事故和消费者医疗费用开支的增加等。

4. 公共品有复杂的需要显示机制。私人品的需要通过市场机制来显示，私人购买什么、购买多少、用多少价格购买、在什么地点和时间购买等都属于私人选择的行为，其决策和成本与收益也完全由私人自己承担，并不损害第三者的利益。

公共品生产的成本与享用的收益并非取决于任何一个私人的选择，而是众多个体共同博弈的结果。同时由于公共品消费中存在“搭便车”的可能，使得公共品的提供者与公共品的消费者在公共品的选择中出现困难。

公共需要的偏好表达或显示，主要体现在公众对其所拥有的各种权利包括政治、经济、文化、社会等权利的有效行使上，实际上就是在法律和道德的约束下，运用自身各种正当权利来显示自己需要的过程。这更要求政府拓宽合法的民主渠道，使社会公众的正当民主权利得到有效发挥，使绝大多数社会公众的偏好能在政府的公共政策中得以体现。

在公共选择理论看来，政府公共品的决策过程实际上是一种类似于商品市场的由供求双方相互决定的过程。公共品是一种“政治市场”，选民是公共品的消费者，政治家和政府官员则是公共品的提供者，交换的媒介是选民的选票。

5. 公共品可采取多种提供方式。随着市场经济体制的不断完善，将改变过去公共品由政府唯一提供的方式。政府可利用市场力量来提供更多的公共物品。一是政府招标，与私人部门签订供给合同，一般适用于具有规模经济效益的城市基础设施和部分公共服务行业。二是政府授权经营，一般适用于城市公共服务行业，如自来水、煤气等行业。三是政府采取补贴、减税、购买等方式资助提供公共品的私人部门，一般适用于科技开发、卫生保健、住宅建设等领域。因此，我国公共品应该采取更加灵活的提供方式，以提高公共品的提供效率。

（二）外部效应

外部效应，也称外部性，是指某种经济活动给与这项活动无关的社会其他成员带来的影响。这种影响可能给社会其他成员带来好处（外部正效应），也可能使社会其他成员受损（外部负效应）。

外部正效应指商品生产者内部效益远远低于社会效益的经济现象。如一项农业科研成果的推出可使使用该项成果的所有农户都受益，但作为农业科技的推出单位无论如何都不可能将该项成果所带来的经济效益全部据为己有。

外部负效应也称外部成本，指商品生产者生产某一产品的成本大大低于社会成本的经济现象。如污染企业对“三废”不作任何治理就直接对外排放，企业成本最低，但造成环境污染而带来的社会成本将是不可估量的。企业假冒他人开发的专利、商标、外观设计等知识产权，对企业来说成本最低，但因此挫伤开发企业的积极性将会导致技术进步的受阻。

外部效应的产生并不是任何人蓄意造成的，它是随着生产或消费产生的某种副作用。其产生原因主要有：一是产权界限不明；二是权益界限不明晰；三是政府缺少相应的措施或措施不力。外部效应特别是外部负效应现象市场配置方式难以解决，必须由政府介入加以解决。

（三）自然垄断

市场经济发展到一定阶段，当生产集中于一个或少数大企业、市场价格由一个或少数大企业控制时，就会出现垄断。因而垄断是指一个或少数企业独占生产和市场。市场效率以完全自由竞争为前提，而垄断的出现意味着产品价格和利润水平不是取决于市场供求关系。垄断者通过垄断价格来获取超额利润，不利于竞争，不利于厂商改进技术，市场效率也因此而丧失，为此政府必须干预。

（四）信息不充分

市场竞争以生产者与消费者都能取得充分的信息为前提。就生产者而言，在安排生产前它应明确消费者需要什么、需要多少等；就消费者而言，在进行消费前，它应了解产品的质量、价格性能比、售后服务以及同种产品的不同品牌等。但市场经济体制下，生产决策与消费决策一样，同属私人行为，这种分散、个别的决策是难以全面、准确地把握市场信息的。

（五）收入分配不公

讨论一下：我国现阶段收入分配不公的表现主要有哪些？

市场经济体制下，收入是按生产要素（资本、土地、劳动力等）进行分配的。但由于人们所拥有的生产要素不同、即使拥有同种生产要素但要素禀赋不同、市场的不完全竞争等因素的存在，使收入分配结果出现明显的不公平。可见，市场机制即使是灵敏有效率的，但它本身不能兼顾社会公平。收入分配的过分悬殊，导致社会的不安定，将会直接影响市场效率。因此，协调市场机制内在的公平与效率矛盾的机制是政府干预，以调节收入分配。

（六）经济周期

在市场经济体制下，价格的变动是市场主体决定投资取舍的重要因素。由于市场价格对产品供求状况的反映具有滞后性特征，即只有当产品大量过剩，供给远远大于需求时，产品价格才会下跌，厂商才会因此而改变投资决策，而这已现实地造成了经济的过剩。可见，市场机制不可避免地会产生通货膨胀、通货紧缩等问题。经济周期的出现，不论是通货膨胀还是通货紧缩，都涉及千家万户的生活问题，都是经济问题导入政治问题的连接口。为了实现经济的持续发展，政府干预经济成为必要。

此外还有个人偏好不合理。在市场运行中，个人偏好往往有不合理的方面。消费者对有些物品不能给予正确的评价。如有人对香烟、毒品有好感，这种由于个人偏好不正确所带来的市场运行结果自然是不完善的，政府也有必要干预。

三、政府干预

市场配置资源存在市场失灵，社会资源配置必须还要有效地运用另一种方式即政府配置或称政府干预。政府干预的主要作用是弥补市场失灵。

（一）政府干预方式

政府干预主要有两种方式：直接干预与间接干预。直接干预实质上是政府的行政干预，即通过政府的各种不同的职能机构，依照立法和规章，对市场及企业本身实行的监督指导。间接干预指政府在市场外围通过制定和调整政策，来影响市场的运作，即通过各种政策对市场内在机制的杠杆作用来间接地施加影响。在市场经济中政府所能利用的两个主要经济杠杆是财政和金融。

以上列举的六种市场失灵现象，政府可采取不同的干预方式，如表 1－1 所示。

表 1－1

市场失灵	政府干预
公共物品	提供公共物品
外部效应	减税或补贴鼓励正效应；增税或收费限制负效应；立法
垄断	反垄断法；价格管制；国有化；税收和金融扶植小企业
信息不充分	公开信息
收入分配不公	税收；社会保障；转移支付
经济周期	财政政策和货币政策

（二）政府失灵

在政府与市场的关系中，通常把政府的活动领域界定在市场失灵的区域。但理智地说，政府并不能在市场失灵的所有区域有效活动，也就是政府干预并非总是有效的。有时候政府的不作为比有作为更明智。因为，政府也不是万能的，它不完全具备理想化政府的条件，即存在政府失灵，如信息失真、决策失误、管理失控、监督失效等。

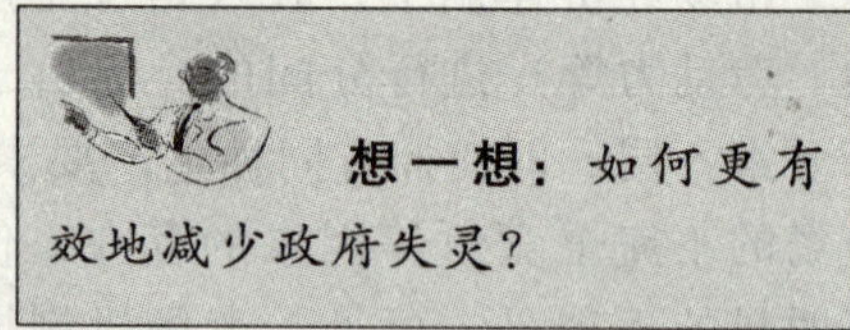

想一想：如何更有效地减少政府失灵？

（三）正确履行政府职能

政府职能是指政府依法对国家政治和社会事务进行管理时应承担的职责和所具有的功能。政府职能反映着公共行政的基本内容和活动方向，是建立行政组织和进行机构设置、人员配备的最基本依据。

政府职能在不同的社会形态、不同的经济发展阶段和不同的政治经济体制下，其具体构成存在共性，也存在很大的差别。西方国家的政府职能经历过“守夜人”的小政府阶段、“政府干预”的大政府阶段、市场与政府互补合作阶段。我国的政府职能随着计划经济体制转向市场经济体制也发生了深刻的转变，市场经济条件下政府主要有四个职能：经济调节职能、市场监管职能、社会管理职能和公共服务职能。

政府职能是行政管理体制和机构改革的关键。要着力转变职能、理顺关系、优化结构、提高效能，形成权责一致、分工合理、决策科学、执行畅通、监督有力的行政管理体制。只有科学定位政府职能和正确履行政府职能，才能把政府失灵降低到最低限度。

小资料

财政为新中国建设提供坚实的财力保障

1950 年全国财政收入 62 亿元，2008 年达到了 6.13 万亿元，2009 年预算安排收入 6.62 万亿元，60 年间增长 1000 多倍。全国财政收入从 1950 年的 62 亿元到突破 1000 亿元大关，用了 28 年时间；从 1000 亿元到 1 万亿元用了 21 年时间；从 1 万亿元到 6 万亿元用了 9 年时间。目前我国一天的财政收入，约为新中国成立初期全年财政收入的 3 倍。

在财政收入增长的同时，财政支出的规模也不断加大。60 年来，全国财政支出规模从 1950 年的 68 亿元，扩大到 2008 年的 6.2 万亿元，2009 年预算安排 7.62 万亿元，比 1950 年增长了 1120 倍。

第二节　公共财政

一、公共财政的概念

通过以上对公共需要与私人需要、公共物品与私人物品、市场失灵与政府干预等问题的分析，可以对什么是公共财政的问题作出回答了。财政部门是政府的一个综合部门，它的活动属于政府的经济行为，它虽然不直接从事生产，但为政府弥补市场失灵提供财力，以最大限度地满足社会公共需要。

简要地说，**公共财政是政府为满足社会公共需要而对一部分生产总值进行的分配活动**，是与市场经济相适应的一种财政类型。其实质是取之于公众、用之于公益、管之于公决。

想一想：我国公共财政的提出为什么经历了较长的过程？

我国公共财政模式的提出和实施，经历了较长的理论探讨和实践探索过程。1998 年年底召开的全国财政工作会议，提出了初步建立公共财政框架的改革目标。2000 年 11 月，李岚清代表国务院在第二期省部级干部财政研究班上作了题为“以三个代表的重要思想为指导，建立公共财政的初步框架”的重要讲话，这意味着经历了 20 多年的渐进式财政经济体制改革后，我国的财政模式发生了质的转变。

要全面地理解公共财政，必须回答公共财政作为一种分配活动，“由谁来分配”、“对什么进行分配”、“依据什么进行分配”、“为什么分配”等问题。

（一）公共财政的分配主体是政府

分配主体就是回答“由谁来分配”的问题。公共财政的分配主体是政府，也就是说，公共财政是政府为主体的经济行为。

市场经济条件下，经济活动的主体有三个：一是个人或家庭；二是企业；三是政府。从理财的角度来说，以家庭为主体进行的理财活动称为“家政”；以企业为主体进行的理财活动称为“财务”；只有以政府为主体的理财活动才能称为“财政”。个人或家庭、企业和政府这三者的经济功能和主要目标是不同的。

个人或家庭的主要经济功能是劳动供给、储蓄投资、分配和消费等。个人或家庭在劳动力市场提供劳动力而获得劳动收入，在资本市场通过投资获得资本收入等，用依法纳税后的可支配收入进行消费或储蓄，主要目标是追求个人或家庭福利最大化。其理财活动都是在市场价格和供求关系的引导下，以个人或家庭为主体，分散决策、自主选择的。

企业的主要经济功能是生产经营各种私人物品。企业在各种要素市场购买生产要素，通过生产经营过程生产出商品或服务，在商品或服务市场把商品或服务转化为收入，用收入扣除成本费用后的剩余部分通过财务分配形成职工工资、政府税收、企业利润等，主要目标是追求利润最大化。其理财活动也是在市场引导下，以单个企业为主体，分散决策、自主选择的。

政府的主要经济功能是弥补市场失灵。政府通过税收、非税收入等形式来形成财政收入，通过财政支出把资金用于社会公共需要，解决个人或家庭、企业无力解决或不愿解决的具有“公共性”的经济问题，为个人或家庭、企业的生活和生产经营活动创造良好的外部条件，主要目标是实现社会福利最大化。其理财活动是在非市场领域、通过公众选择和集中决策实现的，这种实现手段就是公共财政。所以，公共财政是以政府为主体的经济行为。

（二）公共财政的分配客体是生产总值

解决了“由谁来分配”的问题，接下来的就是“对什么进行分配”的问题。公共财政的分配客体（对象）是一部分生产总值，也就是说，公共财政是对一部分生产总值进行的分配活动。

生产总值即国民生产总值，是指一个国家或地区在一定时期内生产的全部最终产品和服务价值的总和。公共财政通过税收收入、非税收入等形式集中一部分生产总值，形成政府财政收入，然后通过财政支出用于各方面，满足社会公共需要。

生产总值由第一、二、三产业共同创造，目前我国政府集中的公共收入主要来自第二产业。随着经济的发展，来自第三产业的公共收入将不断增加。

生产总值的不断增多为财政分配提供了更为广阔的活动领域，也为公共财政发挥更大的作用提供了经济条件。生产总值的增加，政府、企业、个人或家庭的收入也会随着增加，但生产总值在一定时期总量是既定的，政府与市场的配置份额之间存在此消彼长的关系，因而就有在生产总值中政府通过财政集中多少为合理的问题，从理论上说，应以社会资源的有效配置为标准。具体地说，可用财政收入占生产总值的比重来衡量财政规模是否合理。

正确地认识公共财政的分配客体，有助于更好地分析公共财政的地位和作用，也有助于更好地使公共财政分配格局合理化。

（三）公共财政的分配依据是公共权力

私人部门用于满足私人需要的资金，凭借对生产要素的所有权取得，而政府用于满足公共需要的资金，依据公共权力获得。公共权力是指由政府和相关公共部门掌握并行使的，用以处理公共事务、维护公共秩序、增进公共利益的权力。实际上它是全社会范围内的政治权力，是以全社会成员的共同利益为基础的，国家产生后就表现为国家权力。

从经济学角度来考察，公共权力的运行具有以下特点：一是稀缺性。公众共同组建了政府，而直接行使政府公共权力的却只能是部分人，即存在着公共职位公众所有与部分人代理的矛盾。二是经营性。是指公共权力可以作为一种手段由其行使者对权力的接受者进行经营，使其发生一定的变化运动，从而实现对所掌握资源的最优配置。三是代理性。公共权力来源于公众，公众是公共权力的所有者。在公共权力的运行中，实际上在公众和权力行使者之间建立了一种典型的委托代理关系。

在组织财政收入方面，政府可以依据其公共权力获取财政收入，这类收入带有明显的强制性征收的特色，主要是税收收入。

政府也可以依据公共产权获取财政收入，这类收入主要是非税收入，包括行政事业性收费、国有资本经营收入、国有资源（资产）有偿使用收入等。

此外，政府还可以依据信用关系获得财政收入，这类收入是政府按照有借有还的信用原则来筹集的，主要是政府债务收入。

（四）公共财政的分配目的是满足社会公共需要

分配目的就是回答“为什么分配”的问题。公共财政的分配目的是满足社会公共需要，这是由公共财政的本质属性决定的。

公共需要是相对于企业、个人或家庭需要而言的，是市场机制不能满足的需要。满足社会公共需要的任务主要由政府来实现，也就是说，只能由政府通过财政才能满足社会公共需要。

政府是否满足社会公共需要以及满足的程度如何，主要取决于政府的财力状况和管理水平。现实社会中的社会保障、公共卫生、基础设施、环境保护等公共需要都很难确保满足，因为政府只能提供公共需要中政府认为在现有的财力状况、技术条件、管理水平下应予以提供的部分，社会公共需要与政府财力永远是矛盾的，政府不可能满足所有的社会公共需要。

当然，社会公共需要的变化必然带来政府的变革，可以说公共需要是推动政府改革的“原动力”。公共财政收支范围的宽窄、收支规模的大小、收支形式的变化等不仅取决于财政本身，更要取决于社会公共需要的变化。

二、公共财政的特征

完全意义上的公共财政至少应体现这样几个特征：一是财政支出的公益性；二是财政收入的完整性；三是财政管理的公开性。

（一）财政支出的公益性

财政支出的公益性是指公共财政支出主要用于满足社会公共需要，以弥补市场失灵。这是公共财政的根本性特征，也是公共财政与建设型财政等类型的重大区别。因而可以说，公共财政是弥补市场失灵的财政。

市场经济条件下，之所以需要政府及其公共部门，抛开政府的政治行为，单从经济角度看，是因为政府及其公共部门的存在及其职能的实现，有助于增进和实现公共利益。或者说是因为市场不能解决所有的经济问题，而政府公共财政活动的范围恰好就是市场失灵的领域，由政府通过公共财政来解决有助于增进和实现社会共同利益。

公共财政支出的公益性，就支出目的来说，主要用于满足公共需要，实现绝大多数社会成员的公共利益。因而主要支出内容应包括：一是用于代表全社会共同利益和长远利益的事务；二是只有用于政府出面组织和实施才能实现的事务；三是用于企业、个人或家庭不愿意举办而又是社会存在和发展所必需的事务。也就是说，作为建立在市场经济运行机制基础上并符合市场经济要求的公共财政，财政支出的公益性必须满足“市场在资源配置中起基础性作用”这一基本条件，否则公共财政就会出现“越位”和“缺位”等情况。

（二）财政收入的完整性

财政收入的完整性是指全部政府收入都要纳入政府预算。即在预算之外不得存在其他政府收入。这是公共财政的基础性特征。也就是说，公共财政是政府财政，而不是部门财政。

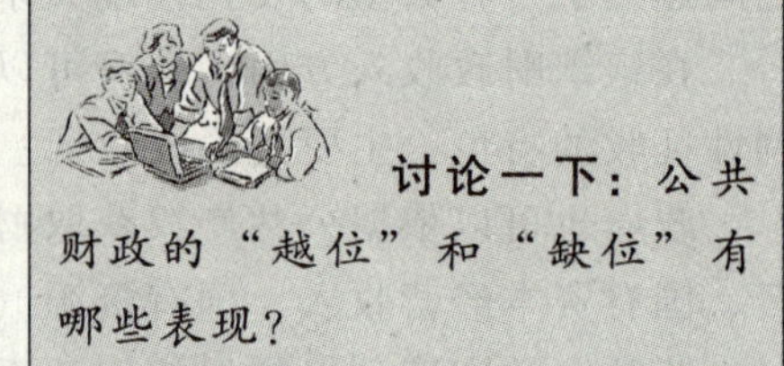

讨论一下：公共财政的“越位”和“缺位”有哪些表现？

公共财政收入的基本形式是税收，非税收入是补充形式。不论是税收收入还是非税收入，都是依据政府公共权力获得的，都是政府的财政收入，都必须纳入政府预算，不应该成为哪个部门或集团的收入而流入预算之外。因而，公共财政收入应等同于政府收入。

在计划经济体制下，政府财政收入分为预算内收入和预算外收入，政府集中掌握的是预算内收入，而预算外收入却由各部门自行掌握和使用，这种做法破坏了财政收入的完整性，肢解了财政职能，不符合公共财政建设的要求。提出建设公共财政以来，我国进行了“收支两条线”改革，实行综合财政预算，改变了财政收入不完整的局面。但要体现真正意义上的财政收入完整性，还需要做许多工作。

（三）财政管理的公开性

财政管理的公开性是指财政管理活动必须公开透明，让公众清楚政府的收入和支出及相应的管理制度。这是公共财政的关键性特征。而要做到公开性，必须做到民主性和法治性，所以，公共财政是阳光财政、法治财政、民主财政。

公共财政是阳光财政。政府的“钱”是社会公众的“钱”，是纳税人的“钱”，政府只是代表公众把“钱”收上来，然后用于社会公共需要。因而，公众有权知晓政府收了多少“钱”、政府把“钱”用到哪里去了，有权监督政府预算的编制和执行情况，政府也有义务把财政收支内容向公众公开。我国财政的公开性近些年有了较大的体现，改变了过去所有财政数字都保密的做法，但真正的阳光财政建设还需努力。

公共财政是民主财政。政府提供公共产品不是通过公民的买卖来作出决定，而必须通过一定的政治程序即所谓的“政治投票”作出决策。各级政府的财政预算是由本级人民代表大会投票表决产生的，而各级人大代表是由不同行政区的选民投票选举产生的。财政预算代表了人民的根本利益，一经批准，就具有法律效力，政府必须按照批准的预算组织执行；财政预算在执行中需要调整，也必须通过权力机构批准；预算执行结果即财政决算，也要经过人民代表大会审批。可见，整个公共财政活动的过程应具有广泛的民主基础，公共财政要最大限度地实行民主决策，充分接受民主监督。当然，我国的民主政治还在完善过程中，公共财政的民主性特征还在逐渐地显现。

公共财政是法治财政。公共财政作为一种与市场经济相适应的财政模式，其一切活动都必须纳入法制规范的范围。也就是说，社会公众通过权力机关和相应的法律程序来约束、规范和监督政府的财政行为，确保公共财政真正代表社会公众的利益。一是财政收入的法治性。税收、非税收入都要通过权力机关的批准或授权，财税部门才能依法征收，不得超越法律的约束而随意地征收或减免。二是财政支出的法治性。所有的财政支出都应纳入政府预算，并经过权力机关批准，在预算之外不得存在任何政府的支出活动。三是财政管理的法治性。财政管理的一切行为都应当置于法律的根本约束和规范下，都要遵守行政许可法、预算法、会计法、审计法和相关实施条例以及各种税法、会计准则等多层次的法律法规条例。随着我国法制建设的不断完善，公共财政的法治性将更好地显现。

三、公共财政的建设

公共财政的建设过程就是财政管理公共化程度不断提高的过程。财政管理水平的公共化，实际上就是提高公共选择的民主决策程度和公众的参与程度。在一个法治国家里，公民一方面依法纳税，另一方面可享受政府提供的公共品。与传统的政府结构相比，这种公民与政府之间的关系能更好地体现市场的要求和公共财政的内涵，是公共财政发展的必然趋势。

我国于 1998 年明确提出建立公共财政的改革目标，之后，我国财政领域进行了一系列的重大改革。

（一）实施部门预算改革

政府预算是公共财政存在的形式。部门预算通俗地说就是一个部门一本预算。它是由政府各部门分别编制经财政部门审核后提交人代会审议通过的反映政府各部门所有收支的预算。我国于 1999 年开始实施部门预算制度的改革，2000 年选择了农业部、教育部、科技部、劳动与社会保障部等四个部门进行试点，2001 年国务院除 3 个部门外的其他 26 个组成部门的部门预算都上报全国人代会审议。地方政府也选择有关厅局进行试点并不断推广。经过几年的努力，现在部门预算已在我国普遍实行。

实行部门预算改革，实现了“一个部门一本预算”的目标，在预算编制方法上采用了零基预算，在预算编制内容上实行了综合预算，进一步规范了向人代会报送预算的格式和内容，政府预算的公开性增大，为公共财政的建设打下了扎实的基础。

（二）深化“收支两条线”改革

早在 1990 年我国就作出了实行“收支两条线”管理改革的决定，当时是以预算外资金的财政专户管理为主要内容的“收支两条线”改革，试图加强预算外资金的管理，但没有取得实质性的进展。2001 年开始又对深化“收支两条线”改革提出了新要求，其核心内容是收支脱钩、收缴分离，逐步淡化和取消预算外资金，将预算外资金全部纳入预算管理。其主要做法：一是各级执收执罚部门和单位将依托政府职能所得的收入上缴国库或财政专户；

二是改革预算外资金收缴制度，实行收缴分离；三是改革收支挂钩的做法，实行综合财政预算。

深化“收支两条线”改革能够有效地促进政府各部门依法行政、公正执法，减轻企业和居民负担，从源头上反腐倡廉。

（三）实行政府采购改革

我国从 1996 年开始政府采购工作试点，1998 年开始全面的试点和推行。2003 年 1 月《政府采购法》正式实施，标志着政府采购制度改革工作进入了新的发展时期。依法行政、依法采购、规范管理成为政府采购工作的基本要求。

建立政府采购制度能有效地促进公平交易，给企业提供平等的竞争机会，有利于促进我国市场经济的健康发展。能更加规范政府采购行为，有利于发挥政府采购的宏观调控作用。同时，也要求政府各级国家机关、实行预算管理的事业单位和社会团体采取公正、公平、公开的形式使用财政资金，有利于加强财政支出管理和提高财政资金使用效率。

（四）推行国库集中收付改革

国库集中收付制度或称国库单一账户制度是以国库单一账户体系为基础，资金缴拨以国库集中收付为主要形式的财政国库管理制度。也就是财政统一开设国库单一账户，所有财政资金都集中于一家银行账户中，各单位不再设立银行账户，所有财政收入直接缴入国库，所有财政支出均根据预算由财政直接向商品或劳务供应者支付。

我国国库集中支付制度改革始于 2001 年，当年国务院批准了财政部和中国人民银行提出的《财政国库管理制度改革方案》，同时在水利部、科技部等 6 个中央部门进行试点。2002 年修改完善了有关管理办法，扩大了试点范围。与此同时，地方的国库管理制度改革试点工作也在积极推进。经过几年的努力，现在我国各地都推行了国库集中收付制度。推行国库集中收付制度是与国际惯例接轨的要求，也是构建公共财政框架的要求。

（五）推进政府收支分类改革

我国政府收支科目的基本框架，是建国初期参照原苏联体制设计、适应计划经济体制下的财政管理要求建立的。几十年来，虽然根据不同时期财政经济运行的情况和特点作过一些小的调整，但总体框架和体系基本没有改变。

按照全国人大的要求和国务院的指示，财政部从 1999 年开始对政府收支分类改革方案的研究设计工作，之后几年在有关中央部门和省进行模拟试点。2005 年 12 月国务院批准同意从 2007 年 1 月 1 日起全面实施政府收支分类改革。

改革后的收入分类，是按收入的来源和性质来全面反映政府的各项收入，设类、款、项、目四级。类级科目包括税收收入、社会保险基金收入、非税收入、贷款转贷回收本金收入、债务收入和转移性收入六类。

支出有按功能分类和按经济分类两大类。支出功能分类能完整反映政府的职能活动，说明政府的钱究竟做了什么。支出经济分类能明细反映政府各项支出的具体用途，说明政府的钱是怎样花出去的。

> **想一想：** 政府支出分类为什么要有功能分类和经济分类？

这样的政府收支分类基本上实现了“体系完整、反映全面、分类明细、口径可比、便于操作”的改革目标。能充分发挥其“数据辞典”的作用，为预算管理、统计分析、宏观决策和财政监督等提供全面、真实和准确的经济信息，为尽快建立科学、民主的现代预算管理制度，完善公共财政体制打下坚实的基础。

（六）深化财政支出改革

进一步改革财政支出的内容和范围，不断优化财政支出结构，更好地体现了科学发展观、“五个统筹”、和谐社会的要求。具体地说，主要表现在：增加社会保障投入，促进了社会保障体系的建设；增加工资性支出，提高了机关事业单位工资水平；增加科教投入，更好地落实“科教兴国”战略；增加农业投入，进一步巩固农业的基础地位；增加生态建设和环境保护的投入，更加注重人与自然的和谐发展。还对财政支出方式进行了改革。

（七）推进财政科学化精细化管理

推进财政科学化精细化管理是贯彻落实科学发展观的必然要求，符合现代管理的发展趋势，也是公共财政建设的必然要求。推进财政科学化精细化管理要突出依法理财、注重流程设计、完善岗位体系、强化绩效考核、健全配套制度、运用科技手段、坚持以人为本。推进财政科学化精细化管理的主要任务：一是加强财政法制建设；二是建立完善的政府预算体系；三是加强预算编制管理；四是细化预算执行管理；五是加强财政监督；六是加快财政管理信息化建设；七是管理基础工作和基层建设；八是加强财政干部队伍建设。

通过以上财政改革，可以说，公共财政的基本框架已经建成。但要建立与市场经济相适应的公共财政体系还需要继续深化财政改革。

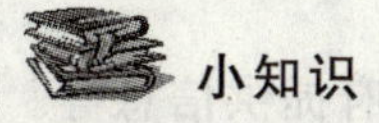
小知识

“财政”一词的来历

财政一词最早于13至15世纪出现在拉丁文中，意为结算支付期限、支付款项、确定罚款支付等。16世纪财政一词传入法国，意为公共收入。17世纪演变为专门指国家理财。19世纪进一步阐明是指国家及一切公共团体的理财，并相继传入欧洲其他国家，英语为finance。19世纪末，日本引进finance的词义，同时借用中国的两个汉字“财”与“政”，立财政一词。19世纪90年代，财政一词由日本传入我国，在戊戌变法（1898年）“明定国事”诏书中首次出现“改革财政，实行国家预算”的条文。我国早期用“度支”、“国计”、“国用”等词来概括财政现象。

第三节 财政职能

财政职能是指财政分配活动所固有的功能。它主要回答“财政能干什么”或“应该干什么”的问题。只要有财政活动，就有财政职能，即财政职能是客观存在的，但“固有的”并不是“固定”的，财政职能是发展变化的。在市场经济体制下，财政具有资源配置、收入分配、稳定经济三大职能。

一、资源配置职能

（一）资源配置职能的含义

资源配置职能是指财政通过税收和支出等政策，引导资源流向，为政府满足各种公共需要提供财力保障的职能。

财政具备资源配置职能的客观因素是市场失灵，也就是说市场配置所不能解决的领域就是财政发挥资源配置职能的领域。即财政要利用公共政策对市场配置所形成的无法提供公共品、外部效应、自然垄断、信息不对称等失灵领域进行引导、修正和补充。

（二）资源配置职能的范围

财政配置资源的范围取决于政府职能的范围。在市场经济体制下，市场发挥基础性资源配置的作用，政府对经济活动主要是参与、调节、引导、补充。因而财政资源配置的范围主要有：

1. 市场配置失灵而社会又需要的公共品方面。如外交、国防、司法、治安、行政管理、基础教育、公共卫生、科技文化、社会保障、环境保护、大型公共设施和基础设施，以及对公共资源的管理。

2. 对外部效应的干预。如控制和治理废水、废气、废料等环境污染，实施森林保护、城市绿化等。

3. 对自然垄断的矫正。如城市供水、供电、供气、公共交通等。

4. 信息不对称的矫正。如政府强制规定私人必须从事某些活动，或政府提供信息等。

（三）资源配置职能的目标

资源配置职能的目标是资源达到最有效的利用，即实现帕累托效率。资源配置的核心是效率问题，效率又取决于资源的使用方式和使用结构。资源的最有效利用就是使所有资源处于一种最优组合状态，产生最大的社会经济效益。

帕累托效率，就是资源配置的任何改变都不可能使得任何人的福利有所增加而不使其他人的福利减少。或者说，不可能通过改变资源配置，使一些人得到利益，同时又没有使另一些人受到损失，则这种资源配置达到了最优。

讨论一下：谈谈你对帕累托效率的理解。

但在现实经济生活中，由于客观和主观条件的限制，所有经济资源不可能都实现最优配置。务实地说，只能使资源配置达到一种人们认为较理想的状态，即为资源的合理配置。

（四）资源配置职能的方式

1. 调整财政收入占生产总值的比重。主要是为了调节经济资源在政府部门和非政府部门之间的配置，使政府掌握数量合理的经济资源。这要根据各级政府所承担的政治、经济和社会职能，特别是本行政辖区内公民对公共品的需要，按照政治程序确定各自所应当提供的公共品的范围、数量、结构等。

2. 优化财政支出结构。主要是为了调节经济资源在部门、产业、地区之间的配置，以满足各方面的社会公共需要，保障国家安全、社会和谐、人民康福。也就是政府要在可支配的经济资源总量内，通过优化支出结构来促进社会经济结构的合理化。

3. 调整财政体制。主要是为了调节经济资源在政府内部的配置，包括中央政府与地方政府及地方各级政府之间的资源配置，既要尽量满足地方政府发展社会经济的资源需求，更要保证中央政府为进行宏观调控所必须掌握的资源，使资源的总体配置与区域配置相互衔接与协调。

4. 制定相关财政政策。主要是为了调节经济资源在非政府部门的配置，特别是按照国家的发展战略和社会经济发展规划，引导非政府部门的资源流向，鼓励和支持非政府部门在直接或间接地提供公共品方面发挥更大作用。

二、收入分配职能

（一）收入分配职能的含义

收入分配职能是指在市场按要素分配的基础上，财政通过税收、支出和转移支付等手段对市场分配的不公平进行调节的职能。

一般来说，经济活动中收入和财富的分配取决于生产要素的投入以及这些生产要素的市场价格。但是在市场经济下，由于每个分配主体所提供的生产要素的数量不同，质量有异，所拥有的资源稀缺程度不同，市场价格可能有偏差，加上各种非竞争性因素的干扰，使得各分配主体获得的收入可能与其要素投入不相称，甚至差距较大。如果这种收入差距超出社会各阶层的接受程度，则不仅导致经济的波动，还将造成社会的不稳定。因此，市场经济体制下必须依靠政府的力量，对收入分配不公平的格局加以调整。

（二）收入分配职能的范围

财政在执行收入分配职能时，要划分市场分配与财政分配的界限，各司其职。

1. 凡是属于市场分配的范围财政不宜直接介入。这里的核心问题是按弥补市场失灵的要求来科学界定政府职能，解决政府职能的“越位”与“缺位”问题。如企业职工工资、企业利润、租金收入、红利收入、股息收入等，应由市场来进行配置。

2. 凡是属于财政分配的范围，财政则应尽力做到公平分配。就目前而言，一是要规范工资制度，对于公务员以及由预算拨款的事业单位职工，应根据国家经济发展的状况并参照企业职工的平均工资来确定其工资标准，并将各种工资性收入都纳入工资总额，取消各种明贴和暗补，提高工资的透明度，实现个人消费品的商品化；二是对医疗保险、社会福利等社会保障资金，财政应履行集中分配的职责，通过各种转移支付形式，使每个社会成员能够享受同等的待遇。

（三）收入分配职能的目标

讨论一下： 结合所了解的情况，谈谈你对我国目前收入差距的看法。

收入分配职能的目标是实现社会公平。即把收入差距维持在社会各阶层能接受的范围内。公平不等于平均，“共同富裕”并不等于所有的人拥有均等的财富，收入分配要克服平均主义做法，在国家政策法规允许的范围之内以正当的手段通过诚实劳动获得较多收入，使一部分人先富起来，是符合公平要求也符合效率要求的；但也不是收入差距越大就说明效率越高，差距过大会影响社会安定，也不利于提高效率。

分析收入差距最常用的技术方法是洛伦兹曲线和基尼系数。

洛伦兹曲线是描述一国或一区域财富和收入分配性质的一种曲线。横轴表示人口的百分比，纵轴表示收入的百分比。如果收入绝对公平，即每个人得到同等数量的收入，则洛伦兹曲线表现为一条呈45度角的直线（OM）；如果收入绝对不公平，则洛伦兹曲线将与正方形的底边和右边重合。任何实际收入都介于这两种极端情况之间，表现为一条向下弯曲的曲线（见图1-1）。

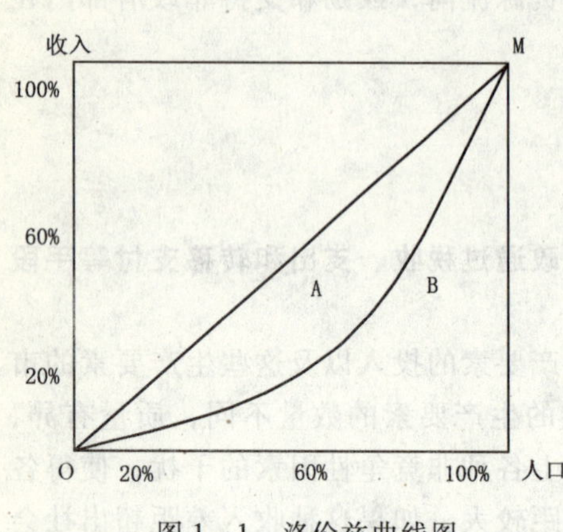

图1-1 洛伦兹曲线图

基尼系数用来测定收入分配的公平程度，是用实际的洛伦兹曲线与绝对公平线之间的面积（A）除以绝对公平线与绝对不公平线所构成的三角形的总面积（A+B）所得到的比值即A÷（A+B）。基尼系数越小，收入分配越公平。国际上通常认为基尼系数在0.3左右为最佳状态，0.3~0.4之间为正常状态，超过0.4为警戒状态。

（四）收入分配职能的方式

1. 税收。税收是对全社会收入进行强制性调节的分配形式，是财政实现收入分配与再分配最常用的手段，特别是个人所得税、财产税、遗产税、赠与税等，可以调节个人的收入和财产，把收入与财产的差距缩小到社会所能接受的范围。

2. 转移支付。包括一般性补助和专项性补助，更多的是将资金直接分配给特定的地区，有明确的受益范围，是一种直接的收入分配方式，有利于缩小地区间的收入差距。

3. 社会保障制度。即通过社会救济、社会保险、社会优抚和社会福利等社会保障措施，使每一社会成员得以维护社会基本的生活、福利水平，它主要是通过提高低收入者的收入水平来改变收入分配不公的程度。

4. 公共支出。就是通过提供公共品来满足社会共同需求，其受益对象范围广泛，通过改善人们的工作和生活环境，可以间接提高社会整体的收入水平。

5. 通过财税政策鼓励社会慈善事业。在经济发达国家，慈善事业被称为市场分配、政府分配之外的社会“第三次分配”，对维护社会公平起到非常重要的作用。我国的慈善事业还处于初级阶段，需要政府的大力支持来促进其加快发展。

三、稳定经济职能

（一）稳定经济职能的含义

稳定经济职能是指财政通过自身收支活动和实施特定的财政政策，调节社会供求总量与结构，促进经济稳定发展的职能。

市场机制运行的过程，就是使生产要素不断调整并重新配置的过程，使社会总供求不断打破旧的平衡又不断寻求新的平衡的过程，因此，市场经济必然表现出一种周期性的波动。由于熨平经济的周期性震荡无法通过市场本身来实现，只能通过政府的宏观调控来缓解。财政的稳定经济职能，就是通过财政收支活动的调整，对人们的生产、消费、储蓄、投资等行为发生影响，使社会就业率、物价水平、国际收支差额保持在一个合理的区间，以保持经济的稳定增长。

经济稳定是为了经济发展。经济稳定是动态的稳定，是适度增长的稳定，不是静态的稳定，更不是大起大落。经济增长主要指国民生产总值的增加，而经济发展是指物质生产增长的同时带来经济结构的优化和社会经济条件的有效改变。

（二）稳定经济职能的范围

市场机制不能自动地实现社会总供求的平衡，客观需要通过政府公共财政活动来调节社会总供求，实现社会总供求大体平衡以维持经济稳定发展。因而，财政稳定经济职能的范围主要表现为公共财政活动对社会总需求和社会总供给的影响。公共财政支出特别是购买支出是社会总需求的一个直接构成因素，其数量和结构必然会影响社会总需求的总量和结构。公共财政也可以通过税收或支出来影响劳动供给、社会投资等从而起到调节社会总供给的效应。

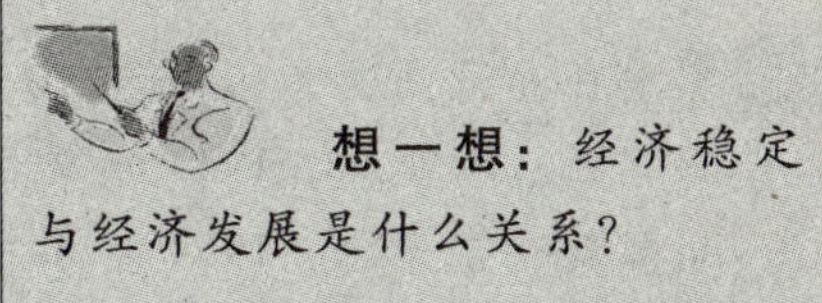

想一想：经济稳定与经济发展是什么关系？

（三）稳定经济职能的目标

稳定经济职能的总体目标是保持经济的稳定发展，实现社会总需求与社会总供给的基本平衡，具体目标包括充分就业、物价稳定、经济发展、国际收支平衡。详细内容在第十一章中讲述。

（四）稳定经济职能的方式

财政实现稳定经济职能的方式主要是财政政策。总体上说，在经济过热时期，实施紧缩性财政政策；在经济萧条时期，实施扩张性财政政策；在经济平衡时期，实施中性财政政策。具体地说，针对社会总需求与社会总供给的不同状态，通过税收、财政支出、转移支付等具体政策来调节。

1. 运用财政政策，逆经济风向调节，促进社会总供求的平衡。经济稳定的目标集中体现为社会总供给和社会总需求的大体平衡。当总需求超过总供给时，财政可以实行紧缩政策，减少支出和增加税收或两者并举，一旦出现总需求小于总供给的情况，财政可以实行适度放松政策，增加支出和减少税收或两者同时并举，由此扩大总需求。针对不断变化的经济形势而灵活地变动支出和税收，被称为“相机抉择”的财政政策。

2. 运用财政制度，对经济发挥“自动”稳定的作用。主要通过制定累进所得税制度和失业救济金制度等来实现。从原则上说，凡是业已规定了的，当经济现象达到某一标准就必须安排的收入和支出，均具有一定的“自动稳定”作用。

3. 合理安排财政收支结构，促进经济结构的优化。例如，通过投资、补贴和税收等多方面安排，加快农业、能源、交通运输、邮电通信等公共设施的发展，消除经济增长中的“瓶颈”，并支持第三产业的兴起，加快产业结构的转换，保证国民经济稳定与高速的最优结合。

4. 保障社会公共需要，为经济和社会发展提供和平和安定的环境。提高治理污染，保护生态环境以及文教、卫生支出的增长速度，同时完善社会福利和社会保障制度，使增长与发展相互促进、相互协调，避免出现某些发展中国家曾经出现的“有增长而无发展”或“没有发展的增长”的现象。

小资料 

新中国历任财政部长

第一任：薄一波，1949 年 10 月 19 日至 1953 年 9 月 18 日。
第二任：邓小平，1953 年 9 月 18 日至 1954 年 6 月 19 日。
第三任：李先念，1954 年 6 月 19 日至 1975 年 1 月 17 日。
第四任：张劲夫，1975 年 1 月 17 日至 1979 年 8 月 17 日。
第五任：吴　波，1979 年 8 月 17 日至 1980 年 8 月 6 日。
第六任：王丙乾，1980 年 8 月 6 日至 1992 年 9 月 3 日。
第七任：刘仲藜，1992 年 9 月 4 日至 1998 年 3 月 8 日。
第八任：项怀诚，1998 年 3 月至 2003 年 3 月。
第九任：金人庆，2003 年 3 月至 2007 年 8 月 30 日。
第十任：谢旭人，2007 年 8 月 30 日至今。

【重要概念】

公共需要　市场失灵　公共物品　外部效应　非排他性　非竞争性　公共财政　资源配置职能　收入分配职能　稳定经济职能

【思考与实训】

1. 列举生活中你遇到的与财政有关的事项。
2. 谈谈你体会的市场失灵。
3. 调查你所在地近几年财政改革情况，并思考其利与弊。
4. 查找资料和调查，思考我国财政应如何更好地发挥其职能？

【分析与讨论】

这些年我国财政改革不断深化，许多方面取得较好成效，结合你掌握的资料，你认为财政改革还存在哪些问题？应该如何进一步深化改革？

第二章

财政支出

学习要点

- 财政支出规模和结构
- 一般公共服务支出
- 社会保障支出
- 教科文卫支出
- 政府采购制度
- 绩效评价方法

第一节　财政支出概述

财政支出是政府对已经集中的财政收入进行有计划的再分配活动。也就是政府为了满足社会公共需要而对财政资金进行有计划的支付活动。财政支出是财政分配的第二阶段，它规定了政府活动的范围和方向，是政府行使职能不可缺少的财力保证，也是政府调控国民经济的重要手段。

一、财政支出分类

（一）按财政支出性质分类

按性质分类，可以把财政支出分为购买性支出和转移性支出。

1. 购买性支出。**购买性支出是政府用于购买商品和劳务的支出**。它既包括政府购买日常行政管理所需商品和劳务的支出，也包括政府投资兴办各项事业所需商品和劳务的支出。如行政管理支出、国防支出、公共事业支出、公共投资支出等。这些支出项目的具体用途有所不同，但有个共同点：政府一方面付出资金，另一方面相应地获得了物品或劳务，并运用这些物品或劳务来履行政府的各种职能。它所体现的是政府的市场性再分配活动。

2. 转移性支出。**转移性支出是政府财政资金单方面的、无偿转移的支出。**即通过财政支出将财政资金向公民或经济主体进行单方面的无偿支付，不相应取得商品和劳务。如社会保障支出、财政补贴支出、公债支出、捐赠和援助支出等。这些支出的具体用途有所不同，但有个共同点：政府付出了资金，却无任何物品或劳务所得，不存在交换的问题。它所体现的是政府的非市场性再分配活动。

在财政支出总额中，购买性支出所占的比重大些，财政活动对生产和就业的影响就大些，通过财政所配置的资源规模就大些。联系财政的职能来看，以购买性支出占较大比重的支出结构的财政活动，执行配置资源的职能较强；以转移性支出占较大比重的支出结构的财政活动，则执行收入分配的职能较强。

这种分类有利于强化对财政分配活动的控制，有利于分析财政支出对宏观经济运行的影响。

想一想：为什么说转移性支出占较大比重的财政活动，执行收入分配的职能较强？

（二）按财政支出功能分类

财政支出功能分类就是按政府主要职能活动进行分类，反映政府各项职能活动及其政策目标。

我国政府支出功能分类设置为一般公共服务、外交、国防、公共安全、教育、科学技术、文化体育与传媒、社会保障和就业、社会保险基金支出、医疗卫生、环境保护、城乡社区事务、农林水事务、交通运输、工业商业金融等事务、转移性支出、其他支出等17类。

这种分类能够清晰反映政府各项职能活动支出的总量、结构和方向，便于根据建立公共财政体制的要求和宏观调控的需要，有效进行总量控制和结构调整；支出按功能分类符合国际通行的做法，这种分类方法将各部门和单位相同职能的支出归于同一个功能下，不受国家政府组织机构差别的影响，有利于进行国际比较。

（三）按财政支出经济分类

财政支出经济分类就是按支出的经济性质和具体用途进行的分类。在支出功能分类明确反映政府职能活动的基础上，支出经济分类明细反映政府的钱究竟是怎么花出去的。支出经济分类与支出功能分类从不同侧面、以不同方式反映政府支出活动，两者相对独立又相互联系。

财政支出经济分类具体包括：工资福利支出、商品和服务支出、对个人和家庭的补助、对企事业单位的补贴、转移性支出、赠与、债务利息支出、债务还本支出、基本建设支出、其他资本性支出、贷款转贷及产权参股、其他支出等。

这种分类方法使政府支出分类体系更加完善，使政府每一项支出的具体用途得以真实具体的反映，更加全面、清晰地反映政府支出情况。这种分类是细化部门预算的重要条件，同时也是预算单位执行预算和进行会计核算的基础，对进一步规范和强化预算管理具有十分重要的意义。

此外，还有一些其他的分类方法，如财政支出权限分类、按使用部门分类等。

二、财政支出规模

（一）财政支出规模的衡量

财政支出规模是指政府在一个财政年度内所安排的财政支出数量。它可用绝对数表示，也可用相对量反映。

财政支出的绝对量，就是一个财政年度内安排的财政支出的实际数量。它可以按照不同的要求或目的加以细分，如中央财政支出总量、地方财政支出总量等。财政支出的绝对量直观地反映了政府在一个财政年度内的财政支出规模，体现了财政支出总量与财政收入总量的相互关系，也体现了财政支出总量与宏观经济运行的相互关系。但要科学地研究财政支出规模，只看财政支出的绝对量是不够的，更重要的还要看财政支出的相对量。

财政支出的相对量，是指一个财政年度内财政支出总量与相关经济指标的比率。这里的相关经济指标主要是指生产总值（GDP）。因而反映财政支出相对量的指标主要是财政支出占 GDP 的比率。它反映了在一个财政年度中全部 GDP 由政府支配的份额，也就反映了社会经济资源在政府配置和市场配置之间的比例关系。

要科学地反映财政支出的规模，还应注意这样两个指标：财政支出边际倾向和财政支出弹性。**财政支出边际倾向是指财政支出增加额与 GDP 增加额相比的系数。**一般来说，国民经济运行正常，财政支出边际倾向是基本稳定的。如新增 GDP 部分政府控制的比例提高，财政支出边际倾向就会提高。

财政支出弹性就是财政支出增长率与 GDP 增长率相比的系数。如果财政支出增长率慢于 GDP 增长率，则财政支出弹性会缩小。

（二）影响财政支出规模的因素

财政支出占 GDP 比重的直接决定者是财政收入占 GDP 的比重。因而，影响财政收入占 GDP 比重的因素（经济发展水平、分配政策、政府职能、物价水平等，见第三章），也会影响财政支出的规模。

当然影响财政支出规模的还有其他特殊因素：

1. 人口数量。随着人口规模增大，财政支出规模将不得不扩大。像学龄儿童数量的增多，教师数量与教育部门的投入品也要相应地增加。

2. 服务环境。如警察保护，这种服务环境包括该地区的财产数量、捕获罪犯率和该地区一般的社会与人口情况。考虑到该地区的财产增加，会导致盗窃罪犯的增多，就要求政府派出更多的警察，才能保持原有警察的服务水平。

3. 国际因素。如局部战争总是不断，甚至威胁国家安全，则政府的国防支出必然增加。

4. 财政支出效率。采用科学化精细化管理，则有利于提高财政支出效益；如果管理无方，则会造成财政资金浪费甚至支出规模膨胀。

（三）财政支出规模的变化趋势

财政支出增长似乎是市场经济国家经济发展中的一条规律。

1. 因政府活动扩张而增长。德国经济学家瓦格纳通过对许多国家资料的分析，得出“政府活动扩张法则”：政府活动不断扩张所带来的财政支出的不断增长，是社会经济发展的一个客观规律。他把导致财政支出增长的因素分为政治因素和经济因素。政治因素就是市场关系的复杂引起对商业规律、司法治安等的需求，这就要求政府将更多的资源用于提供治安和法律设施等。经济因素就是经济发展推进了都市化进程，需要政府提供的公共物品或劳务的范围越来越大。

2. 因政府收入增长而增长。英国经济学家皮考克和威斯曼认为，财政支出的增长是由于财政收入的增长造成的，即“收入增长引致论”或称“内外因素论”。内在因素是指在税率不变的情况下，由于经济发展、GDP 的增加，政府所得的税收收入也会增长，而追求政治权利最大化的政府是会多支出的，于是政府支出会增长。外在因素是指经济发展遭遇动荡（战争、饥荒等），这时政府的财政支出要增加，政府就会提高税率。但动荡过后，税率水平和财政支出规模不会退回到原来的水平上。

3. 因经济发展阶段不同而增长。美国经济学家马斯格雷夫和罗斯托用“经济发展阶段论”来解释财政支出增长的原因。他们认为，在经济发展早期，政府投资在全社会投资中占有较高比重，因为政府要为经济发展提供必要的基础设施。在经济发展的中期，政府投资应继续进行，但主要是对私人投资的补充。经济发展进入成熟阶段，财政支出将转向不断增长的教育、保健、社会福利等方面，且这方面支出的增加会超过其他支出的增长，也会快于 GDP 的增长。

4. 因官僚行为而增长。按照公共选择理论的观点，官僚是指负责执行通过政治制度作出的集体选择的代理人集团，或者明确地说是指负责政府提供服务的部门。经济学家们经常假设个人是以追求自身利益为最大目标。美国经济学家尼斯克南认为，官僚以追求机构最大化为目标，使政府机构不断膨胀，因而导致财政支出规模不断扩大，甚至财政支出规模的增长超出了公共品最优产出水平所需要的支出水平。

（四）我国的财政支出规模

我国财政支出规模的变化有特殊的一面。在计划经济时期，财政支出的绝对数和相对规模都呈现上升趋势；经济体制改革后的一段时期，财政支出绝对量有较大增长，但财政支出占 GDP 的比重呈现下降的趋势，出现了与其他国家不同的情况；1997 年后，这一情况发生了改变。我国今后财政支出增长的潜力还很大，财政支出的增长趋势不会改变。

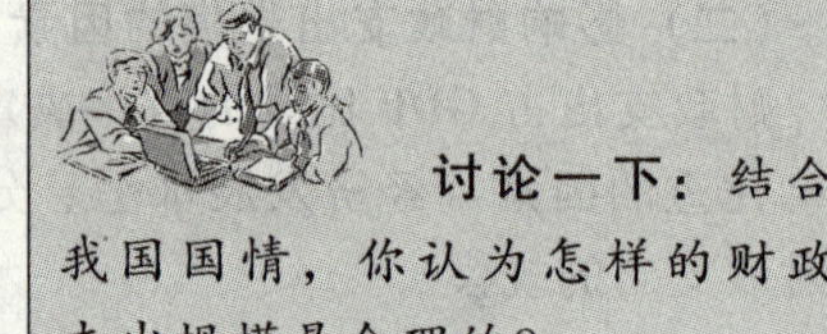

讨论一下：结合我国国情，你认为怎样的财政支出规模是合理的？

一般而言，财政支出占 GDP 的比重越高，说明财政参与 GDP 分配的比例就越高、社会财力就越集中、政府对国民经济运行的介入程度也就越高。但这一比重并不是越高越好，也不是越低越好，它有一个合理的限度。理论上说，合理的财政支出规模应当充分保证国家基本职能的实现、经济资源的合理配置，还要有效地推动社会进步。具体地说，就是要有合理的财政支出占 GDP 的比重，还要有合理的财政支出边际倾向和财政支出弹性。

三、财政支出结构

财政支出结构是指财政资金用于各方面的数量、比例及相互关系。实际上就是按照不同的要求和分类标准对财政支出进行科学的归纳、综合所形成的财政支出类别构成及比例关系。财政支出结构直接关系到政府动员社会资源的程度，财政支出结构对市场经济运行的影响可能比财政支出规模的影响更大。一国财政支出结构的现状及其变化，表明了该国政府正在履行的重点职能以及变化趋势。

（一）制约财政支出结构的因素

1. 政府职能。财政支出是政府活动的资金来源，也是政府活动的直接成本。因此，政府职能的大小及其侧重点，决定了财政支出的规模的结构。如政府职能侧重于社会管理，则政府活动也主要在社会活动领域，那么财政支出中的社会公益事业支出、社会保障支出等所占比重就会提高；如国家的经济职能较强，则财政支出中用于经济建设支出的比重将提高。

2. 经济发展阶段。同一个国家，由于所处的经济发展阶段不同，财政支出结构也会不同。一般来说，在经济发展的早期阶段，财政投资支出应占较大的比重，交通、通讯、水利等基础设施具有极大的外部性，政府必须加大投资力度以创造良好的投资环境；在经济发展的中期，财政投资只是私人投资的补充，因为一方面是许多基础设施建设已基本完成，另一方面是私人部门的资本积累较为雄厚，这时的财政投资支出增长率会放慢，而公共消费支出比重会不断提高；在经济发展的成熟期，财政投资的增长率可能会回升，因为这时的人均收入水平提高，人们对生活质量提出更高的要求，需要更新基础设施，同时用于社会保障和收入分配方面的资金比重将会较大幅度地提高。

3. 资源配置方式。如果资源配置以政府集中配置为主，则政府财政支出中的经济建设支出所占比重会较大，公益事业支出和社会保障支出的比重较低；如果资源配置以市场为基础，则政府财政支出中的公共事业支出、社会保障支出等会增长。

（二）我国财政支出结构存在的主要问题

1. 财政支出存在着“越位”、“缺位”现象。有些支出本应由政府财政承担的，但财政却没有承担或财政供给的资金得不到充分的保证；有些支出不应由政府财政承担的，但仍然由财政包揽着。

2. 政府资金管理缺乏统一协调。近些年实行“收支两条线”改革、部门预算改革、强化非税收入的管理，更多的政府收支已纳入预算管理范围。但还有一定数量的资金游离于财政管理之外，形成了部门支出，影响了预算的完整性，也削弱了政府的宏观调控能力。

3. 支出项目挂钩过多。有些重点支出项目的增长要与收入或支出增长挂钩，有些项目还以法律形式规定下来（法定支出）；有些中央部门要求地方政府增加配套资金的项目也很多。

（三）我国财政支出结构的变化趋势

1. 财政应加大对基础设施和基础产业的投资力度。一般性的竞争行业财政不再去投资，而由企业作为投资主体来参与市场的资源配置。财政的职责是通过基础设施建设，为企业生产经营提供良好的外部环境。今后我国应增加对农业、能源、交通等基础设施、基础产业和高新技术产业，以及基础教育和科研、环境保护等方面的投资。

2. 财政支出中的社会保障支出比重将增大。要使社会保障体系不断完善，特别是加强广大农村地区的社会保障制度，财政支出中的社会保障支出比重会不断增大，这也是建立社会主义市场经济体制的客观要求。

3. 社会科教文卫事业的支出将增多，但其内部也要改革。有些事业可依靠社会力量获得资金来源，有些事业可推向市场，形成事业产业化。

4. 行政管理费用将控制在合理的限度内，特别是随着政府职能的转变、政府机构的改革，其在财政支出中的比重将得到合理的控制。

要使我国的财政支出结构更加合理化，必须进一步转变政府职能，科学界定财政支出项目，优化财政支出结构，强化财政支出管理。

我国财政支出占 GDP 的比重

年份	财政支出（亿元）	GDP（亿元）	财政支出占 GDP 的比重（%）
1978	1122.1	3624.1	30.96
1980	1228.8	4545.6	27.00
1985	2204.3	9016.0	24.44
1990	3083.6	18667.8	16.52
1995	6823.7	60793.7	11.22
1996	7937.6	71176.6	11.15
1997	9233.6	78973.0	11.69
1998	10798.2	84402.3	12.79
2006	40422.7	211923.5	19.10
2007	49781.4	257305.6	19.35
2008	62592.7	300670.0	20.82

第二节　财政支出的主要内容

一、一般公共服务支出

（一）一般公共服务支出的概念

一般公共服务支出是财政用于国家各级权力机关、行政管理机关行使其职能所发生的费用开支。它反映着国家性质和一定时期政治经济任务的主要方向，决定于国家政权结构及其范围。

（二）一般公共服务支出的内容

一般公共服务支出具体包括人大事务、政协事务、政府办公厅（室）及相关机构事务、发展与改革事务、统计信息事务、财政事务、税收事务、审计事务、海关事务、人事事务、纪检监察事务、人口与计划生育事务、商贸事务、知识产权事务、工商行政管理事务、食品和药品监督管理事务、质量技术监督与检验检疫事务、国土资源事务、海洋管理事务、测绘事务、地震事务、气象事务、民族事务、宗教事务、港澳台侨事务、档案事务、共产党事务、民主党派及工商联事务、群众团体事务、彩票事务、国债事务、其他一般公共服务支出。

（三）一般公共服务支出的影响因素

影响一般公共服务支出确定的主要因素：一是以政府应有的服务职责范围为前提而合理

配备的行政机构的基本需要；二是国家在一定经济发展阶段上可能为政府实现服务管理所需要的供给；同时，财政收支总量及一般公共服务支出占财政收支的比重的历史数据比较，实现一定的效率所需要的一般公共服务支出的比较，一般公共服务支出占财政支出或国民生产总值的比重的比较，及一些客观因素的变化都可能影响一定年度内的一般公共服务支出的变动。

（四）一般公共服务支出的管理

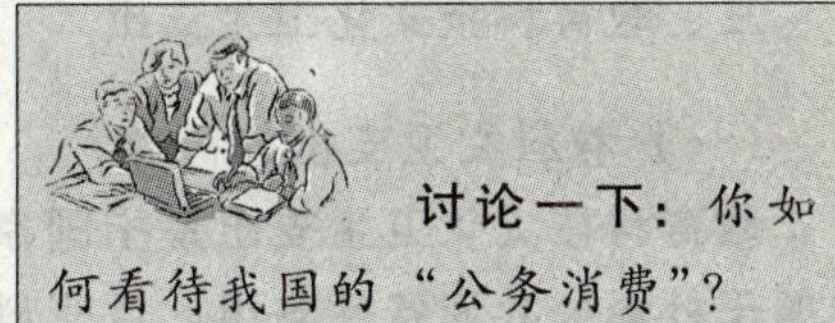

讨论一下：你如何看待我国的“公务消费”？

一般公共服务支出是一项为社会提供服务的公共管理支出，其支出水平具有“刚性”的特征，但其消费性质又决定了一般公共服务支出应尽力节约使用。从我国的情况来看，我国一般公共服务支出要合理、适度，不能超越社会经济发展水平，更不能超越国家财政的承受能力。

1. 规范一般公共服务支出范围。

2. 按市场经济要求进一步健全制度，加强财务管理，优化支出结构。

3. 认真贯彻执行预算法，严格预算管理，强化预算约束力。

二、外交、国防与公共安全支出

（一）外交支出

外交支出是财政为保证对外交往工作的正常开展而安排的资金。它有利于国际间政治、经济、文化各方面交流勾通和合作。外交支出经费使用计划的安排应遵循“统筹兼顾，保证重点”的原则，确立严格的经费使用报批程序和审批权限，使有限的资金发挥更大的效益。

外交支出的主要内容包括外交管理事务、驻外机构、对外援助、国际组织、对外合作与交流、对外宣传、边界勘界联检、其他外交支出。

（二）国防支出

国防支出是指财政用于现役部队及国防后备力量、国防动员及其他国防方面的费用支出。国防支出水平的一般决定因素有以下几点：

1. 经济发展水平的高低。国防支出规模从根本上说是由经济实力决定的，经济实力越强，能用于国防方面的支出就可能大，经济实力越弱，国防开支就会受到很大的限制。

2. 国家管辖控制的范围大小。一个国家领土越大，人口越多，用于保卫国土、保护国民安全的防护性开支就会越大。

3. 国际政治形势的变化情况。在爆发军事战争或处于军事对峙时期，国防开支会大幅上升，而在和平时期，国家周边外交政策比较成功，与邻近国家和睦相处时，则国防开支会相应减少。

4. 物价水平和技术标准。一定时期的国防支出必然受到物价水平和各种技术标准的制约，并与之成正比关系变化。

想一想：国防支出与其他财政支出有什么不同？

我国政府一直奉行防御性国防战略，国防支出占财政支出的比重除建国初期外一直较低。从国际比较来看，我国的国防支出无论是绝对规模还是相对规模都是较低的。

国防支出有其特殊性，在财政支出中必须合理安排。

（三）公共安全支出

公共安全支出是反映政府维护社会公共安全方面的支出。主要包括：武装警察、公安、国家安全、检察、法院、司法、监狱、劳教、国家保密、其他公共安全支出。

三、教育科技文化卫生支出

（一）教科文卫支出的概念

教育科技文化卫生支出是指国家财政用于文化、教育、科学、卫生等事业的经费支出。它属于社会公共消费性支出。教育科技文化卫生事业虽然不直接创造物质财富，但它是社会发展、人类进步所不可缺少的。

（二）教科文卫支出的内容

1. 科学为社会提供科研成果。科学技术支出主要包括科学技术管理事务、基础研究、应用研究、技术研究与开发、科技条件与服务、社会科学、科学技术普及、科技交流与合作、其他科学技术支出。

2. 教育为社会培养人才。教育支出主要包括教育管理事务、普通教育、职业教育、成人教育、广播电视教育、留学教育、特殊教育、教师进修及干部继续教育、教育附加及基金支出、其他教育支出。

3. 文化能满足人们的精神生活，体育能增强人们的体质。文化体育支出主要包括文化、文物、体育、广播影视、新闻出版、其他文化体育与传媒支出。

4. 卫生可保障人们的健康。医疗卫生支出主要包括医疗卫生管理事务、医疗服务、社区卫生服务、疾病预防控制、卫生监督、妇幼保健、农村卫生、中医药、其他医疗卫生支出。

（三）进一步完善教科文卫支出

教育科技文化卫生支出虽属于社会消费性支出，但其提供的劳务并非都是纯公共品，有些属于准公共产品或混合品。因此，其费用也不应该完全由政府的税收来补偿。为了促进各项事业的健康发展和提高财政公共事业支出的效益，从总体上说，应建立政府财政与社会公众共同出资的费用分担机制。按照这一思路，可把公共事业分为纯公益性事业、半公益性事业和经营性事业。对经营性事业和一部分半公益性事业有计划地推向市场，形成事业产业。

1. 教科文卫体事业在社会经济发展中居于重要地位，财政工作一方面要在支出安排上加大投资力度，另一方面要加强管理，提高资金使用效率。

2. 逐步提高教育支出占GDP的比重。继续发挥政府在全社会教育尤其是义务教育中的作用，使义务教育真正让受教育者免费享用。同时，鼓励各类社会力量办学，因为教育的准公共品性质决定了政府不应是所有教育投资的唯一主体。

讨论一下：我国的财政高等教育支出应该如何安排更合理？

3. 对于科学技术支出，除政府公共财政拨款补助少量大院大所发展成为国家工程技术研究中心外，其他应以各种形式与企业和经济实体联合，建立多种形式、多种所有制、多层次的技术开发服务体系。

4. 对于文化、卫生、体育事业支出，也应遵循政府和社会共同办的原则，凡是有盈利能力的文化、卫生、体育事业，政府财政资金应退出。

改革开放以来，教科文卫体事业发展形式和经费来源渠道已逐步打破了政府包办的格局，在发展形式上，涌现了民办学校、科研机构、文艺表演团体、医疗机构，及与企业横向联合、与外资合资合作等多种形式。今后这方面的改革步伐还会加快。

四、社会保障支出

（一）社会保障的内容

社会保障是指国家依据一定的法律和法规，在劳动者或全体社会成员因年老、疾病、伤残丧失劳动能力或丧失就业机会以及遇到其他事故而面临生活困难时，向其提供必不可少的基本生活保障和社会服务。

社会保障是由多种保障形式组成的一个体系，构成这个体系的主要内容是：

1. 社会保险。是指国家根据法律，强制由劳动者、企业、政府三方共同筹集基金，在劳动者及其家属生、老、病、伤、残、失业时给予的物质帮助。社会保险是最基本的社会保障项目，是现代社会保障的核心内容。其主要内容有：养老保险、失业保险、医疗保险、生育和疾病保险、伤残保险、工伤保险、丧葬和遗属保险。

2. 社会救助。社会救助是指通过政府财政拨款，保障生活确有困难的贫困者最低限度的生活需要。主要特点有：全部费用由政府从财政资金中解决，接受者不需要缴纳任何费用；受保人享受社会救助待遇需要接受一定形式的经济状况调查，政府向符合救助条件的个人或家庭提供救助。其对象主要有：因残疾或伤残丧失劳动能力者，因天灾人祸陷入生活困境者，低于国家规定最低生活水准者，无生活来源的鳏寡孤独者等。

3. 社会福利。社会福利是指政府出资为那些生活困难的老人、孤儿和残疾人等特殊困难群体提供生活保障而建立的制度。其主要内容有：社会津贴（如物价补贴）、职业福利（行业或企业自身为职工提供的资金和服务）、社会服务（为有特殊困难的孤老残幼提供的设施和服务）。

4. 社会优抚。社会优抚是指对政府和社会有功劳的特殊社会群体给予补偿和褒扬的一种制度，主要包括：对现役军人的安置；对现役军人及其家属的优抚；对烈属和残疾军人的抚恤；对军人退役后的生活保障等。

（二）社会保障支出

社会保障支出是财政对丧失劳动能力、失去就业机会以及遇到其他事故而面临经济困难的社会成员提供基本生活保障的支出。与上述社会保障体系的构成内容是不等同的。按财政支出功能分类，包括社会保障和就业支出、社会保险基金支出两类。

社会保障和就业支出包括社会保障和就业管理事务、民政管理事务、财政对社会保险基金的补助、补充全国社会保障基金、行政事业单位离退休、企业关闭破产补助、就业补助、抚恤、退役安置、社会福利、残疾人事业、城市居民最低生活保障、其他城镇社会救济、农村社会救济、自然灾害生活救助、红十字事业、其他社会保障和就业支出。

社会保险基金支出包括基本养老保险基金支出、失业保险基金支出、基本医疗保险基金支出、工伤保险基金支出、生育保险基金支出、其他社会保险基金支出。

（三）我国的社会保障制度及其完善

我国的社会保障制度始建于20世纪50年代初。50年多来，社会保障制度从无到有、保障项目从少到多、保障范围从小到大、保障水平从低到高，取得了较好的社会效果，对维护社会安定和促进经济发展发挥了积极作用。

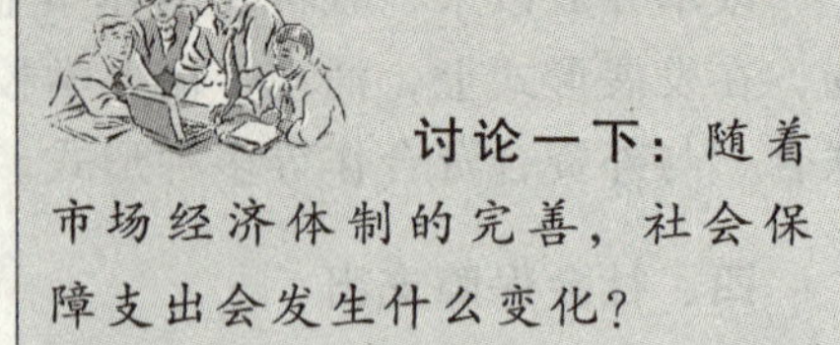

讨论一下：随着市场经济体制的完善，社会保障支出会发生什么变化？

目前的社会保障制度与社会主义市场经济的要求还不相适应。我们要建立的社会保障必须是与社会主义市场经济相适应的、统一和规范的社会保障体系。

1. 加强社会保障法制管理。尽快制定和颁布《社会保障法》，通过立法的形式对社会保障的享受范围、筹资来源、用途等方面加以明确的规定，使社会保障有法可依，确保社会保障基金正常有序运行，从而可避免社会保障基金管理政出多门、条块分割的局面。

2. 进一步拓展社会保障的覆盖面。逐步提高社会保障的社会化程度，建立一个包容社会各领域，真正面向全社会、多层次的社会保障体系。随着市场经济的不断完善，应逐渐把非国有经济及个体劳动者都纳入不同形式的社会保障制度范围内，让他们共同享受同等的权利。

3. 加强社会保障资金运用管理，提高保障资金的运作效率。一是要进一步完善社会统筹与个人账户相结合的筹资方式。不断扩大范围，以减轻保障负担，使政府能集中财力满足社会救济和社会福利等保障项目的需要。二是要拓宽社会保障资金的筹集渠道，规范社会福利彩票和体育彩票发行管理办法，改进发行机制，扩大发行规模，用于补充社会保障基金。三是要加强社会保障基金的监督管理和保值增值。要研究和制定在政府宏观调控政策指导下社会保险基金用于投资的渠道和办法，建立社会保险监督组织，各级政府部门之间要建立分工协作的行政管理体系和监督体系，切实增加社会保险基金管理的规范性和透明度，提高社会保障管理体系的运转效率。

从财政角度来看，应重点考虑以下几点：一是开征社会保障税，以保证社会保障基金的稳定增长。这可以说是我国社会保障制度改革的必然趋势。从世界范围看，社会保障税是各国筹集社会保障基金的理想手段，使其成为政府履行社会保障功能的主要资金来源。二是调整财政支出结构，提高社会保障支出在财政支出中的比重。把隐藏在其他财政支出中的有关社会保障支出的内容显现出来，在总量上适度增加社会保障支出。三是建立社会保障预算。在复式预算制度下，社会保障预算应成为特种预算的一个重要内容，以加强社会保障的计划管理，使社会保障基金收支相互对应，提高保障基金运用的规范化程度和科学化水平。四是做好农村社会保障工作。农村社会保障是我国社会保障体系中最脆弱的环节。如果不解决这一部分人的社会保障问题，社会保障制度改革完善的成效很难评判。鉴于我国农村地域的广阔性及地区差异，可逐步地、有选择地、低起点地推进农村社会保障。

五、农林水事务支出

（一）农林水事务支出的概念

农林水事务支出是指财政用于农林水事务方面的支出。具体包括：农业支出、林业支出、水利支出、南水北调支出、扶贫支出、农业综合开发支出、其他农林水事务支出等。这里的"农业支出"是指大口径的农业方面的支出，具体包括种植业、畜牧业、渔业、兽医、农机、农垦、农场、农业产业化经营组织、农村和垦区公益事业等方面的支出。

（二）农林水事务支出的主要内容

农业支出也称财政支农支出，是指财政支援农村各项生产支出的补助费及农业综合开发和配套资金的支出，是农林水事务支出的主要部分。

想一想： 政府财政为什么要对农业实施资金支持？

农业是国民经济的基础产业和弱质产业，关系到整个经济发展全局，在国家宏观调控中只能加强，不能削弱。

我国现行农业财政政策还存在一些问题，如农业支出的资金结构不尽合理；财政支持方式不尽科学；农业资金管理体制较分散，难以形成合力；农业政策的执行成本很高；政府农业支出责任在各级政府之间的划分不尽科学等。财政农业支出政策应转变思路、调整结构、提高效益。

1. 科学界定财政农业支出范围。财政农业支出主要用于那些"外部效应"较强的"市场失灵"的领域，诸如农业基础设施建设，大江大河的治理，农业科技的研究开发和推广示范，农业产业化、农业社会化服务体系建设，自然灾害的防御等。财政对农业支出的重点在于，支持那些风险大、投资经济效益低、对农业发展起着保护性、开发性或有示范效益的项目，如大中型农业基础设施、农业科研和新技术推广、生态环境保护等方面投资，这是其他农业投资主体所难以承担的，也是政府财政保护农业的重点所在。

2. 大力优化农业资金结构。改变现在农口事业费规模较大的现状，结合我国机构和事业单位改革，大量削减农口事业费。对于农口的事业单位，按照公共财政的原则，除属于行政管理的事业单位，如种子监管、抗灾救灾、森林防火等单位可以得到政府的全额供给外，其他事业单位都要不同程度地推向市场。

3. 着力整合农业财政资金。在农业资金使用上，应统筹安排农业部、水利部、科技部、林业局、水产局、扶贫办、农业开发办、发展和改革委员会等部门管理的农业资金，集中解决各部门协作问题，使有限的农业财政资金形成合力，实现提高农业财政资金使用效率的目标。

4. 努力降低农业财政政策的执行成本。针对我国目前农业经济分散经营的特点，要在提高农民的组织化程度上有新的突破。通过进一步支持农协建设、支持农民合作经济组织的发展，把千家万户的小生产与千变万化的大市场连接起来，为农业发展提供更宽松的发展环境。如可让农业协会来分配对农民和农业生产的补贴资金，这样可以减少部分农业事业费，降低农业财政政策的执行成本，也可以增加农业政策的透明度，防止各种不当行为的发生。

六、财政投资支出

（一）财政投资支出的概念

财政投资支出是指政府通过预算安排用于公共性质项目的资金支出。与非政府部门的投资相比，财政投资支出具有投资动因的社会性、投资行为的自觉性、投资使用的无偿性等特点。根据宏观经济政策目标，结合非政府投资的状态，安排政府自身投资的方向、规模与结构，使全社会的投资达到优化状态。通过产业政策的引导作用，通过政府投资的导向作用，并通过税收、财政补贴、折旧政策等，来制约非政府投资的条件，调控非政府投资的方向。

公共财政条件下的财政投资支出领域应该是市场失灵领域，但我国财政投资支出的领域界定不能完全照搬西方发达国家的做法，应根据我国的国情来确定。如西方国家是政府要进入某些领域，而我国是政府要退出某些领域，因为西方发达国家是从市场调节走向政府干预，而我国是从政府干预走向市场调节。当然，随着我国市场经济体制的逐步完善，财政投资支出的领域也会变化。

讨论一下：为什么说我国财政投资支出的领域不能完全照搬西方发达国家的做法？

（二）财政投资支出的内容

按照投资项目的性质不同，可以把投资项目划分为公益性投资项目、基础性投资项目和竞争性投资项目三大类。

公益性投资项目是指科学、文化、教育、卫生、体育、环境保护、广播电影电视等公共事业设施，公检法等政权设施，政府、社会团体、国防等公益设施。公益性投资项目主要是满足社会公共需要，是政府为巩固国防、保障社会安全、满足人民物质和精神生活需要而投资建设的项目。它具有社会效益高而经济效益低的特点，应由政府进行投资。

基础性投资项目是指农、林、牧、渔、水利、气象、交通、邮电通讯、城市公用设施等基础设施，能源等基础工业以及一部分支柱产业项目。基础性投资项目不仅与生产发展有关，也与人民生活质量的提高有关，它具有资金需求量大、产品（服务）需求量多、建设周期长、投资回收期长、兼有经济效益和社会效益等特点。全部基础性项目都由政府来投资是不现实的，私人部门也可参与基础性项目的投资。但基础设施建设应成为今后一段时间政府财政投资支出的一个重点领域。要说明的是，支柱产业项目理应属于竞争性项目，但由于支柱产业项目的一部分属于国家的幼稚产业或属于高新技术产业，在我国仍然属于市场失灵领域，仍然需要政府支持，因此暂且把它们归入基础性项目。

竞争性投资项目是指工业（不含能源）、建筑业、商业、房地产业等盈利性投资项目。这些投资项目在经营上具有很强的竞争性，投资效益具有明显的排他性，提供的是私人品，不属于市场失灵领域，因此不属于财政投资支出的范围。

（三）财政投资支出的管理

我国自从经济体制改革以来，不论是从财政投资占全社会投资的比重看，还是从财政投资占 GDP 的比重看，都呈现逐渐下降的趋势。其中有些年份的比重有所上升，是因为经济出现衰退，政府采取措施（如积极财政政策）增加财政投资支出所致。

财政投资支出的管理包括立项管理、筹资管理、建设管理等内容。

立项管理就是按照中央与地方政府的事权划分，根据项目受益范围大小、投资数额多少及项目在社会经济发展中的重要性等因素，分别由中央政府和地方政府立项。中央政府的投资项目，主要是中央政府机关、国防外交及跨省区的重大公共工程和事业设施，其余项目按“谁受益、谁投资”的原则分别由各级地方政府立项决策。当然要符合公益性项目的计划审批制度。

筹资管理就是按照中央与地方的事权划分和分税制体制的要求，中央项目所需投资由中央财政安排，地方项目所需投资由地方财政安排。各级财政的投资项目原则上由公共财政的税收收入进行无偿拨款解决，但对于有些公益性项目和基础性项目的投资，可鼓励捐赠和由企业、个人投资兴办。

建设管理就是要加强项目责任制和监督措施，实施建设要采用招标、投标方式管理，引入竞争机制，节约投资，加快建设进度，提高投资效益。

七、财政补贴

（一）财政补贴的概念

财政补贴是政府为了实现特定目的，向企业或公民提供的无偿性资助。它是对国民生产总值的一种再分配，是经济利益转移的一种形式，是政府调控经济运行的重要手段。如运用得好，财政补贴能促进市场价格机制的不断完善，能促进生产要素的合理配置，能促进社会的稳定，能促进对外贸易的发展。

（二）财政补贴的内容

想一想：政府为什么要对有关企业进行财政补贴？

财政补贴的内容包括价格补贴、企业亏损补贴和其他补贴。价格补贴是指由于购销价格倒挂而由财政给予的补贴。计划经济体制下主要是对农副产品尤其是粮食、棉花、油料的价格补贴，此外在工业生产、外贸进出口等方面也有各种各样的价格补贴。企业亏损补贴是对国有企业由于客观原因造成的生产经营亏损给予的补贴，也称政策性亏损补贴。其他补贴是指除上述两种补贴外的财政补贴，如职工和居民的生活补贴、某些公益事业补贴、财政贴息等。

（三）财政补贴的方式

财政补贴的方式主要是两种：一种是财政退库（暗补），即采取冲减财政收入的方式用于财政补贴。也就是说，通过税收或企业上缴利润等已经进入财政金库的资金，用冲减金库收入来弥补给企业。另一种是列预算支出（明补），即把补贴直接纳入预算支出的内容，价格补贴采用这种方式。我国于1985年后都采取列预算支出的补贴方式。

（四）财政补贴的完善

在财政补贴制度改革前，我国财政补贴的数量过大、范围过宽、渠道过多、管理过乱。当然这与价格改革、国有企业改革、政府加强宏观调控等有关，有其合理和必要的方面，可以说是经济体制中不合理因素的反映。但不能过分夸大财政补贴的调节作用，实践证明，财政补贴只能作为一种辅助性的调节手段。

小资料

我国“三农”投入逐年加大

中央始终坚持把支持解决“三农”问题作为预算安排和财政工作的重中之重。

2003年，全面推进农村税费改革试点范围由20个省份扩大到了全国，农民平均负担减轻30%以上；北京、福建、广东等十几个省份基本取消了农业特产税；中央财政安排农业科技进步、农产品质量安全体系建设、农业综合开发、扶贫开发等投入440亿元；中央财政新增教育、卫生、文化支出67亿元，主要用在农村。

2004年，中央财政追加156.04亿元支农支出；中央财政落实“两减免三补贴”政策共安排补助支出313.2亿元；主动配合调增用于农业的国债项目资金，安排380亿元。

2005年，中央财政用于“三农”的支出达2975亿元，比2004年实际执行数增加349亿元，增长13.3%。

2006年，中央财政用于“三农”的各项支出共3397亿元（不包括用石油特别收益金安排的对种粮农民综合直补120亿元），比2005年增加422亿元，增长14.2%。

2007年，中央财政用于“三农”的各项支出合计4318亿元，增长23%。

2008年，中央财政用于“三农”的各项支出合计5955.5亿元，增加1637亿元，增长37.9%。

2009年，中央财政用于“三农”支出安排7161.4亿元，增加1205.9亿元，增长20.2%。

财政补贴一方面是国家调节国民经济和社会生活的重要杠杆；另一方面，补贴范围过广、项目过多也会扭曲比价关系，削弱价格作为经济杠杆的作用，成为国家财政的沉重负担。在市场经济体制下，必须合理确定财政补贴的范围，适时调整财政补贴的标准，不断加强财政补贴的管理，有效改进财政补贴的方式，使财政补贴真正有效地发挥调节作用。

第三节　政府采购

一、政府采购概述

（一）政府采购的概念

政府采购（又称公共采购）是指政府为了实现其职能的需要，按照规定的方式和程序，为政府部门或所属公共部门购买商品和劳务的行为。作为一项财政制度，政府采购制度在世界许多国家早就存在，并成为政府加强财政支出管理、实施宏观经济调控的有效手段。

我国随着社会主义市场经济体制的不断完善，也必须建立和健全政府采购制度。1999年财政部颁布了《政府采购管理暂行办法》，推动了各地政府采购试点工作。2002年6月29日，第九届全国人民代表大会常务委员会第28次会议通过了《政府采购法》，于2003年1月1日正式实施。

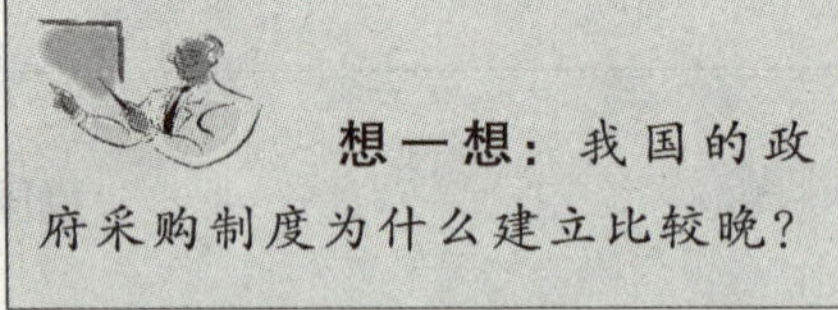

（二）政府采购的特点

1. 资金来源的公共性。政府采购资金来源于财政拨款和需要由财政偿还的公共借款，这些资金最终来源为纳税人的税收、政府公共服务收费和公债收入，即公共资金，是政府能够掌握和运用的资金。

2. 采购活动的非营利性。政府采购是一种非商业性的采购，它不以营利为目的，而是为了实现政府职能和公共利益。

3. 采购对象的广泛性。政府采购的对象从一般的办公用品到武器等无所不包，涉及货物、工程、服务等许多领域。

4. 采购管理的规范性。政府采购要按《政府采购法》进行管理，按照一定的采购方式和程序运作，体现公开、公正、竞争、诚信的原则，接受社会监督。

（三）政府采购的原则

我国政府采购应当遵循公开透明、公平竞争、公正和诚实信用等原则。

1. 公开透明要求做到政府采购的法规和规章制度、招标信息及开标活动、投诉处理结果及中标或成交结果都要公开，使政府采购活动在完全透明的状态下运作，全面、广泛地接受监督。

2. 公平竞争要求在竞争的前提下公平地开展政府采购活动，要公平地对待每一位供应商，不能有歧视某些潜在的符合条件的供应商参与政府采购活动的现象，以便采购人获得价廉物美的货物、工程和服务，同时还有利于提高企业的竞争能力和自我发展能力。

3. 公正原则要求政府采购按照事先约定的条件和程序进行，任何单位和个人无权干预采购活动的正常开展。尤其在评标活动中，要严格按照统一的评标标准评定中标或者成交供应商，不得存在任何主观倾向。

4. 诚实信用原则要求政府采购当事人在政府采购活动中，本着诚实、守信的态度履行各自的权利和义务，讲究信誉，兑现承诺，不得有欺诈、串通、隐瞒等行为。坚持诚实守信原则，能够增强公众对采购过程的信任。

二、政府采购方式

采购方式是政府采购制度的核心内容，它是确立政府采购行为的基本规则。政府采购的方式很多，有公开招标、邀请招标、竞争性谈判、单一来源、询价等。要建立以公开招标方式为主、其他采购方式为辅的采购方式体系。

（一）公开招标采购

讨论一下：为什么说采购方式是政府采购制度的核心？

它是指采购人按照法定程序，通过发布招标公告的方式，邀请所有潜在的不特定的供应商参加投标，采购人通过某种事先确定的标准从所有投标中择优评选出中标供应商，并与之签订政府采购合同的一种采购方式。这种采购方式一般具有以下特点：一是程序复杂。要对各个环节和程序作仔细的设计和考虑。二是规模大。这种采购一般属于集中性采购，把各种性能需求相同的采购对象集中起来，以达到规模效益。三是效率高。由于资金量大、集中度高，降低了成本，提高了透明度和竞争性，因此效率也是比较高的。四是耗时较长。由于从发布公告、投标人作出反应、评标到签订合同，有许多时间上的要求，要准备许多文件，因此耗时较长，费用也较高。

（二）邀请招标采购

它是指采购人根据供应商的资信和业绩，选择若干供应商向其发出投标邀请书，由被邀请的供应商投标竞争，从中选定中标者的招标方式。这种采购方式一般具有以下特点：一是采购人在一定范围内邀请特定的供应商投标；二是邀请招标无须发布公告，采购人只要向特定的潜在投标人发出投标邀请书即可；三是竞争的范围有限，采购人拥有的选择余地相对较小；四是招标时间大大缩短，招标费用也相应降低。

（三）竞争性谈判

它是指采购人通过与多家供应商进行谈判，最后从中确定最优供应商的一种采购方式。这种采购方式主要适用于招标后没有供应商投标或者没有合格标的或者重新招标未能成立的、技术复杂或者性质特殊不能确定详细规格或者具体要求的、采用招标所需时间不能满足用户紧急需要的以及不能事先计算出价格总额的采购项目。

（四）单一来源采购

它是指虽然达到了招标采购的数额标准，但由于所采购项目的来源渠道单一，或者发生了不可预见的紧急情况不能从其他供应商处采购，以及必须保证原有采购项目一致性或者服务配套的要求，需要继续从原供应商处添购且添购资金总额不大等特殊情况，只能由一家供应商提供的采购方式，因为它是一种没有竞争的采购，所以也叫直接采购。

（五）询价

它是指采购人向有关供应商发出询价单让其报价，然后在报价的基础上进行比较并确定最优供应商的一种采购方式。这种采购方式主要适用于采购的货物规格、标准统一，现货货源充足且价格变化幅度小的采购项目，而且一般采购的额度较小。

另外，还有政府采购监督管理部门认定的其他采购方式。

三、政府采购制度的完善

我国政府采购制度框架基本上已经形成，相关机构、人员基本组建完毕，采购模式趋于规范，已对政府管理和社会生活产生较重要的影响。

但由于政府采购工作在我国起步较晚，政府集中采购规模还较小，政府采购的透明度还有待提高，政府采购基础工作亟待加强。

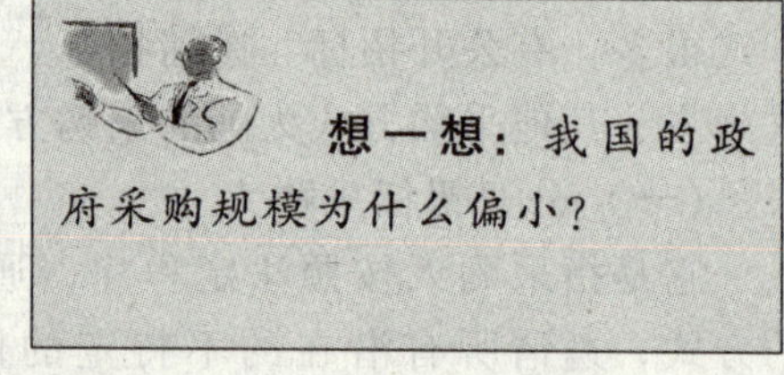

想一想：我国的政府采购规模为什么偏小？

第一，进一步扩大政府采购的实施范围。应加大对政府采购制度的宣传力度，以提高政府、用户和供应商的思想认识。应有计划地扩大采购范围，先扩大到易于操作的物品采购，再逐渐扩大到工程和服务领域。

第二，改革现行的预算管理和会计核算制度。一是改革现行财政专项预算资金的拨付管理制度，建立与政府采购制度相配套的财政专项预算资金管理方式。二是改革现行总预算会计制度，使之与政府采购制度相适应。三是改革现行的国库制度，允许财政办理直接拨款的方式。

第三，健全政府采购基础性工作。一是建立一支合格的政府采购队伍。二是建立全国统一的政府采购数据库管理信息系统。三是制定有关政府采购行为评价的指标体系。

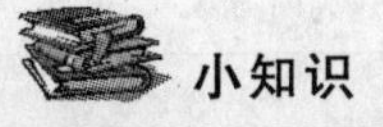

小知识

《中华人民共和国政府采购法》（节选）

第二十二条 供应商参加政府采购活动应当具备下列条件：

（一）具有独立承担民事责任的能力；

（二）具有良好的商业信誉和健全的财务会计制度；

（三）具有履行合同所必需的设备和专业技术能力；

（四）有依法缴纳税收和社会保障资金的良好记录；

（五）参加政府采购活动前三年内，在经营活动中没有重大违法记录；

（六）法律、行政法规规定的其他条件。

采购人可以根据采购项目的特殊要求，规定供应商的特定条件，但不得以不合理的条件对供应商实行差别待遇或者歧视待遇。

第四节 绩效评价

一、绩效评价的意义

财政支出绩效评价体系，是近二十年来出现在西方国家政府公共支出管理的一项重要制度，其核心是强调公共支出管理中的目标与结果及其结果有效性的关系，形成一种新的、面向结果的管理理念和管理方式，以提高政府管理效率、资金使用效益和公共服务水平。

第一，支出绩效评价是市场经济的必然要求。市场经济发展对政府公共支出管理提出了更高的要求。在现代政府公共活动的管理中，基于结果的支出绩效管理在整个政府支出管理中占据了十分重要的地位，它既是提高公共部门运行效率、增强公共部门责任意识的需要，又是提高公共部门信息透明度、加强公众监督和推进社会民主建设的需要。

第二，支出绩效评价是深化财政改革的必然要求。随着我国财政管理改革不断深化，建立科学的公共财政支出绩效管理制度既有外在基础，也有内在要求，急需一套按照市场经济管理原则建立起来的公共财政支出绩效管理体系，对财政投入的成本和产生的效果进行科学的衡量和比较，加强对政府支出行为的约束与激励，促进我国财政改革的深化和财政管理水平的提高。

第三，支出绩效评价是提高财政决策水平的必然要求。财政支出的合理性与科学性，直接关系到财政对经济调节的力度，影响国民经济的发展速度和水平。通过分析评价财政分配资金的合规性、合理性和有效性，评价财政支出产生的直接经济效益和社会效益，不断总结财政支出管理的经验与教训，能够客观地反映财政支出政策的科学性和合理性，为提高财政投资水平提供了可靠的参考依据。

一个有效的支出绩效评价系统不仅能向公共服务的提供者揭示公众的满足程度和公共预期目标的实现程度，而且也能指明公共支出决策的改进空间和应采取的行动。正是由于财政支出绩效评价在整个财政支出管理中的重要地位和作用，从 20 世纪 50 年代起，许多国际组织、决策研究机构和国家在公共管理中研究和推行公共支出绩效评价制度。

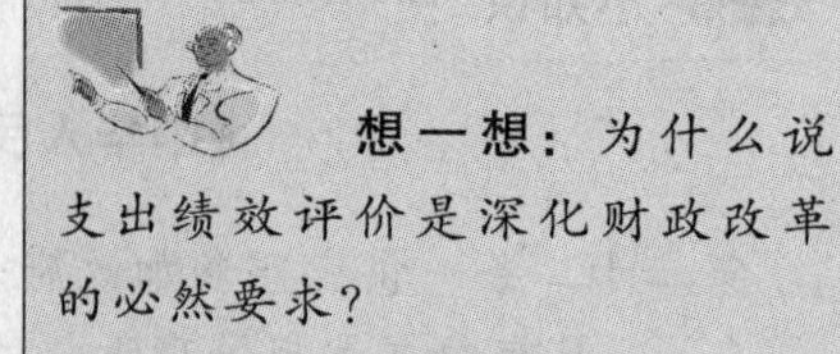

想一想：为什么说支出绩效评价是深化财政改革的必然要求？

长期以来，我国财政支出以规模而不是以绩效为基本目标取向。一方面难以避免经验决策、关系决策的色彩，难以保障资金分配的科学性；另一方面在客观上造成了许多部门、地区的资金争夺战，而投资责任和支出效果却往往无人负责。

建立财政支出绩效评价体系，实质上是建立一套完整的政府行为约束机制（包括行政约束和舆论约束），使政府各部门以可操作、可量化的形式注重成本与效益；是财政经济管理由粗放型管理向量化指标体系管理转换的重要一环；有助于增加政府工作与财政资金管理的科学性与公开性，提高政府理财的民主性与社会参与性。

二、绩效评价的方法

财政支出绩效评价的形式和方法有多种，下面就基本方法作简要介绍。

（一）成本—效益分析法

成本—效益分析法，就是针对政府实现公共支出目标提出的若干个实施方案，详列各种方案的全部预期成本和全部预期效益，通过比较分析，选择最优的公共支出方案。成本—效益分析法主要适用于效益是经济的、有形的、可以用货币衡量的支出项目，如公共支出中的公共工程项目。

在成本—效益分析法中，准确地测定各备选项目的成本和效益是一个关键步骤。财政投资项目的社会效益和社会成本非常复杂，要予以全面深入分析、鉴定和衡量。

成本—效益分析法对于选择最优工程投资方案，提高公共支出使用效益大有裨益。但由于分析过程的复杂性、多面性，实际运用的难度较大，对政府财政部门及公共支出使用单位工作人员的素质、技术水平都提出了较严格的要求。

讨论一下：成本—效益分析法的难点在哪里？

（二）最低成本法

最低费用选择一般不用货币来计量备选的公共支出项目的社会效益，只计算各备选项目的有形成本，并以成本最低为择优的标准。这种方法适用于政府公共开支中的国防、政治、文化、卫生等项目，其成本是易于计算的，但效益却不易衡量，而且通过此类支出所提供的商品或劳务，不可能以任何形式进入市场交换。

最低费用选择法以取得一定社会效益而所需费用的大小为标准来评价公共支出效益的高低。取得同样的效果，如果花费低则效益高，反之则效益低。

（三）比较分析法

比较分析法是指将两个以上的可比数字或指标进行对比，以确定差异的方法，如本期支出实际完成数与预算数相比较、本期实际完成数与上期实际完成数相比较。运用比较分析法评价支出效益时，必须使对比的指标在内容、计算方法、度量单位、统计口径等方面保持一致。

此外，还可运用的方法有：目标比较法、因素分析法、专家评议法、公众评判法、询问查证法等。

三、完善绩效评价工作

（一）坚持系统化原则，整体规划财政支出绩效评价的改革方案

财政支出绩效评价难度极大，一个重要的原因就是绩效评价涉及某些人或某群人的小利益。其制度体系的整体规划，应该充分认识到其实施的难度，从理论上仔细论证财政支出的供给范围与规模、预算会计核算模式、政府事业的发展规划、财政支出管理的决策机制、重要项目评价报告的听证制度等多方面因素的影响，在调查研究的基础上提出切实可行的改革方案。

（二）采取循序渐进的实现方式，由易到难、由重点及一般逐步展开

英国和瑞典的经验告诉我们，财政支出绩效评价是从公众和议会特别关注的重大问题与具体项目开始，逐渐扩展到全部财政支出；从重点评价支出的经济性、合规性开始，逐步转移到对财政支出的经济性、效率性、有效性的全面评价。

经济性是指在财政支出管理中建立有效的支出决策机制和支出优先安排机制，克服财政支出活动中严重浪费和分配苦乐不均的问题；效率性是政府及民众对财政支出在项目决策机制、实施进度、经济效益和社会效益等方面要求的具体体现；有效性是财政支出所取得的最终成果的具体体现，需要结合当前效益与长远效益来衡量。

（三）根据科学化原理，建立财政支出绩效评价指标体系与评价机制

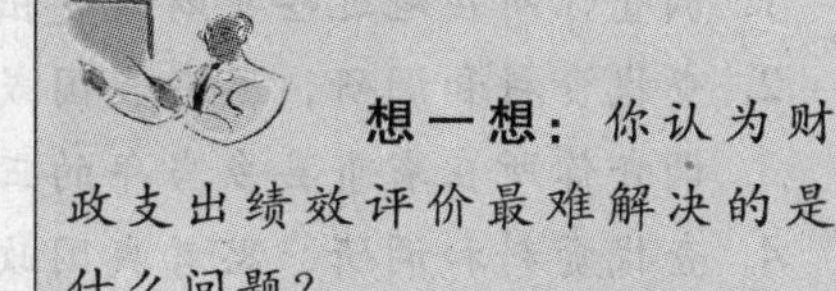

想一想：你认为财政支出绩效评价最难解决的是什么问题？

财政支出绩效评价指标体系是开展绩效评价工作的中心环节。设计一套科学、合理的指标体系，需要兼顾局部利益与整体利益、当前利益与长远利益、直接利益与间接利益，既通用可比、简单适用，又易于操作。可以按照部门、项目、环节分别建立绩效评价指标。部门评价指标是用来衡量部门事业发展所应取得的业绩，可以和部门负责人政绩考核结合起来；项目评价指标是按照分类的原则就不同财政支出的使用效果进行评价；环节评价指标是用来衡量财政支出运动过程中在存库、分配、购买、投资、支付等各环节的绩效水平。

（四）逐步建立财政支出绩效评价的信息收集网络和数据库

财政支出绩效评价活动的开展，离不开一定规模与容量的数据库，需要针对各类支出项目的投入、效益与影响，进行必要的横向与纵向比较，保证绩效评价工作的持续、高效开展。为此，现实的选择是，分不同行业、类型的财政支出项目，将有关的信息或资料作为初始数据源，并在此基础上逐步扩大评价信息的收集范围，推动数据采集进入标准化工作阶段。

此外，政府绩效评价本身是一项复杂的系统工程，必须与其他配套措施有机地融为一体，形成一种“制度合力”，这样才能保障评价结果的客观公正以及对结果的科学利用。

小资料 

财政部《财政支出绩效评价管理暂行办法》（节选）
（2009 年 6 月 22 日）

第十条　绩效评价的基本内容：

（一）财政资金使用情况，财务管理状况和资产配置、使用、处置及其收益管理情况；

（二）为加强管理所制定的相关制度、采取的措施等；

（三）绩效目标的实现程度，包括是否达到预定产出和效果等；

（四）需要评价的其他内容。

【重要概念】

财政支出　财政支出结构　一般公共服务支出　社会保障支出　政府采购　财政补贴　成本—效益分析法

【思考与实训】

1. 调查你所在地近些年财政支出情况，思考如何进一步完善财政支出结构。
2. 查找资料和调研，思考我国或你所在省市县财政用于民生支出情况。
3. 调查你所在省市县乡当年的三农支出情况，并思考其利与弊。
4. 查找资料和调研，思考我国政府采购制度应如何更加完善。

【分析与讨论】

“我国行政成本过高”的问题被很多人关注。根据掌握的资料和调研，分析与讨论如何更加有效地管理行政管理支出。

第三章

财政收入

学习要点

- 财政收入的规模和结构
- 税收收入的主要种类
- 公债的发行与偿还
- 公债规模的衡量
- 非税收入的内容
- 财政风险的防范

第一节　财政收入概述

一、财政收入分类

财政收入是政府为了满足社会公共需要，从分散在各微观主体的生产总值中集中起来的一部分货币资金。财政收入是财政分配的第一阶段，是财政支出的保障，也是政府调节经济运行的重要手段。

（一）按财政收入性质分类

按财政收入性质分类就是把各类政府收入按其性质进行归类和层次划分，以便全面、准确、明细地反映政府收入的总量、结构和来源情况。

根据我国政府收入构成情况，结合国际通行的分类方法，财政收入分为：

1. 税收收入。包括增值税、消费税、营业税、企业所得税、企业所得税退税、个人所得税、资源税、城市维护建设税、房产税、印花税、城镇土地使用税、土地增值税、车船税、船舶吨税、车辆购置税、关税、耕地占用税、契税、烟叶税、其他税收收入。

2. 社会保险基金收入。包括基本养老保险基金收入、失业保险基金收入、基本医疗保险基金收入、工伤保险基金收入、生育保险基金收入、其他社会保险基金收入。

3. 非税收入。包括政府性基金收入、专项收入、彩票资金收入、行政事业性收费收入、罚没收入、国有资本经营收入、国有资源（资产）有偿使用收入、其他收入。

4. 贷款转贷回收本金收入。包括国内贷款回收本金收入、国外贷款回收本金收入、国内转贷回收本金收入、国外转贷回收本金收入。

5. 债务收入。分为国内债务收入和国外债务收入。

6. 转移性收入。具体包括返还性收入、财力性转移支付收入、专项转移支付收入、政府性基金转移收入、彩票公益金转移收入、预算外转移收入、单位间转移收入、上年结余收入、调入资金等。

这种分类方法有利于加强财政经济分析与决策，也有利于国际比较与交流。

（二）按财政收入产业分类

可分为来自第一产业、第二产业和第三产业的财政收入。这种分类不仅可以反映各产业的经济效益，还可以反映产业结构是否合理，有助于政府制定科学的产业政策，调整产业结构，促进国民经济的稳定发展。

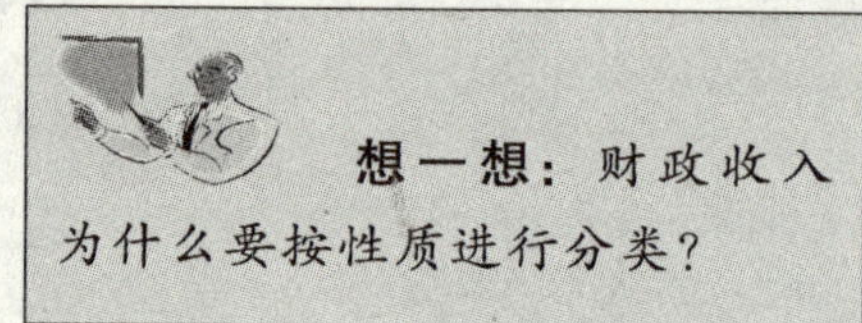

想一想：财政收入为什么要按性质进行分类？

（三）按财政收入所有制分类

可分为来自国有经济收入、集体经济收入、外商投资企业收入、股份制经济收入、联营企业收入、私营经济收入、个体经济收入、其他企业收入。这种分类可反映各种所有制经济的发展状况，有助于政府制定有关政策，促进各种所有制合理发展。

此外，财政收入还可以按管理级次划分为中央财政收入和地方财政收入；按来源的国境划分为国内收入和国外收入；按取得收入的时间划分为经常性收入和临时性收入，等等。

二、财政收入规模

财政收入规模是指财政收入在数量上的总水平。它是反映政府财力和政府职能范围大小的重要指标。

（一）衡量财政收入规模的指标

1. 财政收入绝对量。是指一定时期内财政收入的总额。它是一个有序列、多层次的指标体系，主要包括财政总收入和一般预算收入、中央和地方财政总收入、中央本级财政收入和地方本级财政收入等。

从静态看，财政收入绝对量反映了一个国家或地区在一定时期内的经济发展水平和财力集中程度，体现了政府运用各种收入手段调控经济的范围和力度。从动态看，把财政收入绝对量连续起来，可以看出财政收入规模与经济发展、经济体制改革、政府职能变化等关系。如我国财政收入总额：1950 年为 65 亿元，2008 年为 61330 亿元，说明我国财政收入的绝对规模呈现随经济发展而不断扩大的趋势。

2. 财政收入相对量。这是指一定时期内财政收入与有关社会经济指标的比率，包括财政收入占 GDP 的比重、人均财政收入等。

由于绝对指标在一国不同时期、不同国家和地区之间不完全具备可比性，因此在分析财政收入规模时，不仅要分析绝对数量指标，更要注重分析研究相对指标。

（二）影响财政收入规模的因素

合理的财政收入规模，对保证政府职能的实现和国民经济的持续发展具有重要意义。财政收入规模受到多种因素的制约，主要有：

1. 经济发展水平。经济发展水平反映一国社会产品的丰富程度和经济效益的高低。经济发展水平越高，财政可分配的对象——GDP 就越多，一般来说，该国财政收入总额也就越大，财政收入占 GDP 的比重也可能提高。

经济发展水平对财政收入规模的制约是基础性和决定性的，二者之间存在着根与叶、源与流的关系。从世界各国的情况考察，发达国家财政收入规模大都高于发展中国家，绝对量和相对量都是如此。

内涵于经济发展水平之中的生产技术水平是制约财政收入规模的重要因素，因为一定的经济发展水平总是与一定的生产技术水平相适应。技术进步往往以生产速度加快、生产质量提高为结果；另外技术进步必然带来物耗比例的降低、经济效益的提高，这些都为增加财政收入创造条件。

讨论一下：财政收入占 GDP 的比重是不是越高越好？

2. 分配制度。在经济发展水平既定的情况下，分配制度能够影响 GDP 在政府、企业和个人之间的分配。经济发展水平相同的国家，财政收入规模未必相同。

3. 价格水平。财政收入表现为一定量的货币收入，物价水平必然会影响财政收入规模。

4. 政府职能。政府职能是制约财政收入规模的直接因素。政府职能范围越大，相应需要的财政收入规模也就越大。

（三）我国的财政收入规模

改革开放前，由于经济发展水平较低，我国的财政收入绝对量较小，但由于高度集中的体制，财政收入占 GDP 的比重并不是很低。

改革开放三十多年来，我国经济突飞猛进，政府财力明显增强，财政实力有了质的变化，使财政在促进社会主义市场经济体制改革和支持各项事业发展中发挥着日益重要的作用。

三、财政收入结构

财政收入结构是指财政收入的项目构成及其相互关系。包括财政收入的所有制构成、价值构成和产业部门构成等。

（一）财政收入的所有制构成

财政收入的所有制构成，即财政收入的经济成分构成，是分析财政收入由不同所有制经营单位上缴的税金等组成以及各部分收入占总额比重的依据。从这个角度研究财政收入结构，目的在于说明所有制结构对财政收入的制约作用，从而相应采取增加财政收入的有效措施。

1. 财政收入与国有经济。建国六十多年来，我国经济结构一直以国有经济为主导，反映在财政收入结构上，财政收入也主要来源于国有经济。

从改革趋势分析，随着非公有制经济的发展，国有经济的范围将进一步缩小，国有经济的主导作用将主要通过其控制国民经济的重要生产部门及国有企业资产组织结构来实现。从财政收入角度分析，国家除了以税收和国有资产收益形式稳定地从国有经济中直接取得财政收入外，更重要的是通过发挥国有经济的主导作用，为国民经济全局的发展奠定良好基础，并在此基础上间接地增加财政收入。

讨论一下：改革开放以来我国财政收入所有制结构的变化说明了什么？

2. 财政收入与非国有经济。集体经济、个体经济、私营经济、外商投资经济、港澳台投资经济和其他混合经济（联营经济、股份制经济）中的非国有部分，构成了非国有经济。

改革开放以前，我国的非国有经济在整个国民经济中所占比重较低，其所创造的财政收入也极少。改革开放以来，非国有经济在我国经济中的比重迅速上升，其产值和上缴财政的比重有了很大程度的提高，成为我国财政新的增长源泉。

（二）财政收入的产业构成

财政收入的产业构成应与国民经济的产业构成相适应，并随着产业结构的变化适时进行调整，以开辟新的财源。

1. 第一产业与财政收入。第一产业是国民经济的基础，其发展状况会影响到人民生活及整个国民经济的发展。从这个意义上说，第一产业也是我国财政收入的基础。

农业对财政收入的影响主要表现在两个方面：一是直接来源于农业的财政收入。包括农牧业税和农村其他税收收入，现在农牧业税已取消。二是间接来自农业的收入。主要表现在由于工农业产品交换中存在着“剪刀差”，使农业部门创造的一部分价值转移到以农产品为原料的轻工业部门实现，农业等于为工业承担了部分税负。直到近几年提出“工业反哺农业”的思路，这一情况才有所改变。

2. 第二产业与财政收入。第二产业是国民经济的主导，对财政收入的增长起决定性作用。因此，也是财政收入的主要来源。

无论从绝对额还是从相对额来看，第二产业目前及今后一段时期仍是我国财政收入的支柱。因此，为第二产业发展创造更好的条件，实行有利于增强工业和建筑业活力的政策，是增加财政收入的关键。

3. 第三产业与财政收入。随着经济的发展和产业结构的调整，第三产业得到了迅速发展。可以预见，随着我国第三产业更加迅速地发展，它为财政提供的收入将会越来越多。

此外，还有财政收入的价值构成（财政收入与 C、V、M 的关系）、财政收入的地区构成（中央财政收入与地方财政收入及各地区间财政收入的关系）、财政收入的形式构成（税收、非税收入与其他收入的关系）等，这里不再展开论述。

小资料

我国 1991—2008 年财政收入情况（单位：亿元）

年份	财政收入	GDP	年份	财政收入	GDP
1991	3149.48	21781.5	2000	13395.23	99214.6

续表

年份	财政收入	GDP	年份	财政收入	GDP
1992	3483.37	26923.5	2001	16386.04	109655.2
1993	4348.95	35333.9	2002	18903.64	120332.7
1994	5218.10	48197.9	2003	21715.25	135822.8
1995	6242.20	60793.7	2004	26396.47	159878.3
1996	7407.99	71176.6	2005	31649.29	183217.4
1997	8651.14	78973.0	2006	38760.20	211923.5
1998	9875.95	84402.3	2007	51321.78	257305.6
1999	11444.08	89677.1	2008	61330.35	300670.0

第二节 税收收入

一、税收原理

（一）税收的概念

税收是国家凭借公共权力，依照法律规定的标准和程序，向经济单位和个人强制地、无偿地取得财政收入的一种形式。对这一概念可以从以下三个方面来理解：

1. 税收与国家存在本质的联系，税收收入是国家机器赖以存在并行使其职能的物质基础。

2. 税收是财政收入的一种形式，而且是最基本、最重要的形式。古今中外的政府曾采用过税收、公债等形式取得财政收入，但在财政收入的各种形式中，产生最早、运用最普遍、筹集资金最有效的收入形式是税收。

3. 税收是按照法律规定征收的，征税的依据是国家公共权力。税收是一种强制的、无偿的财政收入，这种收入的取得必须在一定的法律范围内进行，征纳双方的权利义务关系通过税法来规范和调整。税收凭借的是公共权力，在国家存在的条件下，这种公共权力表现为国家的政治权力。

（二）税收的基本特征

税收的基本特征又称为税收的“三性”，即税收与其他财政收入形式相比，具有强制性、无偿性、固定性三大特征。

1. 强制性。是指税收是以国家的法律、法规、制度等形式规定并强制实施的。因为国家征税凭借的是政治权力，依靠的是法律手段，纳税人必须依据税法的规定纳税，否则就会受到法律的制裁。也就是说，这种强制性与生产资料的占有没有直接关系，是一种超经济的强制。

2. 无偿性。是指政府征税以后，税款即为政府所有，成为政府的财政收入，既不需要偿还，也不需要对纳税人付出任何代价。税收的这种无偿性特征是针对具体的纳税人而言的，即政府征税时不是与纳税人进行等价交换，政府无需对纳税人直接返还已纳税款，也不需要直接对纳税人提供相应服务或特许权力。这一特征使得税收同公债、银行信用等有偿分配形式相区别。

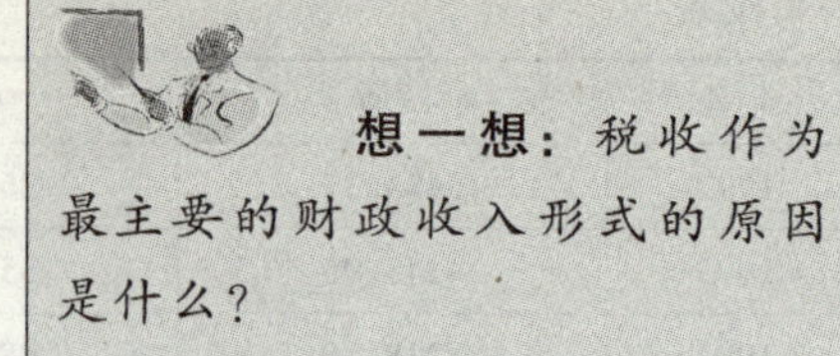

想一想：税收作为最主要的财政收入形式的原因是什么？

3. 固定性。是指征税事项的既定性和相对稳定性，即征税前政府就以法律形式预先规定了课税对象、纳税人、征收标准等事项，这些事先规定的事项对征纳双方都有约束力，不经国家批准不得随意更改。

（三）税制要素

税制是税收制度的简称。**税收制度是国家规定的税收法令条例和征收办法的总称**。税收制度由纳税人、课税对象、税率、纳税环节、纳税期限、减免和附加、违章处理等基本要素构成。其中，纳税人、课税对象、税率是构成税收制度的三个最基本的要素。

1. 纳税人。**纳税人是税法规定的直接负有纳税义务的单位和个人**，主要解决对谁征税的问题。纳税人可以是自然人，也可以是法人。纳税人和负税人不同。纳税人是直接向国家缴纳税款的单位和个人；而负税人是最终负担税款的单位和个人。在税负不能转移的情况下，它与纳税人是一致的；在税负能够转嫁的情况下，它与纳税人是不一致的。

2. 课税对象。**课税对象又称征税对象，是国家征税的客体，主要解决对什么征税的问题**，课税对象规定了征税的范围，是一种税区别于另一种税的主要标志。各国的征税对象主要包括所得、商品和行为三大类。

3. 税率。**税率是税额与课税对象数额之间的比例**，主要解决征多少税的问题。在课税对象既定的条件下，税额和税负的大小就取决于税率的高低。它直接关系到政府财政收入和纳税人的负担，体现国家的税收政策，起着调节收入的作用。因此，税率是税收制度的核心。一般来说，税率采用以下几种形式：

（1）比例税率。是指对同一课税对象，不论其数额大小，只按一个比例的税率统一征税，具有计算简便、方便征纳、有利于鼓励企业规模经营和平等竞争的优点，但不太符合量能纳税原则，调节收入分配的功能较弱。通常适用于对流转额的课税。

（2）累进税率。是根据课税对象数额的大小，将课税对象划分为若干等级，并分别规定不同的税率。课税对象数额越大，税率越高。累进税率一般适用于对所得税额的课税。累进税率根据计算税款方法的不同，又可分为全额累进税率和超额累进税率。全额累进税率是征税对象的全部数额都按照与之相适应等级的一个税率征税；超额累进税率，即把课税对象按数额大小划分为若干等级，每个等级由低到高分别规定相应的税率，各等级分别计算税款，最后加总各等级应纳税款即得到按超额累进税率计算的应纳税总额。超额累进税率累进幅度缓和，税收负担较为合理，能较好地体现公平原则。

（3）定额税率。是按单位课税对象直接规定一个固定税额，而不采取百分比的形式。它实际上是比例税率的一种特殊形式。定额税率和价格没有直接联系，它一般适用于从量定额征收，因而又称为固定税额。

（四）税收分类

1. 按税收客体分类，税收可分为流转税、所得税、资源税、财产税、行为税五大类。这种分类便于研究各个税种的课税对象性质和调节作用。

流转税是指以商品和非商品的流转额作为课税对象征收的一类税收。商品和非商品的流转额大小一般不受提供商品和劳务的成本、费用高低的影响，纳税人只要有了销售收入和劳务收入就要纳税。因此，它有利于保证税收收入。

所得税是指以纳税人取得的各项应税所得额作为课税对象征收的一类税收。应税所得额是纳税人取得的收入扣除税法允许扣除的成本、费用后的余额。所得税体现了无所得者不征、少所得者少征、多所得者多征的量能负担原则。

资源税是指以自然资源为课税对象征收的一类税收。开征资源税不仅可以取得财政收入，而且可以促进资源的合理开发和利用，利于企业公平竞争。

财产税是指以纳税人的各种应税财产作为课税对象征收的一类税收。应税财产包括纳税人所有的有形和无形财产。财产税能调节纳税人的收入水平，缩小贫富差距，促进社会稳定。

行为税是指以纳税人的特定行为作为课税对象征收的一类税收，主要是为了通过征税来引导纳税人的行为，贯彻“寓禁于征”的政策。这类税收课税对象的选择性较灵活，一旦达到目的便可停征。

2. 按税收能否转嫁分类，税收可分为直接税和间接税。这种分类主要便于研究税负的归宿和纳税人的实际税负水平及税收政策对社会财富公平分配的作用。

直接税是指税收负担不容易转嫁、纳税人与负税人为一致的税收，如所得税和部分财产税；**间接税是指税收负担容易转嫁、纳税人与负税人不一致的税收，**如流转税。

3. 按税收与价格的关系分类，税收可分为价内税和价外税。这种分类主要便于研究税收对价格的影响，进一步研究税收对企业生产经营及利润的影响，从而为制定合理的税收政策服务。

价内税是指以税金为商品价格构成要素的税收。由于税金是价格的组成部分，在其他因素不变的情况下，税金的变动会引起价格的相应变动，从而影响企业利润。价内税容易为纳税人接受，税金也随销售收入的实现而实现，利于组织财政收入。我国除增值税外的流转税属于价内税。

价外税是指税金作为商品价格的附加部分的税收。由于税金是价格的附加部分，在其他条件不变的情况下，税金的变动不会引起价格的相应变动，也不会影响企业利润。价外税税负透明，税价分离，体现了税收的中性原则。我国现行的增值税就是价外税形式。

4. 按税收征管和使用权限分类，税收可分为中央税、地方税、中央地方共享税。这种分类能更好地适应分税制财政体制，有利于规范中央与地方的财政分配关系。

中央税是指由中央政府征收管理，收入归中央政府支配的税收。一般税源充分、收入较多、范围较广的税种属于中央税，如消费税等。

地方税是指由地方政府征收管理，收入归地方政府支配的税收。一般税基具有流动性，并与地方经济关系密切的税种属于地方税。

中央与地方共享税是指由中央与地方政府共同负责征收管理，收入由中央和地方政府按一定比例分享的税收。一般涉及中央与地方共同利益，需要发挥双方作用的税种属于共享税。

5. 按税收计征标准分类，税收可分为从价税和从量税。这种分类有利于掌握各类税种的计征标准，也有利于研究价格对税收的影响程度，从而制定合理的税收政策和价格政策。

从价税是以课税对象的价格或金额为标准计征的税收。其计税依据与课税对象的价格直接相关，当课税对象的价格发生变动时，其税额会发生相应的变化。从价税一般采用比例税率或累进税率，大部分流转税和所得税适用。

从量税是以课税对象的数量、体积、面积、容积等实物数量为标准计征的税收。其计税依据与课税对象的价格没有直接关系。从量税一般采用定额税率，体现了等量税负的原则。

二、我国的主要税种

目前，我国共有二十余种税。下面按照税收客体分类进行简要介绍。

（一）流转税类

流转税是以流转额为课税对象的税种，流转额包括商品流转额和非商品流转额。商品流转额是指销售商品的收入额；非商品流转额是指交通运输、邮电通讯以及各种服务性行业的营业收入额。流转税与商品生产和流通密切相关，具有征收普遍、税源广泛、税负容易转嫁、计征简便等特点。

1. 增值税。**增值税是以商品价值中的增值额为课税对象的一个税种。**所谓增值额，是指商品生产和流通过程中新创造的价值。

（1）纳税人。在我国境内销售货物（除不动产外的有形动产，包括电力、热力和气体）或者提供加工、修理修配劳务以及进口货物的单位和个人为纳税人。单位包括国有、集体、私营、外资、股份制企业和其他企业，也包括行政、事业、军事单位及社会团体和其他单位。个人是指个体经营者和其他个人。根据纳税人的生产经营规模及财务核算健全程度，增值税的纳税人分为一般纳税人和小规模纳税人。

（2）征收范围。在我国境内销售的货物或者提供的加工、修理修配劳务以及进口的货物均属征收范围，包括工业生产、商业批发、商业零售和商品进口、加工、修理修配。

（3）税率。增值税的基本税率为17%，适用于一般销售或进口货物、提供加工、修理修配劳务。增值税的低税率为13%，适用于税法规定的几类货物。此外，对出口货物实行零税率，即出口商品在报关出口后可以退还已缴纳的全部税款。小规模纳税人从2009年1月1日起税率统一为3%。

2. 消费税。**消费税是以特定消费品为课税对象所征收的一种税。**在对货物普遍征收增值税的基础上，选择一些消费品再征收一道消费税，是为了调节产品结构，引导消费方向，保证财政收入。

（1）纳税人。在我国境内从事生产、委托加工和进口应税消费品的单位和个人。

（2）征税范围。消费税征税范围的选择应立足于我国经济发展状况、消费政策、产业政策，考虑人民的消费水平和消费结构，还要借鉴国际做法。我国选择了11大类应税消费品，如一些过渡消费会对人类健康、社会秩序及生态等方面造成危害的消费品，如烟、酒等；非生活必需品，如贵重首饰及化妆品等；不可再生和替代的石油类消费品，如汽油、柴油等；具有一定财政意义的产品，如汽车轮胎、护肤护发品等。

（3）税率。有比例和定额税率两种形式。比例税率为3%～45%（2008年9月1日起排气量在1.0升（含1.0升）以下的乘用车，税率由3%下调至1%），加上定额税率，共设有多个档次的税率和税额。

3. 营业税。**营业税是以纳税人的营业额作为课税对象的税种。**营业额是指纳税人提供应税劳务、转让无形资产或销售不动产所取得的收入。

（1）纳税人。在我国境内提供规定的劳务、转让无形资产或者销售不动产的单位和个人。

（2）征收范围。提供应纳劳务的交通运输业、建筑业、金融保险业、邮电通信业、文化体育业、娱乐业、服务业、转让无形资产和销售不动产等9个行业，并相应地设置了9个税目。

（3）税率。实行比例税率，主要有3%、5%和20%三个档次；另外对娱乐业实行5%~20%的幅度比例税率，目前按20%执行。

4. 关税。**关税是国家对进出本国国境的货物和物品征收的一种税。**我国分为进口关税和出口关税两类，由海关负责征收。

（1）纳税人。进出口货物的，以货物的收发货人或其代理人为纳税人；进出口行李物品和邮递物品的，以物品的持有人、所有人、收件人或其代理人为纳税人。

（2）征税对象是进出口国境的货物和物品。货物是指贸易性商品。物品包括入境旅客随身携带的行李和物品，个人邮递物品，各种运输工具上的服务人员携带进口的自用物品、馈赠物品以及以其他方式进入国境的个人物品。

（3）税率。关税税率分为进口税率和出口税率两部分。我国加入世界贸易组织以来，关税税率作了较大的调整。

（二）所得税类

所得税是对所有以所得额为课税对象的税种的总称。

1. 企业所得税。**企业所得税对在中华人民共和国境内的企业和其他取得收入的组织的生产经营所得和其他所得征收的一种税。**

（1）纳税人。企业所得税的纳税人是所有实行独立经济核算的中华人民共和国境内的内资企业或其他组织，包括国有企业、集体企业、私营企业、联营企业、股份制企业以及其他有经营收入的单位。

（2）征税对象。课税对象为纳税人在纳税年度内来源于我国境内、境外的全部生产经营所得和其他所得，包括销售货物所得、提供劳务所得、转让财产所得、股息红利所得、利息所得、租金所得、特许权使用费所得、接受捐赠所得和其他所得。

（3）税率，就是据以计算企业所得税应纳税额的法定比率。2008年新的《中华人民共和国所得税法》规定一般企业所得税的税率为25%。非居民企业适用税率为20%，现在减按10%的税率征收；符合条件的小型微利企业，减按20%的税率征收；国家需要重点扶持的高新技术企业，按15%的税率征收。

2. 个人所得税。**个人所得税是以自然人取得的各类应税所得为征税对象而征收的一种税。**个人所得税的征税对象不仅包括个人，还包括具有自然人性质的企业。

（1）纳税人。有纳税义务的中国公民和在中国境内取得收入的外籍人员。根据国际通行的住所标准和时间标准规定：在中国境内有住所，或者无住所而在境内居住满一年的个人，从中国境内外取得的所得，依法应缴纳个人所得税；在中国境内无住所又不居住或者无住所而在境内居住不满一年的个人，从中国境内取得的所得，依法应缴纳个人所得税。

(2) 征税对象为纳税人的各项所得，包括工资、薪金所得；生产、经营所得；劳务报酬所得；财产租赁所得；财产转让所得；特许权使用费所得；股息、红利、利息所得；偶然所得；其他所得。

(3) 税率,采用超额累进税率和分项比例税率两种税率征收。应纳所得额减去规定的费用和扣除项目为应纳税所得额。如工资、薪金所得,以每月收入额减除规定费用后的余额为应纳税所得额,适用超额累进税率,税率为5%～45%。劳务报酬所得等实行20%的比例税率。

(三) 资源税类

资源税是以自然资源为课税对象的税种。作为课税对象的资源是指具有商品属性的自然资源。

1. 资源税。**资源税是对在我国境内从事特定资源开发的单位和个人，就其由于资源开发条件的差异而形成的级差收入征收的一种税。**在中国境内从事税法规定的开采矿产品及生产盐的单位和个人为资源税的纳税人。资源税现行的征税范围包括矿产资源和盐资源。采用差别定额税率的办法征收。

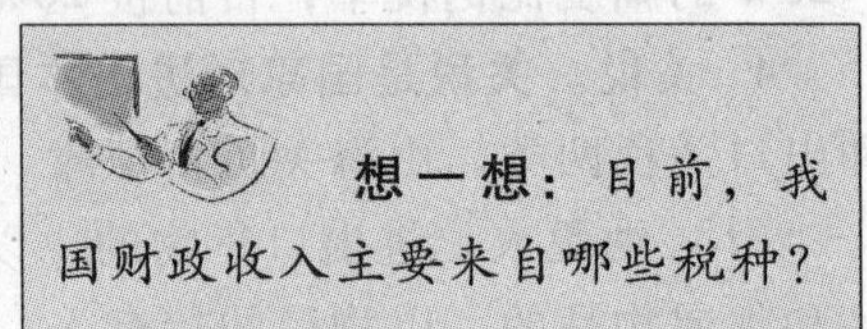

想一想：目前，我国财政收入主要来自哪些税种？

2. 土地使用税是以国有土地为征税对象，对拥有土地使用权的单位和个人征收的一种税。

3. 耕地占用税是对占用耕地建房或从事其他非农业建设的单位和个人按其实际占用耕地面积征收的一种税。

(四) 财产税与行为税类

财产税是以纳税人拥有或支配的财产为课税对象的一类税。我国现行税制中，属于财产税的有房产税、契税、车船使用税等。对财产课税符合量能纳税原则，可以促进社会资源合理配置，限制挥霍和浪费。

行为税是指以纳税人的某种特定行为作为课税对象的一类税，是当今世界各国广泛征收的税种。我国目前属于行为课税的有固定资产投资方向调节税（2000年起暂停征收）、土地增值税、城市维护建设税、印花税、屠宰税等。对特定行为征税，不仅可以增加财政收入，而且可以通过征税对某种行为加以限制或加强监督管理。

三、税收征收管理

(一) 税收征收管理的概念

税收征收管理是税务主管部门代表国家，依据税收法律、法规，指导纳税人正确履行纳税义务，并对征税和纳税过程进行组织、管理、监督、检查等一系列工作的总称。

税收征收管理是税收管理的重要环节。在国家税收制度已定的情况下，能否把税款及时征收入库，关键在于税收征收管理的质量和效率。税收征收管理是一个极其复杂的系统工程。它一般由基层税务机关负责，但涉及面广，政策性强，其组织实施是否得当、税款是否依法征收、检查措施是否得力等，不仅关系到经济的发展和广大人民的切身利益，也关系到国家税收政策和税收法规的落实。

(二) 税收征收管理体系

1. 健全的征管法规。征收机关征税是代表国家依法向纳税人进行税收的征收和管理，纳税人依法向国家缴税是应尽的义务。为了有效地进行税收征收管理，必须建立健全税收管理法规，将税收征收纳入法制轨道，真正做到依法治税。

2. 科学的征管制度。在税收征收管理基本法规的基础上，结合征收管理工作实际情况，由税务机关制定对征纳双方都有约束力的具体的征收管理制度，是做好税收征收管理工作的必要条件。

3. 规范的征管规程。征管规程是组织执行税收管理制度的程序和步骤，反映了税收管理的一般规律。我国近些年征管业务流程进一步优化。将纳税人需要到税务机关办理的各项事务统一归并由办税服务厅负责，将“一窗式”管理理念应用于各类办税事务，按照征管业务流程，在办税服务厅设立申报纳税、发票管理、综合服务三类窗口，充分应用信息技术和纳税资料“一户式”储存方式，使征管质量稳步提高。

4. 现代的征管手段。征管手段现代化是提高税收征收管理工作效率和工作质量的必要技术保障，也是适应当今信息社会要求的必要条件。随着我国“金税工程”的不断完善，我国税收征管手段将越来越现代化。

5. 严密的监控网络。在我国征纳矛盾是大量的、广泛的，只有形成严密的征收管理监控系统，才能促使税务干部不以税谋私，促使纳税人自觉纳税。税务机关内部机构设置要建立管、征、查相互制约的征管模式，同时，与有关部门密切配合，建立协税护税网络。

6. 高素质的干部队伍。税务人员应有较好的政治思想素质、业务素质和文化素质，并具有税务干部的职业道德。只有拥有一支高素质的税务干部队伍，才能更好地进行税收征收管理。

（三）税收征收管理机制

税收征收管理机制由税务登记、纳税申报、税款征收、税务检查、票证管理、税务行政复议和税务代理等环节构成。

讨论一下：现行的税收征管模式与传统征管模式相比有哪些优点？

税收征收管理机制的这些内容可分解为管理、征收、检查三个环节，通常称为“管、征、查”。管理是征收和检查的前提和基础，包括税务登记、票证管理、纳税申报、税源监控等，只有把这些工作做好，特别是做好税源监控，也就是税务机关通过各种方式、最大限度地掌握应征税源的规模和发展情况，才可使税收征收顺利进行，使检查无违章可处理。征收是管理和检查的目的和效果，只有把这一工作做好，才能保证税收及时足额地缴入国库，使管理和检查落在实处。检查是管理和征收事后监督的一种形式，通过检查考核管理和征收的质量，为进一步搞好管理和检查提供依据。

小知识

金税工程

金税工程是吸收国际先进经验，运用高科技手段，结合我国增值税管理实际设计的高科技管理系统。金税工程由一个网络，四个软件系统组成，即覆盖全国国税系统的，区县局、地市局、省局到总局的四级广域网络；四个软件系统分别为防伪税控开票系统、防伪税控认证系统、计算机稽核系统、发票协查系统。

1994 年 2 月 1 日，时任国务院副总理的朱镕基同志指示要尽快实施以加强增值税管理为主要目标的金税工程。为了组织实施这项工程，成立了跨部门的国家税控系统建设协调领导小组，下设金税工程办公室，具体负责组织、协调系统建设工作。1994 年 3 月底，金税工程试点工作正式启动，组织实施了以建设 50 个城市为试点的增值税计算机交叉稽核系统，即金税一期工程。

2000 年 8 月 31 日，税务总局向国务院汇报金税工程二期的建设方案并得到批准。金税工程三期是在对金税工程二期四个子系统进行功能整合、技术升级和业务与数据优化的基础上，进一步强化征管功能，扩大业务覆盖面，形成有效、相互联系的制约和监控考核机制。

第三节 非税收入

一、非税收入的概念

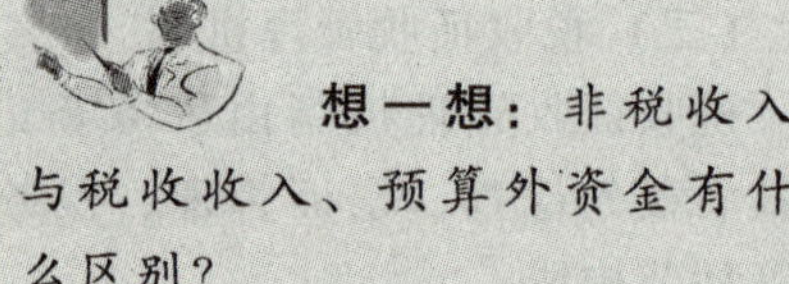

想一想：非税收入与税收收入、预算外资金有什么区别？

非税收入是指除税收以外，由各级政府、国家机关、事业单位、代行政府职能的社会团体及其他组织依法利用政府权力、政府信誉、国家资源、国有资产或提供特定公共服务取得的财政资金，是政府财政收入的重要组成部分。

第一，非税收入的征收主体是各级政府。这与税收的征收主体是一致的。作为政府收入，不论是税还是非税，其征收和分配主体都只能是政府，政府以外的任何经济单位、社会团体和个人都无权征收。

第二，非税收入的征收目的是为了公共利益。这与税收的目的也是一致的，非税收入既然是以政府为主体而征收的收入，就不是出于特定部门、单位或个人的私利需要，而是为了社会公共利益。

第三，非税收入的征收范围限定在能够按受益原则确定的特定产品或劳务（混合品），一般是在市场领域与政府活动两极之间的规制领域内发挥作用，而税收则适用于不能确定特定消费者的产品或劳务的范围内。

第四，非税收入的征收管理要依法进行。非税收入的项目和标准要依法确定，调整、变更及资金使用要依法进行，收入和支出都要纳入政府预算管理。

二、非税收入的内容

政府非税收入主要包括行政事业性收费、政府性基金、国有资本经营收入、国有资源（资产）有偿使用收入、彩票资金收入、专项收入、罚没收入、其他收入。

（一）行政事业性收费

行政事业性收费是国家机关、事业单位、代行政府职能的社会团体及其他组织根据法律法规等有关规定，依照国务院规定程序批准，在向公民、法人提供特定服务的过程中，按照成本补偿和非盈利原则向特定服务对象收取的费用，包括行政性收费和事业性收费两部分。

1. 行政性收费。**行政性收费是指国家机关或法律、行政法规授权的组织在履行政府职能过程中，依照法律、法规并经有关部门批准，向单位和个人收取的费用。**行政性收费具有国家强制性、社会管理性、成本补偿性等特点。

按收费的内容和管理手段划分，行政性收费可分为管理性收费、证照性收费和资源性收费三类。

2. 事业性收费。**事业性收费是指事业单位或法律法规授权的其他组织向社会提供特定服务，依照国家法律、法规并经有关部门批准，向服务对象收取的补偿性费用。**事业性收费具有特定性、服务性、补偿性等特点。

讨论一下：行政事业性收费与经营性收费有什么不同？

按收费内容、行业和性质划分，事业性收费可分为社会福利性、公益性收费；执法检验、检测性收费；专业技术咨询服务性收费；中介服务性收费；基础设施使用性收费。

（二）政府性基金

政府性基金是指各级政府及其所属部门依照法律、法规并经有关部门批准设立，凭借行政权力或政府信誉，为支持某项事业发展，向单位和个人征收的具有专项用途的资金。

政府性基金按资金使用划分，可分为工业发展基金、交通建设基金、教育事业基金、城市建设基金等；按筹集方式划分，可分为附加在税收上征收的基金，如教育费附加、农业税附加等；附加在价格上征收的基金，如电力建设基金、三峡工程建设基金、邮电附加等；以销售（营业）收入为对象征收的基金，如文化事业建设费、碘盐基金等。

（三）国有资本经营收入

国有资本经营收入包括企业上缴的国有资本分享的税后利润，国有股红利、股息，企业国有产权（股权）出售、拍卖、转让收入以及依法由国有资本享有的其他收入。

（四）国有资源（资产）有偿使用收入

国有资源有偿使用收入，包括土地出让金收入，新增建设用地土地有偿使用费，海域使用金，探矿权和采矿权使用费及价款收入，场地和矿区使用费收入，出租汽车经营权、公共交通线路经营权、汽车号牌使用权等有偿出让取得的收入，政府举办的广播电视机构占用国家无线电频率资源取得的广告收入，以及利用其他国有资源取得的收入。

国有资产有偿使用收入包括国家机关、实行公务员管理的事业单位、代行政府职能的社会团体以及其他组织的固定资产和无形资产出租、出售、出让、转让等取得的收入，世界文化遗产保护范围内实行特许经营项目的有偿出让收入和世界文化遗产的门票收入，利用政府投资建设的城市道路和公共场地设置停车泊位取得的收入，以及利用其他国有资产取得的收入。

（五）专项收入

专项收入包括排污费、水资源费、教育费附加、矿产资源补偿费、探矿权和采矿权使用费及价款收入、内河航道养护费收入、公路运输管理费、水路运输管理费等收入。

（六）彩票资金收入

彩票公益金收入是指国家为支持社会公益事业发展，通过发行彩票筹集的专项财政资金，包括福利彩票公益金收入和体育彩票公益金收入。

（七）罚没收入

罚没收入是指司法机关、行政执法机关和经济管理部门对公民、法人或其他组织违反行政管理秩序的行为依法给予罚款、没收违法所得和没收非法财物等行政处罚所取得的资金和财物变价款。

（八）其他非税收入

其他政府非税收入包括捐赠收入、主管部门集中收入及其他收入。捐赠收入是指以国家机关、实行公务员管理的事业单位以及代行政府职能的社会团体名义接受的非定向捐赠货币收入。主管部门集中收入主要指国家机关、实行公务员管理的事业单位、代行政府职能的社会团体及其他组织集中所属事业单位收入。

三、非税收入的管理

近年来，随着国民经济的持续快速发展，我国财政收入增长很快，政府非税收入增长也很快，但非税收入的管理仍存在一些亟待解决的问题，有必要采取措施来加强非税收入的管理。

（一）加快非税收入管理的法制建设

法制建设是推进非税收入管理的基础和前提。由于非税收入的构成比较复杂，与其制定一部综合性的非税收入法规，不如就每一种类型的非税收入制定单独的法规，如行政事业性收费管理条例、彩票管理条例、国有资源有偿使用收入管理条例等。通过法规的形式明确财政部门在非税收入管理中的主体地位，为强化非税收入管理提供必要的法律手段。

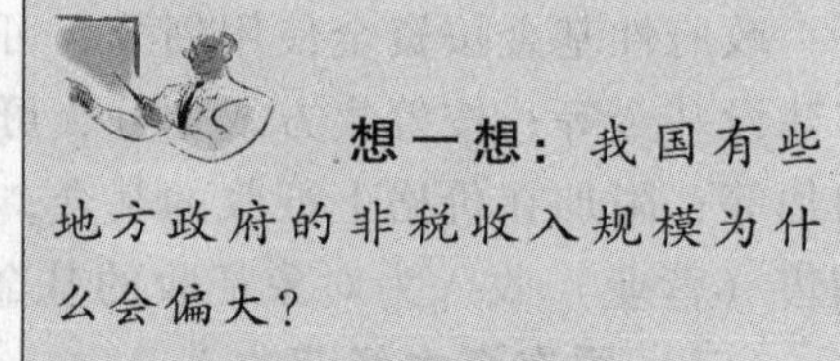

想一想：我国有些地方政府的非税收入规模为什么会偏大？

（二）实施非税收入的分类管理

1. 从严审批管理收费基金，合理控制收费基金规模。一是严格把好收费基金审批关。财政部门会同同级价格主管部门审批行政事业性收费项目，必须严格按照国务院有关规定，征收政府性基金必须按照国务院规定统一报财政部审批，重要的政府性基金项目由财政部报国务院审批。二是继续清理整顿收费基金。在清理整顿的基础上，取消不合法、不合理的行政事业性收费和政府性基金项目，合理控制行政事业性收费和政府性基金规模。三是规范收费基金征收行为。符合国家规定审批程序批准设立的行政事业性收费和政府性基金，必须严格按照规定范围和标准及时足额征收。

2. 完善国有资源（资产）有偿使用收入管理政策，防止国有资源（资产）收入流失。要依法推行国有资源使用权招标、拍卖，进一步加强国有资源有偿使用收入征收管理，确保应收尽收，防止收入流失。

要尽快建立健全国有资产有偿使用收入管理制度，督促有关机构将国有资产有偿使用收入及时足额上缴国库或财政专户，防止国有资产收入流失。要积极探索城市基础设施开发权、使用权、冠名权、广告权、特许经营权等无形资产的有效管理方式，通过社会招标和公开拍卖，广泛吸收社会资金参与经营，盘活城市现有基础设施存量资产。

3. 加强国有资本经营收入管理，维护国有资本权益。要进一步完善国有资本经营收入征收管理方式，防止国有资本经营收入流失。建立国有资本经营预算体系，将国有资本经营收入纳入国家预算管理，确保国有资本经营收入的安全和有效使用，促进国有经济结构调整和国有企业健康发展。

4. 加强彩票公益金管理，提高彩票公益金使用效益。要切实规范彩票发行和销售方式，监督彩票机构严格按照国家规定的彩票资金构成比例筹集彩票公益金，并及时足额将彩票公益金上缴财政专户。要进一步改进彩票公益金分配管理方式，对彩票公益金实行专项预算管理。同时，加强对彩票公益金使用的监督检查，确保将彩票公益金用于规定的社会公益事业，提高彩票公益金使用效益。

5. 规范其他政府非税收入管理，确保政府非税收入应收尽收。罚没收入必须严格按照法律、法规和规章规定收取。随着事业单位体制改革的深入进行，主管部门应当与事业单位财务实行彻底脱钩，逐步取消主管部门集中事业单位收入。以政府名义接受的捐赠收入，必须坚持自愿原则，不得强行摊派，不得将以政府名义接受的捐赠收入转交不实行公务员管理的事业单位、不代行政府职能的社会团体、企业、个人或者其他民间组织管理。

（三）健全非税收入的收缴制度

各级财政部门是政府非税收入征收主管机关。除法律、行政法规另有规定外，政府非税收入可以由财政部门直接征收，也可以由财政部门委托的部门和单位征收，委托征收所需费用，由财政部门通过预算予以拨付。各级财政部门要按照既有利于及时足额征收、方便缴款人，又有利于提高效率、降低征收成本的原则，确定政府非税收入征收管理方式。按照深化“收支两条线”管理改革和财政国库管理制度改革的要求，各级财政部门要积极推进政府非税收入收缴管理制度改革。

（四）加强非税收入的票据管理

财政部门是政府非税收入票据的管理机关，各级财政部门要将政府非税收入票据纳入财政票据管理体系，按照管理权限，负责政府非税收入票据的印制、发放、核销、检查及其他监督管理工作。

（五）实行非税收入的预算管理

各级财政部门要继续深化“收支两条线”管理改革，将政府非税收入分步纳入预算管理。各级财政部门要通过编制综合财政预算，实现政府税收与非税收入的统筹安排，要合理核定预算支出标准，进一步明确预算支出范围和细化预算支出项目。要继续扩大实行收支脱钩管理的范围。要尽快研究制定政府非税收入成本性支出管理办法，确保“收支两条线”改革工作的稳步进行。要建立非税收入的资金绩效评价制度，加强对非税收入使用情况的监督，切实提高资金使用效益。

美国非税收收入管理

• 建立规范的政府非税收入项目结构。美国政府非税收入项目数量较少，较为规范，大多是在向居民提供基础服务中收取的使用费收入以及公有资产收益、博彩、酒类专卖等政府专营收入，充分体现了公益性、服务性、有偿性等原则。

• 依据法律设定非税收入项目。美国公共部门出台任何政府非税收入项目都要求有严格的法律依据，变动收入标准也须经过严格的法律或行政审议程序。美国对于收费的审批管理基本与税收相同。地方政府确立收费项目时，要通过地方政府议会或社区的选民通过投票来决定。

• 政府非税收入实行基金预算管理。美国政府非税收入同其预算管理体制相适应，在坚持统一预算管理下，分类设置了不同的基金账户。美国联邦基金包括一般基金、特种基金、政府内部运营和管理基金、公共企业运营基金。政府非税收入大多进入公共企业运营基金和特种基金。美国政府非税收入主要是直接列作部门收入并由部门使用，实行“收支一条线”管理，专款专用。

• 具有较为严格的监督管理。美国政府非税收入的所有相关收支情况必须向议会、公众进行详细、及时、完整的报告，收支活动都要接受各方的严格监督，对于社会公益事业的收入和支出的预算和决算，也要经过政府审查和批准，并对其财务情况进行审议和监督。

第四节　公共债务收入

一、公债的分类

（一）公债的概念

公债是公共债务的简称，是指政府以债务人的身份，采取有借有还的信用方式，通过在国内外发行债券取得的财政收入。它是政府取得财政收入的特殊形式和调节经济的重要手段。

与税收比较，公债具有自愿性、偿还性和灵活性等基本特征。所谓自愿性，是指一般情况下，人们是否认购公债和认购多少取决于认购者自己的意愿。有偿性是指公债的发行及偿还必须遵循信用原则，即政府不但要按期还本，还要按事先规定的条件向认购者支付利息，所以公债是一种非经常性财政收入。灵活性则是指公债发行与否及发行多少，通常不通过法律预先规定，由政府根据财政资金的余缺情况灵活确定。上述特征使公债能与其他财政收入形式互相补充、互相配合，发挥其特有的重要作用。

（二）公债的分类

1. 按照发行区域不同，可将公债分为国内公债和国外公债。国内公债简称内债，是指国家作为债务人向本国境内的居民和单位发行的国债。国外公债简称外债，是指政府作为债务人在境外发行的公债。

2. 按照举债主体不同，可将公债分为中央公债和地方公债。中央公债是指中央政府出于宏观调控等目的而发行的国债；地方公债是指地方政府为满足本级财政的需要而发行的公债。

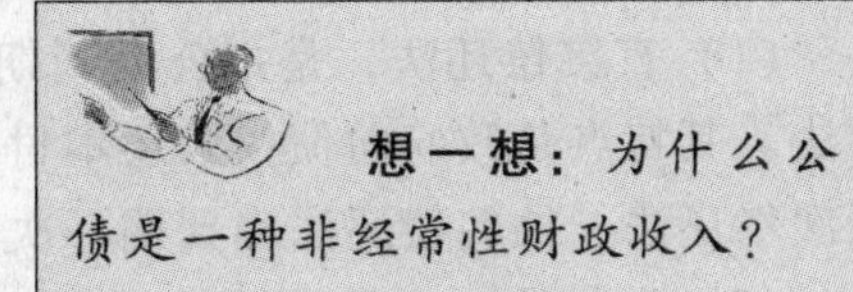

3. 按照偿还期限长短分类，可将公债划分为短期公债、中期公债和长期公债。短期公债一般是指偿还期为一年或一年以内的公债；中期公债一般是指偿还期在一年以上十年以下的公债；长期公债通常是指偿还期在十年以上的公债。

4. 按照公债的流动特点为标准分类，可以将公债分为上市公债和非上市公债两类。上市公债是指可以在市场上公开买卖的公债，其投资者除了在公债的发行市场按规定购买公债以外，还可以在证券交易所或其他合法的证券交易市场按行市买卖公债。非上市公债即不能在二级流通市场上公开买卖的公债。非上市公债与上市公债的主要区别在于前者不允许在流通市场上自由买卖、转让。从各国情况看，非上市公债一般还具有债务期限长、利息率高的特点。

二、公债的发行与偿还

（一）公债的发行

公债发行是指政府将公债出售给认购者，并将公债收入集中到政府手中的过程。它是公债运行的起点，其核心是确定公债发行的方法。公债发行方法概括起来有以下几种：

1. 公募法，又称为公开发行法，是政府预先将各项公债发行条件公诸于众，然后公开向社会发售公债的方法，其又可分为直接公募法和间接公募法。直接公募法是指由财政部通过邮政机关或其他通讯系统，面向全国公众募集公债，发行的费用和损失全部由国库承担。间接公募法是指由银行代理政府通过银行系统向公众募集公债。通常在公债发行额既定的条件下，募集额未达到发行额的差额由银行认购。由于银行机构健全、网点多，所以推销比较方便，收回资金时间也较短。

2. 承销法，又称银行包销法，是指银行等金融机构承购政府所发行的全部公债，然后再转向社会销售的发行方法，具有节省发行费用、手续简便且收入及时入库的优点。包销法与间接公募法的区别在于：间接公募法中银行只是代理发行事务，公债发行权仍在政府手中；而包销法则是公债发行权的转让，通常政府一次性取得公债收入后便不再干预发行事务，而由银行自主发行并承担相应责任。

3. 公卖法，是指政府委托经纪人在证券交易所按市场价格公开出售公债的方法，主要适用于短期公债的发行。其优点是可以吸收大量的社会游资，调节社会资金运转。其缺点是受证券行市影响，公债收入不够稳定。

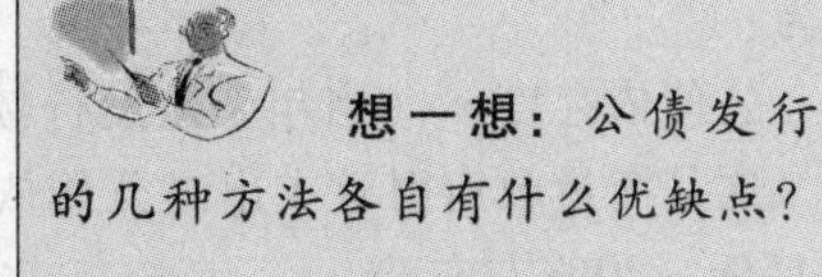

4. 特别发行法，是指政府向政府管理的某些非银行金融机构直接发行公债的方法，具

有非公开性和政府对政府部门暂时存款利用的特点。

（二）公债的偿还

公债偿还是指国家按照公债发行条件清偿债务的过程，包括公债偿还方法和偿还资金来源两方面内容。

1. 公债偿还的方法。公债偿还的方法通常有直接偿还法和购销法两种。

（1）直接偿还法，是指公债到期时，政府按照发行条件直接向公债持有人偿本付息的方法。其特点是政府向债权人还本付息时不通过市场。这种方法又可具体分为比例偿还法、轮次偿还法、抽签偿还法和到期一次偿还法。

（2）购销法，也称为市场购销偿还法，即指政府按照市价，在证券市场上收购公债，以清偿债务本息的方法。其优点是偿还成本较低、操作简单。政府往往在公债市场价格相对较低时收购公债，从而可以减轻政府的财政负担。

2. 公债偿还的资金来源。公债偿还的资金来源大致有以下几种：

（1）财政结余。从理论上说，这是政府清偿债务的资金来源之一。但财政结余是否能保证用于清偿债务取决于多种因素。特别是近年来，世界上多数国家的财政实践结果一般很少出现结余，因此用财政结余清偿债务不具有实践价值。

（2）预算列支。即政府将当年需还本付息的资金列入国家支出预算。这种方法资金来源比较稳定可靠，手续也较简便。但由于不同年份的偿债数额不同，因而采用这种方法清偿债务会冲击当年预算安排。

（3）偿债基金。即政府设立一种专门基金用以清偿公债。偿债基金具有来源稳定，能适应各年度间不同偿债资金数额需要的特点。

（4）举借新债。即政府通过发行新债券，为到期债务筹措偿还资金，也就是以借新债的收入作为还旧债的资金来源。

三、公债的规模

（一）衡量公债规模的指标

1. 绝对数指标。主要有：历年累计国债发行总额，当年国债发行总额和当年到期需还本付息的国债总额。对国债总规模的控制是防止债务危机的重要环节。其中，控制当年发行额和到期需偿还额更具有重要意义。

2. 相对数指标。主要有以下几个：

（1）公债负担率。公债负担率是公债余额占 GDP 的比重，其计算公式为：

公债负担率 =（公债余额 ÷ GDP）×100%

这是衡量整个国民经济承受公债能力的指标。利用这一指标控制公债规模，在国际上有一个相对标准，一般控制在 10% 左右，不超过 15%。

（2）公债依存度。公债依存度是当年公债发行额占当年财政支出额的比重，其计算公式为：

公债依存度 =（当年公债发行额 ÷ 当年财政支出额）×100%

这是衡量政府财政支出对公债依赖程度的指标。根据国际通用的指标，公债依存度一般在 15% ~20% 左右。

（3）偿债率。偿债率是当年的公债还本付息额占当年财政收入的比重，其计算公式为：

偿债率 = （当年的公债还本付息额 ÷ 当年财政收入额） ×100%

这是衡量政府财政当年所承担的还本付息负担的指标，反映了公共财政收入中政府可直接支配的数额及通过公债偿还转移给债权人的财力数额。一般认为这一比率应在 8% ~10% 左右。

（二）影响公债规模的因素

一般来说，公债发行的规模受以下几个主要因素的制约和影响：

1. 应债主体即债权人的承受能力。应债主体的承受能力是决定国债规模的主要因素，其承受能力的大小决定于他们的收入水平和财务状况。从这一角度考察，对居民发行公债的限度是人均债务必须等于或小于居民人均收入减去人均基本生活必需的收入；对企业发行公债的限度是企业平均债务必须等于或小于企业平均收入减去企业平均基本生产必需的收入。如果公债的规模超过了上述最高限度，势必会对生产经营和生活产生不利影响。

2. 政府即债务人的偿债能力。就是政府作为债务主体，对其所借债务还本付息的能力。公债在借入期可以增加财政可支配资金，但其偿还则要增加财政支出。如果不考虑政府的偿债能力而过量发行公债，就有可能导致政府的债务危机乃至整个经济危机。政府的偿债能力通常由财政收入增长速度和生产总值增长速度等因素决定。

3. 公债的使用方向、结构和效益。如果公债收入的使用方向和结构合理、效益高，不但能提高认购者的负担能力，而且也将大大提高政府的偿债能力。反之亦然。

讨论一下： 政府是否可以无限制地发行公债？

（三）我国的公债规模

建国以来，我国的公债发行经历了几个不同的阶段。我国 1950 年发行了“人民胜利折实公债”，1954 年至 1958 年发行了“国家经济建设公债”。1968 年还清所有内外债，之后停发了公债。1981 年开始，我国每年都发行公债（国库券）。1994 年以后，我国的公债规模不断扩大。1998 年实行积极财政政策，我国公债规模进一步扩大。2005 年开始实行稳健的财政政策后，公债发行规模有所控制。2009 年为应对金融危机，中央政府首次代地方政府发行公债。

四、财政风险

（一）财政风险的概念和特点

公债规模过大或公债结构过分不合理，必然会引发财政风险。狭义的财政风险就是指财政的债务风险，广义的财政风险还包括非债务风险。

财政风险是指财政分配活动所面临的增支和减收及由此引发财政危机的可能性，集中表现为赤字和债务的膨胀，当这种膨胀超越一国经济和社会承受力时，将演变成财政危机，并由此引发一国经济政治的全面危机和社会动荡，危及所有的个人、家庭和企事业单位。财政风险有如下特征：

1. 隐蔽性。财政风险是社会公共风险的集中表现，但在初始阶段往往表现为其他单个或多个公共风险。当某些方面的风险不断累积，单位或部门依靠自身力量无法化解时，才最后运用财政手段来化解；当这种风险累积到超出财政承受能力、无法进行有效化解时，才会显现为财政风险，进而可能演化为财政危机。也就是说，财政风险在累积阶段容易被假象所掩盖。

2. 公共性。财政天生就是承担全社会公共风险的，财政风险作为政府承担总风险的最后一道防线，往往与金融风险、失业风险、养老风险、外债风险等交织在一起，更确切地说，这些本来不属于财政风险的风险损失最终要由财政来部分或全部地承担。

3. 传导性。从财政风险产生的根源来看，无论内生还是外生的，一般不是财政运行引起的，而主要是经济运行、政策调整或体制因素造成的。财政风险最初可能表现在其他领域，受多种因素的影响，通过传导反映到财政上，或者说其他领域的风险最终会转嫁到财政风险上；财政风险是各种风险最终传导者，是最深层次的宏观经济风险。

（二）财政风险的分类

1. 按承担风险的主体分类，分为中央财政风险和地方财政风险。中央财政风险是指中央政府在未来可能发生的支付危机。从各国的情况看，财政风险主要是就中央财政而言的，但如果地方财政风险波及全局，就有可能转化为中央财政风险。

地方财政风险是指地方政府在未来可能发生的支付危机。我国《预算法》规定，地方政府不能发行公债，但事实上我国各级地方政府都程度不同地存在着地方财政风险。

2. 按风险的构成内容分类，分为债务性财政风险和非债务性财政风险。债务性财政风险是指政府借债规模过大、债务结构不合理、债务使用效益不高等原因，在未来可能发生的偿债危机。

非债务性风险是指财政来自债务性风险之外的财政自身的风险及从其他领域最终转嫁给财政承担的各种风险。前者包括因政府职能转换滞后、财政决策失误、财政收入下降、财政支出增长过快、欠发工资等而在未来可能发生的支付危机；后者是指金融、失业、养老、国有企业等领域或部门、单位的风险，在自身难以应对的情况下，最终转嫁给财政承担的风险。

（三）我国的财政风险

我国在计划经济时期，财政更多讲强制性和无偿性，无视资源配置效率，因而不存在财政风险。我国的财政风险是随着市场经济不断发育而逐渐显现的。

改革开放以来，我国以财政体制改革为突破口，大力推进各项财政改革，为国民经济和社会发展作出了积极贡献。但与此同时，改革过程中的许多深层问题逐渐暴露，伴随财政规模的不断扩大，财政风险也在增加。

处于体制变迁或经济转型过程中的财政风险是一种政府性的经济风险，也是市场经济风险。需要清醒地认识我国财政风险的特殊性，以便采取稳妥的应对措施。

讨论一下：你认为形成我国财政风险的主要原因是什么？

1. 认真防范直接的财政风险。一是要适度提高财政收入占 GDP 的比重。为此，要加强税收征管，做到应收尽收；继续深化税制改革，扩大税收对经济的覆盖面；规范非税收入的管理，建立统一财政。二是优化财政支出结构，切实解决财政支出“越位”与“缺位”的问题，从而为防范财政风险提供强有力的财力保障。

2. 积极化解间接的财政风险。一是要积极防范和化解金融风险。继续探索国有商业银行的股份制改造；进一步完善金融企业财务制度和信息统计等制度；健全金融企业评价体系和监督体系；加大金融企业内部改革力度。二是加快建立统一、规范的社会保障体系。要调整财政支出结构，加大社会保障支出力度；扩大社会保障覆盖面，提高社保基金征缴率；将社会保险费改为社会保障税，从根本上规范社会保险基金的筹集方式。三是强化地方政府的债务管理。要大力清理或有债务和隐性债务，主动消除各种风险隐患；严格控制地方政府新的债务发生，不得变相举债；加强制度建设，把地方政府债务纳入规范化运营轨道。

3. 有效健全公债运行机制。一是加大中央银行公开市场业务的操作力度。通过公开市场买卖公债，增加公债的流动性，合理调控货币供应量，刺激社会投资和促进经济发展。二是合理调整公债期限结构。为缓解偿债高峰，可适当延长公债发行期限，实现长、中、短期相结合的合理期限结构。三是积极发展各类基金的机构投资者。通过机构投资者把居民手中的结余资金转化为长期投资。

4. 高度重视或有债务。可通过出售部分国有资产进行部分一次性补偿，如通过国有企业上市融资或减持部分国有股、出售国有中小企业、转让国有土地使用权等方式变现国有资产，用于补充社会保障基金，有效规避财政风险。

5. 实行公债余额管理。自2006年起，我国将参照国际通行做法，采取公债余额管理方式管理公债发行活动，以科学地管理公债规模，有效防范财政风险。所谓国债余额，是指中央政府历年的预算差额，即预算赤字和预算盈余相互冲抵后的赤字累计额和经全国人大常委会批准的特别国债的累计额。而公债余额管理，就是指政府发行公债，只要余额没有超过立法机关批准的额度，就可根据需要灵活调整公债发行的品种和期限结构。目前，世界上绝大多数国家都采取公债余额管理方式。

小资料 

地方债券首次全国发行

2009年是我国首次在全国范围内发行地方政府债券。安排省级政府适当发行地方政府债券是应对国际金融危机，扩内需保增长的重要举措。2009年地方政府债券是指经国务院批准同意，2009年发行，以省、自治区、直辖市和计划单列市政府为发行和偿还主体，由财政部代理发行并代办还本付息和支付发行费的可流通记账式债券。地方政府债券冠以发债地方政府名称，具体为“2009年××省（自治区、直辖市、计划单列市）政府债券（××期）”。债券期限为3年，利息按年支付，利率通过市场化招标确定。

财政部按照国务院有关规定，在2000亿元总规模内，根据中央投资公益性项目地方配套规模、地方项目建设资金需求以及偿债能力等因素，按公式法合理分配各地区债券规模。具体因素包括中央投资中公益性项目地方配套数、综合财力、债务率、财力增长率、财政困难程度等，其中重点因素为地方配套需求。

财政部代理发行地方政府债券，有利于充分利用财政部多年来发行国债积累的丰富经验、成熟的技术以及与投资者之间形成的良好关系；有利于保障投资者按时收到本金和利息，提升地方政府债券信用等级，充分保护投资者利益；有利于根据地方政府需求和债券市场情况，统筹安排发行节奏，促进债券市场稳定。

【重要概念】

财政收入　财政收入结构　税收收入　税率　纳税人　征税对象　非税收入　行政事业性收费　政府性基金　公债　财政风险

【思考与实训】

1. 调查你所在地区近些年财政收入情况，思考如何进一步提升财政收入质量。
2. 查找资料和调研，思考我国或你所在省市县非税收入管理问题。
3. 查找资料和调研，思考如何防范财政风险。

【分析与讨论】

根据掌握的资料和调研，分析与讨论如何更好地处理财政收入与发展经济的关系。

第四章

政府预算

学习要点

- 政府预算的概念及类别
- 政府预算的编制与执行
- 部门预算与传统预算的区别
- 国库集中收付制度

第一节　政府预算概述

一、政府预算的概念和类别

（一）政府预算的概念

政府预算是指具有法律效力的政府年度公共财政收支计划。它一般由预算报表和文字说明书两部分组成。法律效力体现在预算管理的全过程，包括预算编制、预算执行与调整和决算编制等环节。世界上各国政府每个预算年度都要编制政府预算，通过编制政府预算，充分发挥其在经济社会发展中的作用。

结合我国实际，政府预算还应该从以下三个方面进行理解：

1. 政府预算是有计划筹集和分配使用公共财政资金的重要工具。从有计划地筹集公共财政资金来说，一是在总量上做到有计划，即每个财政年度内政府预算安排的财政收入数量要与经济发展水平相适应，也就是财政收入占 GDP 的比重要合理。二是在结构上做到有计划。按照建立社会主义市场经济体制和公共财政的要求，在财政收入结构上要逐步形成以税收收入为主、非税收入为辅的公共财政收入结构体系。

从有计划地分配使用公共财政资金来说，一是在总量上做到有计划。按照我国政府预算管理的有关法律规定，中央政府预算的经常性收支部分和地方各级政府预算按照量入为出的原则编制，即做到收支平衡；中央预算的建设性收支部分按照量出为入的原则编制，可以列赤字，赤字的弥补通过发行公债解决。二是在结构上做到有计划，即按照转变政府职能的要求，逐步解决政府职能的“越位”、“缺位”问题。在此基础上，通过改革政府预算编制制度，同时结合政府采购制度和国库集中收付制度的改革，不断优化预算支出结构。

2. 政府预算是政府调控经济社会运行的重要杠杆。政府针对市场配置资源的缺陷，根据经济社会形势的运行态势，利用不同的预算政策（结余政策、平衡政策和赤字政策）对一部分社会资源进行优化配置，对经济社会运行进行适时调控，从而保证经济社会的全面、协调、可持续发展。

3. 政府预算是政府实行经济监督的重要手段。政府预算编制和执行的全过程，必然会与各方面发生密切的联系，经济运行状况可以透过政府预算收支行动得到反映，从而发挥对经济活动实施监督的功能。

（二）政府预算的类别

想一想：各国政府为什么都要编制预算？

按照不同的标准对政府预算分类，并分析其优缺点，有利于从本国国情出发，采取比较科学的政府预算类型，提高政府预算管理的质量。

1. 按政府预算组织形式分类，可分为单式预算和复式预算。

单式预算是指把全部财政收支统一编入一个预算收支表的政府预算，是传统的政府预算编制形式。其优点：一是整体性强，能从整体上反映公共财政的全貌，便于政府统筹安排运用财政资金，符合统一性和完整性的预算原则。二是便于管理，操作过程简单、清楚、全面，编制和审批也比较容易。其缺点：一是收支对应性不强；二是容易掩盖赤字真相。没有按财政收支的经济性质分别编列和平衡，看不出各类收支之间的对应平衡关系和赤字产生的原因，不利于进行宏观调控。

复式预算是指把全部财政收支按其性质不同分别编入两个或两个以上预算收支表的政府预算，通常分为经常预算和资本预算。其中，经常预算又称经费预算或普通预算，它是政府编制的满足经常性开支需要的预算，其支出主要用于文教、行政和国防等方面的经费开支，其收入主要是税收。资本预算又称建设预算或投资预算，它是综合反映政府建设资金的来源与运用的预算，其支出主要是用于经济建设，其收入主要是债务收入。由于复式预算是按财政收支的不同性质分别编制和平衡，有利于对不同性质的收支进行分析、管理和控制，有利于政府职能的分离，有利于提高财政支出的经济效益，有利于实行宏观决策和管理。其缺点是总体功能较弱，编审较复杂，工作量也较大，对预算管理水平有较高的要求。

按照公共财政要求，政府各类收入反映政府以行政权力和国有资产所有者身份集中社会资源的规模和份额，都应纳入预算管理。要进一步完善公共财政预算、国有资本经营预算、政府性基金预算的编制，在建立社会保险基金预算的基础上，逐步建立社会保障预算，形成有机衔接、完整的政府预算体系，以全面反映政府收支总量、结构和管理活动。

2. 按政府预算编制方法分类，可分为基数预算和零基预算。**基数预算是指以上年预算收支执行数为基数，同时考虑计划年度影响收支多种变化因素而编制的预算，**也称增量预算。其优点是保持了预算收支的连续性，也易于操作。其缺点是简化了影响计划年度预算收支的多种变量因素，容易造成预算单位之间分配不公的现象，不利于控制不合理支出。

零基预算是指不考虑过去的预算项目和收支水平，以零为基点编制的预算，也称项目选择预算。其基本特征是不受以往预算安排和预算执行情况的影响，根据现实需要和可能来编制预算。其优点是有利于适应政府职能的转变，保证重点支出；有利于充分体现基层单位意见，便于预算执行；有利于控制预算支出，提高资金使用效率。其缺点是编制复杂、工作量大、技术性要求高，可能会影响某些重要项目的连续性。

3. 按预算内容分合关系分类，划分为总预算、部门预算和单位预算。**总预算是由本级政府预算和汇总的下一级总预算汇编而成的预算。**在我国，建立政府预算组织体系的依据是政府政权结构和行政区域划分。

部门预算是由各级政府部门编制的，由部门所属单位预算汇编而成的预算。它是政府预算的有机组成部分，也是当前公共财政支出制度改革的重点内容之一。

单位预算是指列入部门预算的政府机关、社会团体和其他单位的预算。从单位预算的级次划分，分为一级单位预算（主管部门预算）、二级单位预算和三级单位预算。三级单位预算以下称为报账单位，不作为一级预算单位。

4. 按政府预算组织体系的构成环节分类，划分为中央预算和地方预算。**中央预算是指经法定程序批准的中央政府的年度财政收支计划。**中央预算由中央各部门（含直属单位）的预算组成，它在政府预算组织体系中起主导作用。

地方预算是指经法定程序批准的地方各级政府的年度财政收支计划，由四级地方总预算构成，县以上地方各级总预算分别由政府本级预算和下级总预算组成。地方预算在政府预算组织体系中起基础作用。

此外，按政府预算法律效力分类，将预算划分为正式预算、调整预算与临时预算。

二、政府预算的特征

政府预算具有如下特征：

第一，公开性。这是指全部预算收支必须经过立法机关审查批准，并向社会公布，使之置于民众的监督之下。

第二，完整性。这是指政府预算应包括政府全部财政收支，不准少列收支、造假账、预算外另列预算。

第三，统一性。这是指各级政府应编制一个统一的预算，其中所包括的预算收入和支出都要按统一的方法和口径加以计算和全额编列。

第四，年度性。这是指政府预算必须按法定的预算年度编制，要列清全年的财政收支，不允许将不属于本年度的收支内容列入本年度的政府预算之中。**预算年度是指政府预算收支起止的有效期限，**通常为一年，亦称财政年度。实行何种预算年度，主要取决于下列因素：农产品收获季节；议会召开时间；传统习惯。目前，世界各国实行的预算年度主要有两种：一种是历年制，即从公历1月1日起至12月31日止。大部分西方政府（如法国、德国、意大利、瑞士等）和俄罗斯、东欧一些国家以及我国都采用历年制。另一种是跨年制。实行跨年制的国家在起止日期上有所不同。如

讨论一下：我国预算年度实行历年制的优缺点。

英国、日本等国家的预算年度从当年的4月1日起至次年3月31日止；美国、泰国等国家的预算年度从当年的10月1日起至次年9月30日止；瑞典、苏丹、澳大利亚等国家的预算年度从当年的7月1日至次年的6月30日止。

第五，法律性。这是指编制的政府预算一旦经过权力机关批准之后就具有法律效力，必须贯彻执行。政府预算的法律性体现在预算管理的整个过程，包括预算编制、预算调整和预算执行结果（政府决算）。

三、政府预算管理程序

政府预算管理程序包括政府预算编制和审批、政府预算执行和政府决算三个环节。

（一）政府预算编制和审批

政府预算编制是政府预算管理的首要和基础环节，由政府行政机关负责。在我国，各级政府负责政府预算的编制工作，具体编制工作由财政部门承担。能否编出科学的政府预算，直接影响政府预算管理的水平和质量，具有重要的政治和经济意义。

1. 政府预算编制原则。根据我国预算管理的法律规定，政府预算编制应当遵循以下原则：（1）及时性原则。这是对预算编制的时间要求。（2）连续性原则。这是指预算收支数字在年度之间要保持一定的连续性。（3）平衡性原则。按照我国《预算法》规定，中央政府公共预算和地方各级预算按照量入为出、收支平衡的原则编制，不列赤字。（4）真实性原则。就是通过科学的方法和手段使预算收支数字真实可靠，不允许虚列冒估。（5）效率性原则。这是指各级政府预算支出的编制应当贯彻厉行节约、勤俭建国的方针，不断提高财政资源的配置效益。（6）合理性原则。这是指各级政府预算支出的编制应当按照国家制定的方针和政策，统筹兼顾，确保重点，在保证政府公共支出合理需要的前提下，妥善安排其他各类预算支出。

2. 政府预算编制程序。就政府预算的编制来讲，包括政府本级预算和政府总预算的编制。一般来说，主要是指政府本级预算的编制，因为政府总预算的编制只是一个汇编的问题。依据上述原则，在做好各项准备工作的前提下，各级政府本级预算按照“自下而上、自上而下、两下两上、逐级汇编”的程序进行编制。

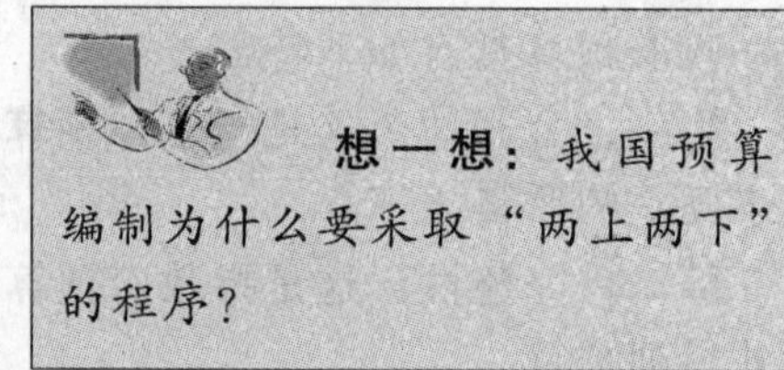

一是自下而上上报预算收支建议数。政府各部门接到政府关于编制政府预算的指示和具体规定后，按照上级精神和本单位收支预测情况，提出本单位的计划年度预算收支建议数，报告给政府财政部门。

二是自上而下下达预算收支控制指标。财政部门收到各部门上报的预算收支建议数后，同时考虑报告年度预算收支执行情况、历年收支规律、计划年度的经济社会发展情况和影响计划年度收支的各种变化因素等情况，拟定计划年度预算收支控制指标，报政府同意后，再具体分解和下达给各部门。预算收支控制指标具有指令性，一般不得更改。

三是自下而上上报预算草案。各预算单位接到上级下达的预算收支控制指标后，具体编制本部门的预算草案。部门预算草案编好后，报告给政府财政部门。

四是自上而下批复预算。财政部门收到政府各部门上报的部门预算草案后，结合本身所掌握的一些数据和资料，汇编成政府本级预算草案，报政府审定。然后，由政府提交本级人代会审批。人代会作出批准政府预算的决议后，按照《预算法》规定的时间，财政部门向政府各部门批复部门预算，政府各部门向所属单位批复单位预算。

3. 政府预算审批。按照我国《预算法》的规定，政府预算的审批，包括初审和权力机关的审批。政府预算审批后，还要进一步做好备案和批复工作。

政府预算初审，是指各级政府财政部门应在本级人代会举行的一个月前，将本级预算草案的主要内容提交本级人代会的专门委员会，或者根据本级人大常委会主任会议的决定提交本级人大常委会有关的工作委员会，或者提交本级人大常委会进行初步审查。

政府预算审批，是指各级政府在本级人代会举行会议时，向大会作关于预算草案的报告。中央预算草案由全国人民代表大会审查和批准。地方各级政府预算草案由本级人民代表大会审查和批准。

政府预算备案，是指地方各级政府应及时将经本级人民代表大会批准的预算及下一级政府报送备案的预算汇总，报上一级政府备案。县级以上各级政府还要将汇总后的预算报本级人大常委会备案。国务院和县级以上地方各级政府对下一级政府报送备案的预算，认为有同法律、行政法规相抵触或者有其他不适当之处，需要撤销批准预算的决议的，应当提请本级人大常委会审议决定。

政府预算批复，是指各级政府预算经本级人代会批准后，本级政府财政部门应当及时（县级以上是自人代会批准预算之日起 30 日内）向本级各部门批复预算；各部门应当自本级财政部门批复本部门预算之日起 15 日内，批复所属各单位预算。

（二）政府预算执行

1. 政府预算执行组织体系。政府预算经过批准以后进入执行阶段。预算执行是政府预算管理的中心环节。政府预算执行的组织体系包括行政领导机关和职能机构。财政、税务和海关是预算收入执行的职能机构，也是预算收入的征收机关。财政、国库、部门和单位是预算支出执行的职能机构。

2. 政府预算执行任务。在预算执行阶段，所有参与预算管理的各主体应当共同完成的任务主要包括组织预算收入、拨付预算资金、预算调整、预算执行的检查分析等内容。

各级政府预算由本级政府组织执行，具体工作由本级财政部门负责。财政、税务和海关必须按照政府规定的缴库方式和方法，依法及时、足额征收应征的预算收入。有预算收入上缴任务的部门、企业单位和个人，必须依照法规的规定，将应上缴的预算资金及时、足额地上缴国库。各级财政部门必须依法及时、足额地按拨款原则和方法拨付预算支出资金，并加强管理和监督。

预算调整，就是在预算执行中通过法定程序改变预算收支总额，组织新的预算平衡的重要方法。在预算执行中，由于种种变化因素的出现，造成预算收支的追加或追减，需要调整原批准的预算收支总额，但是，通过预算调整不会影响预算收支的平衡状况。应该注意的是，追加支出必须有相应的收入来源；追减收入必须相应压缩支出。进行预算调整，应当由各级政府编制调整方案，提请本级人大常委会或本级人代会审批。地方各级政府预算的调整方案经批准后，由本级政府报上一级政府备案。

预算执行情况的检查分析是预算执行中一项经常性的工作，主要是对预算收支的完成情况和经济社会发展主要指标进行检查分析。采取的方法一般包括对比分析法和因素分析法。采取的方式包括定期分析、专题分析和典型分析。通过检查分析，及时发现和解决预算执行中的新情况和新问题，以利于全年预算收支任务和经济社会发展主要指标的顺利完成。

（三）政府决算

政府决算是预算执行的总结和终结。决算草案由各级政府、各部门、各单位在每一预算年度终了后，在认真做好年终清理等准备工作的基础上，按照规定的时间编制。具体事项由财政部门部署。各级政府决算的编制程序是自下而上，逐级汇编。政府决算不得代编。编制政府决算草案必须符合法律、行政法规，做到收支数额准确、内容完整、报送及时。

县以上各级政府决算草案由本级人大常委会审查和批准，乡级政府决算草案由本级人民代表大会审查和批准。各级政府决算经批准后，财政部门应当自批准之日起 20 日内向本级各部门批复决算。各部门应当自本级政府财政部门批复本部门决算之日起 15 日内向所属单位批复决算。县级以上地方各级政府应当自本级人大常委会批准本级政府决算之日起 30 日内，将本级政府决算及下一级政府上报备案的决算汇总，报上一级政府备案。

四、预算监督和法律责任

全国人民代表大会及人大常委会对中央和地方预算、决算进行监督；县以上地方各级人民代表大会及人大常务委员会对本级和下级政府预算、决算进行监督；乡、民族乡、镇人民代表大会对本级预算、决算进行监督；各级政府监督下级政府的预算执行；各级政府财政部门监督本级各部门及其所属各单位预算的执行；各级政府审计部门对本级各部门、各单位和下级政府的预算执行和决算实行审计监督。

讨论一下：为什么要加强财政预算监督？

各级政府未经依法批准擅自变更预算，使经批准的收支平衡的预算总支出超过总收入，或者使经批准的预算中举借债务的数额增加的，对负有直接责任的主管人员和其他直接责任人员追究行政责任。违反法律、行政法规的规定，擅自动用国库库款或者擅自以其他方式支配已入库的库款的，由政府财政部门责令退回或者追回库款，并由上级机关给予负有直接责任的主管人员和其他直接责任人员行政处分。隐瞒预算收入或者将不应当在预算内支出的款项转为预算内支出的，由上一级政府或者本级政府财政部门责令纠正，并由上级机关给予负有直接责任的主管人员和其他直接责任人员行政处分。

小资料

《财政违法行为处罚处分条例》（节选）

第七条　财政预决算的编制部门和预算执行部门及其工作人员有下列违反国家有关预算管理规定的行为之一的，责令改正，追回有关款项，限期调整有关预算科目和预算级次。对单位给予警告或者通报批评。对直接负责的主管人员和其他直接责任人员给予警告、记过或者记大过处分；情节较重的，给予降级处分；情节严重的，给予撤职处分：(1) 虚增、虚减财政收入或者财政支出；(2) 违反规定编制、批复预算或者决算；(3) 违反规定调整预算；(4) 违反规定调整预算级次或者预算收支种类；(5) 违反规定动用预算预备费或者挪用预算周转金；（6）违反国家关于转移支付管理规定的行为；（7）其他违反国家有关预算管理规定的行为。

第二节 部门预算

一、部门预算概述

（一）部门预算概念

部门预算就是指由政府各个部门编制并经法定程序审批通过的反映政府各个部门收支活动的预算。通俗地说，就是一个部门编制一本预算。部门预算是市场经济国家政府预算管理的基本组织形式，是政府预算的重要组成部分。部门预算有以下几个方面的含义：

1. 从编制范围看，部门预算涵盖了部门或单位所有的收支，不仅包括财政预算内资金收支，还包括各项预算外资金收支及其他收支；既包括一般预算收支，还包括政府性基金收支，体现了综合性原则。

2. 从编制程序看，部门预算是汇总预算。它是由基层预算单位编制，逐级审核汇总形成的。具体编制时，由基层预算单位根据承担的工作任务、发展规划以及年度工作计划测算编制，经逐级上报、审核，并按部门汇总形成。

3. 从细化程度看，部门预算既细化到了预算单位的具体项目，又细化到了按预算科目划分的各支出项目。经部门或单位汇总后，预算既反映了本部门所有收支，还反映了按单位和项目划分的收支具体构成情况，以及单位及项目的收支按支出功能分类的具体构成情况。

4. 从合法性看，部门预算必须在符合国家有关政策、规定的前提下，按财政部门核定的预算控制数编制。预算草案在呈报上级部门前，必须经单位领导同意；财政总预算在上报全国人大前，必须报经国务院批准；全国人大按法定程序批准年度预算后，由财政部门批复到部门，部门再逐级批复到基层预算单位。

（二）部门预算与传统预算的区别

传统的预算，也称“功能预算”。功能预算的编制是采取收入按来源形式、支出按用途方法进行编制。其特点是在编制预算时，不以预算部门作为划分标准，而是根据政府职能和经费性质对支出加以分类进行编制。部门预算与功能预算的区别主要是：

1. 预算编制的分类基础不同。功能预算是将预算按支出用途分类，分别测算，最后汇总形成按支出用途分别列示的总体预算。部门预算则是将预算按部门或单位分解，将涉及本部门或单位的资金统一按功能、性质分类编入部门预算，财政部门将各部门的预算审核汇总后，形成按部门列示的部门预算，并在此基础上形成按功能、性质列示的财政总预算。

2. 预算编制涵盖的范围不同。功能预算的编制范围仅限于财政预算内资金收支，没有涵盖部门依法组织的基金收支和其他收支。部门预算的编制范围则涵盖了部门的全部收支，包括一般收支、基金收支和其他收支。

3. 预算管理的侧重点不同。功能预算主要侧重于财政收支结构分析、财政宏观情况分析，强调预算分配的计划性，有利于国家宏观经济政策和财政调控政策的实施。部门预算是在以上分析的基础上，更侧重于细化反映某一部门的全部收支具体情况，强调部门行使职能过程中各项预算的全过程管理，突出预算的事前控制，实现了预算向微观管理层次的延伸。

4. 预算管理的方式不同。功能预算是一个部门不同用途的经费分别由财政和各有资金分配权限的部门进行管理，在财政部门内部是一个机构管理若干部门同一性质的经费，同一部门的不同用途的经费预算分别由不同的主管机构审核和批复。部门预算则是一个部门不同功能的经费在财政和部门均由同一机构管理，在财政是一个机构管理一个部门的所有经费，同一部门所有经费的预算全部由一个机构审核和批复。

5. 预算编制的方式不同。功能预算编制的过程是自上而下，即由财政部门根据政府目标的需要，先确定财政总体收支规模和支出构成，由财政部门把按用途分类的预算控制指标分解给部门，主管部门代基层单位编制预算，层层代编。部门预算编制过程是自下而上，即从基层编起，逐级审核汇总，最后经财政部门审核汇总，形成财政总预算。

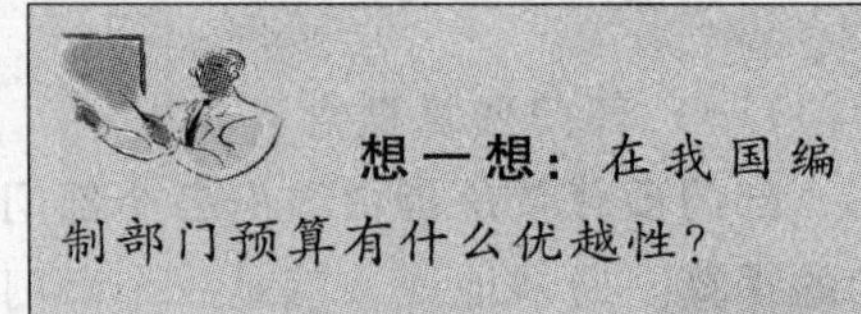

想一想：在我国编制部门预算有什么优越性？

6. 预算的细化分类不同。功能预算是将预算按用途细化；部门预算则是以部门为基础，对部门内的各项资金再按功能、性质把各项支出内容细化分解到具体支出项目。

二、部门预算的内容

根据部门预算的特点和管理的有关规定，其内容主要包括收入预算和支出预算两部分。

收入预算包括上年结转、财政拨款、缴入国库的行政事业性收费、专项收入、政府性基金收入、缴入财政专户的行政事业性收费或彩票公益金、单位间转移收入和其他各项收入。

支出预算包括基本支出和项目支出。基本支出包括工资福利支出、商品服务支出和对个人及家庭的补助。其中，工资福利支出包括基本工资、津贴补贴、奖金、养老保险、失业保险、医疗保险和其他支出。商品和服务支出包括公用经费、工会经费和职工福利费等。对个人及家庭的补助包括离休费、退休费、生活补助、助学金、住房公积金和其他支出。

项目支出主要包括基本建设支出、社会事业发展项目支出、经济发展项目支出、债务项目支出、专项业务项目支出和其他项目支出等六类。其中，基本建设支出是指按照国家和政府关于基本建设管理的规定，安排用于基本建设的支出。社会事业发展项目支出是指用于一般社会事业发展方面的专项支出。经济发展项目支出是指用于支持产业发展方面的专项支出。债务项目支出是指用于偿还政府性债务方面的专项支出。专项业务项目支出是指用于部门和单位开展业务工作的专项支出。其他项目支出是指除上述项目支出以外安排的项目支出。

讨论一下：基本支出与项目支出有什么不同？

三、部门预算流程

部门预算仍然实行“两上两下”的基本流程，但对每一次“上”和“下”的具体内容作了调整。

（一）“一上”，即自下而上上报支出计划建议数

政府各部门按照部门预算编制通知要求，编制本部门下年度人员支出、公用支出、项目支出计划草案；结合本部门当年编制、实有人员等基础情况，编制年度本部门基本支出预算。根据政府确定的经济社会发展重点及本部门规划，建立和完善部门预算项目库，提出下年度的具体项目计划。按照政府性债务预算的编制要求，提出年度债务收入、债务支出及还本付息支出等计划。按照行政事业单位资产购置预算编制要求，编制年度资产购置预算。为加强部门结余资金的管理，各部门要将截至上年底的结余资金（包括基本支出结余和项目支出结余）当年使用情况、预计结转下年安排使用计划以及拟统筹动用本部门净结余资金安排下年度有关项目支出预算情况，随部门预算一并送财政部门。各部门按照预算编审通知要求，把本部门全套计划分别送财政部门相关处室审核并汇总。

（二）“一下”，即自上而下下达支出核定数

政府财政部门与政府相关部门研究测算下年度地区与本级财政收入，预测政府本级当年一般预算财力规模；审核汇总部门预算建议，下达部门人员支出、公用支出核定数，同时在扣除基本支出数额的前提下，确定项目支出总额；编制下年度政府本级财政预算草案，提出一般预算项目资金分口切块限额，政府性基金、预算外资金等收支规模以及各部门各类项目支出计划，经财政部门最终确定后一并上报政府。政府对本级预算的重点项目支出和分口支出限额研究确定后，财政部门将政府对切块资金提出的具体分配项目支出和安排意见下达相关部门。

（三）“二上”，即自下而上上报部门预算草案

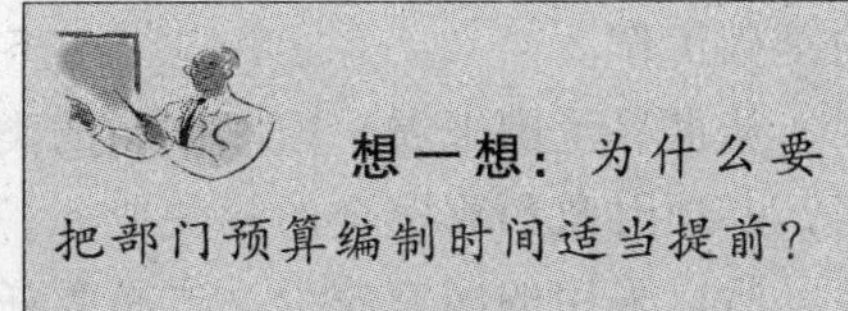

想一想：为什么要把部门预算编制时间适当提前？

各部门、各单位根据政府研究确定的切块资金分配和项目安排意见，编制调整本部门收支预算建议，报送财政部门审核汇总。财政部门根据政府对本级预算的重点支出项目和分口、分部门支出限额，以及对切块资金分配和项目支出具体安排意见，在综合平衡的基础上，汇总编制部门预算草案报政府审定。

（四）“二下”，即自上而下批复部门预算

财政部门根据政府审定的意见，进一步调整和完善部门预算，提出下年度本级政府收支预算草案，在规定时间报政府审定。根据政府审定意见，进一步修订审核本级收支预算草案，报同级人大专门委员会初审，提交同级人代会审议批准。在人代会批准财政预算草案的30日内，将部门预算批复到各部门。各部门按照财政部门批复的预算，在15日内逐级批复到所属单位，并报财政部门备案。

为了使预算编制工作顺利进行，需要将预算编制和报送时间适当提前。

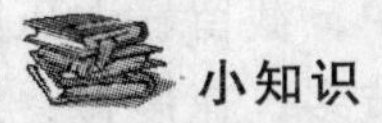

小知识

定员定额

定员，是指根据各单位履行职能的需要，确定各单位应配备的工作人员数量（以编制部门提供的各单位编制数为依据）。公共部门的定员按照单位的性质分类，可分为行政单位定员和事业单位定员两种。行政单位定员是按照行政单位的机构设置和工作任务、所处区域面积大小、所辖人口多少而规定的人员配备标准；事业单位定员一类是按机构类型定员，另一类是按特定比例定员。

定额，是指在定员的基础上，根据各种客观因素确定每个人员的资源消耗补偿额。目前，人员经费的定额项目包括基本工资、津贴及奖金、社会保障缴费等8个子项目。公用经费的定额项目包括办公及印刷费、水电费、差旅费等12个子项目。

第三节　国库集中收付制度

一、建立国库集中收付制度的意义

（一）传统国库制度

1. 国库和国库体制。**国库是国家金库的简称，是负责办理政府预算资金的收纳、划分报解、保管、支拨和监督等工作的机构。**国库是政府预算执行的重要环节，是政府预算管理的基础工作。

从世界范围来看，国库体制的类型主要有三种：一是独立国库制。即国家专设独立的国库，办理财政预算资金的相关业务。由于自设国库费用较大，且容易引起财政资金的闲置沉淀，所以采用的国家较少。二是委托国库制。即国家委托中央银行代理国库业务，采用这种类型的国家较多。三是银行存款制。即国库业务由商业银行承担，财政账户的性质同一般存款账户，实行存款有息、结算付费。

建国以来，我国一直实行委托国库制。不设人民银行机构的地方，国库业务由人民银行委托当地的专业银行办理。

2. 传统国库制度的缺陷。其特点有：一是实行国库业务同时由人民银行和商业银行双重代理的办法。二是国库资金实行“存不计息、付不计费”的无偿运作方法，致使国库资金监管困难、库款汇划渠道不畅和延压税款。

在委托国库制条件下，受原有金融体制格局的约束，给人民银行经理国库带来了诸多问题，主要表现在：(1) 对国库管理工作缺乏足够的重视，《金库条例》赋予人民银行经理国库的职能无法真正落到实处。(2) 商业银行在库款入库和资金拨付过程中，截留、占压财政资金的现象比较普遍。(3) 国库资金汇划渠道不畅，上划下拨周转环节多，速度慢，影响财政资金的使用效益。(4) 国库无法对财政资金实施有效监督。

从国库资金的运作方式看，财政性资金的缴库和拨付主要是通过征收机关和预算单位设立多重账户分散进行的；即各种财政性资金实现后，先存入各预算单位在商业银行开设的账户，预算资金的支付是由国库根据财政部门的指令直接拨付到预算单位在商业银行开设的账户，各项具体的支付由预算单位自主决定。其弊端表现在：(1) 重复和分散设置账户，导致财政收支活动透明度不高，大量预算外资金游离于预算管理之外，不利于实施有效管理和全面监督；(2) 财政收支信息反馈迟缓，难以及时为预算编制、执行分析和宏观调控提供可靠依据；(3) 收入执行中征管不严，退库不规范，财政收入流失问题时有发生；(4) 支出执行中资金分散拨付，相当规模的财政资金滞留在预算单位，难免出现截留、挤占、挪用等问题，既降低了资金使用效率，又容易诱发腐败现象。因此，实行的以多头账户为基础、分散进行的资金缴拨方式，已经不适应新形势下加强财政预算科学化、精细化管理的需要，必须从根本上进行改革。

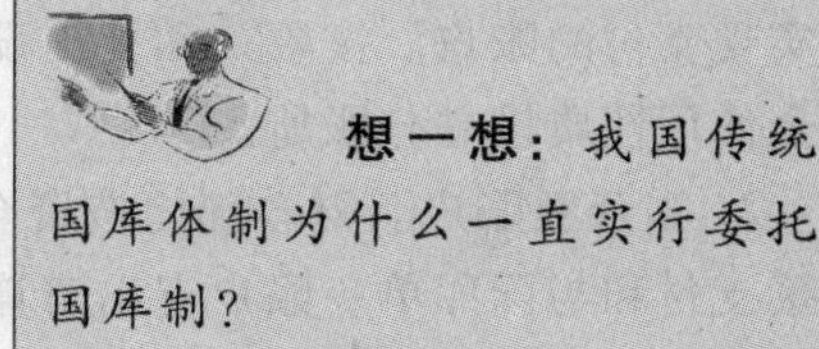

想一想：我国传统国库体制为什么一直实行委托国库制？

（二）国库集中收付制度

国库集中收付制度，又称国库单一账户制度，是指由财政部门代表政府设置国库单一账户体系，所有的财政性资金均纳入国库单一账户体系收缴、支付和管理的制度。它由国库集中收入管理制度、国库集中支付管理制度和国库集中账户管理制度三部分构成。国库集中收入管理制度是指一切财政性收入均纳入国库或国库指定的代理商业银行的单一账户；国库集中支付制度是指一切财政性支出均应在实际支付行为发生时才能从单一账户支付出去，支付对象一般应是商品供应者或劳务提供者；国库集中账户管理制度是指设置与国库单一账户配套使用的国库分类账户，集中反映各预算单位的预算执行情况。

国库集中收付制度有以下特征：(1) 国库集中收付的主体是政府，是政府的经济行为，是政府财政管理活动的重要内容。(2) 国库集中收付的对象是财政性资金，具体包括预算内收入、预算外收入和其他一切财政性资金。(3) 国库集中收付的中介是中央银行及其指定的代理商业银行。

（三）建立国库集中收付制度的意义

1. 有利于革除原有国库管理制度的种种弊端：(1) 保证财政收入及时、足额入库；(2) 有利于规范预算执行和硬化预算约束；(3) 有利于促进和加强廉政建设。

2. 有利于提高财政资金的使用效率：(1) 提高财政资金的支付效率；(2) 增强财政部门调控资金的效率。

3. 有利于国家宏观调控政策的实施：(1) 有利于政府预算编制的科学性；(2) 有利于财政政策和货币政策的配合。

4. 有利于建立适应社会主义市场经济要求的公共财政框架。公共财政的建立依赖于各项具体财政制度的建设，国库集中收付制度与部门预算制度、政府采购制度共同构成了公共财政支出制度改革的三大核心内容，三者相互影响、相互促进、相辅相成。因此，实行国库单一账户制度不仅仅是一项管理技术的创新，它同时体现了改革与发展的要求。建立和推行国库集中收付制度对我国公共财政框架的构建和完善非常必要。

二、国库集中收付制度的内容

我国财政国库管理制度改革的主要内容包括以下三个方面：

（一）建立国库单一账户体系

国库单一账户体系需要建立以下几类账户：

1. 国库单一账户。这是财政部门在中国人民银行开设的，用于记录、核算和反映纳入预算管理的财政收入和支出活动，并用于与财政部门在商业银行开设的零余额账户进行清算和实现支付的账户。按收入和支出设置分类账，收入账按预算科目进行明细核算，支出账按资金使用性质设立分账册。

2. 零余额账户。财政部门按资金使用性质在商业银行开设财政零余额账户，用于财政直接支付和与国库单一账户支出清算；财政部门在商业银行为预算单位开设零余额账户，用于财政授权支付和清算。

3. 预算外资金财政专户。由财政部门在商业银行开设，并按收入和支出设置分类账，用于记录、核算和反映预算外资金的收入和支出活动，并用于预算外资金日常收支清算。

4. 小额现金账户。由财政部门在商业银行为预算单位开设，用于记录、核算和反映预算单位的零星支出活动，并用于与国库单一账户清算。

5. 特设专户。它是经国务院和省级人民政府批准或授权财政部门开设的特殊过渡性账户。建立国库单一账户体系后，相应取消各类过渡性账户，预算单位的财政性资金逐步全部纳入国库单一账户管理，用于记录、核算和反映预算单位的特殊专项支出活动，并用于与国库单一账户清算。

（二）规范收入收缴程序

1. 划分收入类型。为实现对财政资金的统一管理，按政府收入分类，将财政收入分为税收收入、社会保险基金收入、非税收入、贷款转贷回收本金收入、债务收入、转移性收入。

2. 规范收缴方式。适应建立我国现代国库管理制度的要求，将财政收入的收缴方式分为直接缴库和集中汇缴。直接缴库由缴款单位或缴款人按有关法律法规规定，直接将应缴收入缴入国库单一账户或预算外资金财政专户。集中汇缴由征收机关（有关法定单位）按有关法律法规规定，将所收的应缴收入汇总缴入国库单一账户或预算外资金财政专户。

讨论一下： 实行国库集中收付制度为什么要规范收入收缴程序？

3. 确定收缴程序。

直接缴库程序：直接缴库的税收收入，由纳税人或税务代理人提出纳税申报，经征收机关审核无误后，由纳税人通过开户银行将税款缴入国库单一账户。社会保险基金收入、非税收入、贷款转贷回收本金收入、债务收入和转移性收入，比照上述程序缴入国库单一账户或预算外资金财政专户。

集中汇缴程序：小额零散税收和法律另有规定的应缴收入，由征收机关于收缴收入的当日汇总缴入国库单一账户。非税收入中的现金缴款，比照本程序缴入国库单一账户或预算外资金财政专户。

此外，还要规范收入退库管理。涉及从国库中退库的，依照法律、行政法规有关国库管理的规定执行。

（三）规范支出拨付程序

1. 划分支出类型。财政支出从总体上分为购买性支出和转移性支出。根据支付管理需要，具体分为四类：（1）工资支出，即预算单位的工资性支出；（2）购买支出，即预算单位除工资支出、零星支出之外购买服务、货物、工程项目等支出；（3）零星支出，即预算单位购买支出中的日常小额部分，除《政府采购品目分类表》所列品目以外的支出，或列入《政府采购品目分类表》、但未达到规定数额的支出；（4）转移支出，即拨付给预算单位或下级财政部门，未指明具体用途的支出，包括拨付企业补贴和未指明具体用途的资金、中央对地方的一般性转移支付等。

2. 确定支付方式。按照不同的支付主体，对不同类型的支出，分别实行财政直接支付和财政授权支付。**财政直接支付是指由财政部门开具支付令，通过国库单一账户体系，直接将财政资金支付到收款人（即商品和劳务供应者）或用款单位账户。**随着改革逐步推向深入，财政直接支付的范围将不断扩大。

财政授权支付是指由预算单位根据财政授权，自行开具支付令，通过国库单一账户体系将资金支付到收款人账户。实行财政授权支付的支出包括未实行财政直接支付的购买支出和零星支出。

3. 设定支付程序。分为财政直接支付程序和财政授权支付程序两种。

财政直接支付程序：预算单位按照批复的部门预算和资金使用计划，向财政国库支付执行机构提出支付申请，财政国库支付执行机构根据批复的部门预算和资金使用计划及相关要求对支付申请审核无误后，向代理银行发出支付令，并通知中国人民银行国库部门，通过代理银行进入全国银行清算系统实时清算，财政资金从国库单一账户划拨到收款人的银行账户。

财政直接支付主要通过转账方式进行，也可以采用“国库支票”支付。财政国库支付执行机构根据预算单位的要求签发支票，并将签发给收款人的支票交给预算单位，由预算单位转给收款人。收款人持支票到其开户银行入账，收款人开户银行再与代理银行进行清算。每日营业终了前，由国库单一账户与代理银行进行清算。

财政授权支付程序：预算单位按照批复的部门预算和资金使用计划，向财政国库支付执行机构申请授权支付的月度用款限额，财政国库支付执行机构将批准后的限额通知代理银行和预算单位，并通知中国人民银行国库部门。预算单位在月度用款限额内，自行开具支付令，通过财政国库支付执行机构转由代理银行向收款人付款，并与国库单一账户清算。

小资料 

2009年中央和地方预算草案的报告（摘要）
——2009年3月15日在第十一届全国人民代表大会
第二次会议上（财政部部长谢旭人）

2009年预算收支总量和财政赤字安排。根据2009年国内生产总值增长8%左右等经济发展预期指标，考虑实施积极财政政策，实行增值税转型改革、增加出口退税等结构性税费减免政策，扩大政府公共投资规模，加大促进消费需求和改善民生的支出等减收增支因素，以及成品油税费改革后养路费等收费改为消费税等情况，对中央财政各项收支进行具体分析测算，2009年预算主要指标拟安排如下：中央财政收入35860亿元，比2008年执行数（下同）增加3188.01亿元（包括成品油税费改革后增加的消费税等收入），增长

9.8%。从中央预算稳定调节基金中调入505亿元。合计收入总量为36365亿元。中央财政支出43865亿元，增加8485.01亿元，增长24%。其中：中央本级支出14976亿元，增加1601.69亿元，增长12%；对地方税收返还和转移支付支出28889亿元，增加6883.32亿元，增长31.3%。中央财政收支相抵，赤字7500亿元。相应增加国债发行规模，中央财政国债余额限额62708.35亿元。地方本级收入30370亿元，增长6%，加上中央税收返还和转移支付收入28889亿元，地方财政收入59259亿元，增加8608.41亿元，增长17%。地方财政支出61259亿元，增加12206.28亿元，增长24.9%。地方财政收支差额，国务院同意地方发行2000亿元债券，由财政部代理发行，列入省级预算管理。汇总中央和地方预算初步安排，全国财政收入66230亿元（不含从中央预算稳定调节基金调入的505亿元），增长8%；全国财政支出76235亿元，增长22.1%。全国财政收支差额9500亿元通过发债弥补。中央预算稳定调节基金情况。2008年用超收收入安排192亿元后，余额为624亿元，2009年预算调入使用505亿元后还剩119亿元，以备预算执行中不时之需。

【重要概念】

政府预算　复式预算　零基预算　预算年度　预算调整　部门预算　基本支出　财政直接支付　财政授权支付

【思考与实训】

1. 根据资料和调查，思考我国部门预算存在的问题。
2. 查找资料，思考我国政府预算编制和执行存在的问题。
3. 查找你所在省、市、县当年的预算报告，并分析其特点。
4. 依据掌握的资料，思考如何使我国的政府预算更加公开透明？

【分析与讨论】

根据当年财政部长的预算报告，结合经济形势，分析与讨论我国政府预算安排的特点。

第五章

财政体制

学习要点

- 政府间事权和收支划分
- 预算管理权责划分
- 我国分税制体制
- 政府间转移支付

第一节　财政体制概述

一、财政体制的概念

财政管理体制，简称“财政体制”，有广义与狭义之分。从广义上讲，包括预算管理体制、税收管理体制、政府采购管理体制和公债管理体制等，解决纵向和横向两个方面的分配关系。其中，预算管理体制在财政体制中居于中心环节。从狭义上讲，财政体制就是指预算管理体制，主要解决纵向分配关系。本书所述的财政体制特指狭义上的概念。

财政体制是通过划分预算管理权责和预算收支范围来处理政府间财政关系的一项根本制度。这种财政关系包括两方面的内容：一是政府间预算管理权责的划分，体现政府间预算管理权责集权与分权的关系；二是政府间财政收支范围的划分，体现政府间财政收支集中与分散的关系。

想一想：财政体制主要解决什么问题？

各级政府为了实现其职能，必须有相应的财力作保证，也就是各级政府有多少财力可供支配，主要取决于其职能范围的大小，即取决于各级政府的事权。财政管理体制的实质是处理政府间在管理权限上的集权与分权，在收支范围上的集中与分散的关系问题。

由于各级政府的职能范围在不同时期并不是一成不变的，因此，财政体制也不是一成不变的。由于财政体制的改革是财权与财力分配方式的改变，在一种财政体制下，可能中央集中多了些，在另一种财政体制下，可能是地方分权多了些。判断一种财政体制改革方案成败的关键，是看它是否有利于宏观经济的稳定与增长，是否有利于社会生产力的提高。一般来说，决定财权和财力集中和分散程度大小的主要因素包括：国家政权结构、国家的性质和职能、国家对经济社会生活的干预程度和国家的经济体制等。

二、财政体制的内容

（一）预算组织体系

预算组织管理体系是根据国家政权结构、行政区域划分和预算管理体制规定，按一定方式组合而成的统一整体，也称“预算级次”、“预算分级”或“预算的组成”。世界上主要国家的政权结构一般为三级，相应预算级次也分为三级。在我国，预算组织管理体系由中央预算和地方预算两大环节组成，地方预算由省、市、县、乡四级总预算组成。县以上地方各级政府总预算分别由政府本级预算和所属下级总预算组成。各级财政相对独立地管理和支配一定的财政收入和财政支出，独立地编制预决算并对同级人民代表大会负责。

（二）预算收支划分

预算收支划分就是确定政府间财政收入的归属和财政支出的责任。政府职能范围决定其事权范围，一级政府事权的大小决定其财政支出的责任，财政支出责任的大小决定其可支配财力的多少。预算收支划分反映了各级政府预算活动范围的大小和财力分配的多少，是正确处理政府间财政分配关系的重要方面，所以说，预算收支划分是财政体制的核心内容。

市场经济国家的事权划分方式可归为以下三类：一是中央列举法。由宪法等法律单独列举中央或联邦政府的事权，地方概括剩余事权。按照这一划分方式，地方事权较多，代表国家如美国、日本。二是共同列举法。法律同时列举中央或联邦事权与地方事权，如有未列举的事权发生时，依据事务属性确定其归属，代表国家如加拿大。三是中央推定法。法律列举地方事权，而未列举的事权推定属于中央。即地方列举，中央概括，故中央事权较多。代表国家如南非。

> **讨论一下：**为什么说预算收支划分是财政体制的核心内容？

政府间支出责任划分受政治、历史、文化等特定国情因素影响，具体项目划分上不存在统一的模式，但通常遵循如下原则：一是适宜性原则。政府各项职能的本质属性天然决定了其在各级政府间的最适配置。国防、外交等与国家利益密切相关，受益范围惠及全民的公共服务，应由中央负责；地方基础设施和消防等以特定区域居民为服务对象，受益范围限于某一区域的服务项目，则由相关地方政府负责。二是效率原则。地方政府更了解辖区内居民需求，凡是由地方政府处理、其行政效率更高的事务归地方，反之则由中央负责。三是法制规范原则。各级政府支出责任通过法律形式明确加以界定，同时，支出责任的调整应按照一定的法律程序，保持稳定性、规范性。

税种属性是决定政府间收入划分的主要标准。市场经济国家一般遵循以下具体原则：一是集权原则。无论是联邦制国家还是单一制国家，为了保持政策的统一性与社会稳定，维护中央政府权威，一般都在政府间初次分配中集中较多的财力，将收入份额较大的主体税种划归中央政府。二是效率原则。对于一些流动性较强的收入，如个人和公司所得税、增值税、销售税、遗产税作为中央政府收入，不仅征管较为简便，而且不易流失；一些流动性不强以土地为课税对象的收入，如房产税、土地税、土地增值税划归地方政府，地方政府较为了解税基等基本信息，同时税基流动性差，收入相对稳定，不仅易于操作，而且征税效率较高。三是恰当原则。为了有效实施宏观调控，对于一些调控功能较强的税种通常作为中央政府收入，对于体现国家主权的收入如关税等，不宜作为地方收入或实行中央地方分享。四是收益与负担对等原则。对于收益与负担直接对应的收入如使用费等，一般作为地方政府收入。

从各国的具体实践看，日本、英国等单一制国家通常将增值税、个人所得税、公司所得税等大宗税种作为中央收入，中央收入比重相对较高；德国、美国等联邦制国家一般将所得税纳入联邦与州等地方政府的共享范围，财力集中水平略低于单一制国家。另外，各国普遍将财产税、车辆税、销售税等作为地方政府收入。

（三）预算管理权责划分

预算管理权责是指法律规定的参与预算管理的各主体对预算管理的权限和责任。世界各国关于预算管理权责的划分并没有统一的标准。按照我国《预算法》的规定，参与预算管理的主体主要是指各级人民代表大会、人大常委会、人民政府、财政部门、政府组成部门及其所属单位。预算管理权责主要包括预决算草案编制权、预决算草案审批权、预算执行权、预算调整权、预备费动用权、预算执行报告权、预算监督权和对不合理决定的撤销权等等。预算法对参与预算管理的各主体的预算管理权责作了明确划分，见表5－1。

表5－1　　预算管理权责划分情况一览表

	人代会	人大常委会	政府	财政部门	部门	单位
预决算草案编制权			★	★	★	★
预决算草案审批权	★	★				
预算执行权			★	★	★	★
预算调整权	★	★	★	★		
预备费动用权			★	★		
预算执行报告权			★	★	★	★
预算监督权	★	★	★	★	★	
对不合理决定的撤销权	★	★	★			

注：表中“★”代表了各主体的预算管理权责。

（四）政府间转移支付制度

所谓转移支付，若不加任何限制词，是指两个货币收入主体相互之间非交易性的货币交换关系。**政府间转移支付制度是指对财政资金在政府间无偿转移所规定的规则、程序和方法等内容的总称。**

在一国范围内，由于受主客观等变化因素的影响，各地经济社会发展水平呈现不均衡状态，财政收支的规模、结构和平衡状况存在不同程度的差异。特别是在实行分税制条件下，政府间事权和支出的划分往往形成了地方政府事权和支出大于中央政府的事权和支出的格局；政府间收入的划分则形成了中央政府收入大于地方政府收入的格局。这样，中央政府的财政收支对比出现收大于支，形成结余；而地方政府的财政收支对比出现支大于收，形成赤字。为了实现纵向政府间财政收支均衡，为了确保各级政府职能的实现和财政体制的顺利运行，确保地方各级政府能够均等地提供基本满足公众需要的公共产品和公共服务，必须相应建立必要的政府间转移支付制度。具体内容将在第三节讲述。

以上四个方面，是对财政体制内容的概括。不论财政体制的具体形式如何变化，不论上下级政府间财权与财力的划分方法以及上下级政府间财政资金的上解或补助等的调度方式有什么的不同，以上四个方面的问题是每一种体制都必须明确的。由于对以上四个方面问题的不同回答，我们才将财政体制区分为不同的类型。

三、财政体制类型

在我国六十多年的财政体制改革实践中，财政体制的类型随着政府在不同时期实施的经济体制和经济政策的不同而不同。总的来说，经历了由高度集权集中，到集权与分权、集中与分散相结合，再到通过推行分税制体制逐步扩大地方预算管理权限的改革历程。大体可将我国实施过的财政体制划分成以下三种类型，即统收统支体制、“分灶吃饭”体制、分税制体制，见表5-2。

表5-2 我国财政体制类型划分表

实行时间		财政体制简述
统收统支	1950年	高度集中、统收统支
	1951—1957年	划分收支，分级管理
	1958年	以收定支，五年不变
	1959—1970年	收支下放，计划包干，地区调剂，总额分成，一年一变
	1971—1973年	定支定收，收支包干，保证上缴（或差额补贴），一年一定
	1974—1975年	收入按固定比例留成，超收另定分成比例，支出按指标包干
	1976—1979年	定收定支，收支挂钩，总额分成，一年一变。部分省（市）试行“收支挂钩，增收分成”
分灶吃饭	1980—1985年	划分收支，分级包干
	1985—1988年	划分税种、核定收支、分级包干
	1988—1993年	财政包干
分税制	1994年至今	按照统一规范的基本原则，划分中央、地方收支范围，建立并逐步完善中央对地方的财政转移支付制度

（一）统收统支体制

在1950—1952年特殊的历史背景下，我国实施过统收统支体制。它的基本特点是：财力与财权完全集中于中央，地方在实施“统收统支，收支两条线”的前提下，基本没有独立的自主权，地方可用财力的多少完全取决于中央核定的支出指标。

在1953—1979年近30年的时间内，尽管具体的体制形式多有变化，不管是总额分成、分类分成，还是大包干，但从总体上看各种体制均可归纳为该种类型。其主要特点是：

1. 地方预算的独立性较小。在中央统一政策、统一计划和统一制度的前提下，财政级次基本按国家政权结构来划分，实行分级管理，原则上是一级政权、一级财政。在分级管理体制下，地方财政的收支支配权和管理权相对较小，严格地说，它并不真正构成一级独立的预算主体。

2. 地方财政收支指标由中央核定。在财力分配上，实行“以支定收”，地方政府究竟有多少可用财力，并不完全取决于地方财政的收入状况，而由中央按“条条”给地方核定支出指标，分项下达指导性指标，地方无权统筹安排。诸如税收的立法权、税率调整权和减免权等财政管理权限几乎完全集中于中央，地方收入指标由中央确定。

3. 体制有效期是“一年一定”。对经济增长带来的财政收入增量部分，基本上由中央拿走，地方能分享的份额很少。这一时期体制的有效期主要是“一年一定”，不是长期相对稳定。

讨论一下：为什么会有不同类型的财政体制？

（二）“分灶吃饭”体制

我国在1980—1993年间实施“分灶吃饭”体制，尽管在1980年、1985年和1988年分别作过三次大的调整，但总体上它们都属于该体制类型。其基本特点是：

1. 实行大包干。为了调动地方财政理财的积极性，在财力分配上实行各种形式的包干办法，不管是按绝对数包干，还是按比例包干；不管是按固定比例包干，还是按递增比例包干，不仅收入的存量分配向地方倾斜，而且收入的增量也基本归地方，中央集中的财力过小。

2. 财权基本集中于中央。虽然地方财力大大增强，但财权仍基本集中于中央。而且中央往往利用在财政管理权限上的集权来否定地方财政在财力分配上的分权。

（三）分税制体制

分税制体制又称“分级财政体制”，我国自1994年以来实行的分税制属于这一类型。其有关内容在下一节详述。

小知识

三　奖　一　补

从2005年起，中央财政专门安排一部分资金，对财政困难县政府增加本级税收收入和省市级政府增加对财政困难县财力性转移支付给予奖励，对县乡政府精简机构和人员给予奖励，对产粮大县按照粮食商品量、粮食产量、粮食稻种面积等因素和各自权重计算给予奖励，对以前缓解县乡财政困难工作做得好的地区给予补助。

第二节　分税制财政体制

一、分税制财政体制的构成要素

（一）分税制财政体制的含义

分税制财政体制是指在确定政府间事权和支出范围的基础上，以税种为主划分各级政府财政收入，据此处理政府间财政关系的一种财政体制。它是分税制预算体制的简称，人们通常俗称“分税制”，是市场经济国家普遍推行的一种财政体制类型。财政分级管理、各级财政相对独立是它的本质特征，按税种来划分各级财政的收入是它的形式特征。

（二）分税制的构成要素

分税制的构成要素包括分权、分税、分管、政府间转移支付制度和分级预算五个方面。

1. 分权，即划分上下级政府间的事权和支出范围。按照公共产品分层次标准和政府职能分工标准的原理确定各级政府的事权和支出范围。

公共产品分层次标准是指根据公共产品的受益范围不同，把公共产品划分为全国性公共产品、地方性公共产品和区域性公共产品。一般来讲，全国性公共产品由中央政府提供，地方性公共产品由地方政府提供，区域性公共产品由于跨越几个地区，则应由中央政府和地方政府共同提供。事实上，在有的情况下，地方政府提供的许多公共产品的受益范围也会在一定程度上超出本地区的界限，成为对其他地区产生一定影响的公共产品。与此相似，中央政府提供的许多公共产品，也可能仅仅在某一特定地区内释放其效应，所以不能绝对地说中央政府提供的就是全国性公共产品，地方政府提供的就是地方性公共产品，中央政府和地方政府共同提供的就是区域性公共产品。

政府职能分工标准是指把事关国家全局利益的收入分配和经济稳定职能主要赋予中央政府，主张把地域性较强的资源配置职能主要赋予地方政府。收入分配职能赋予中央政府，可以避免个人通过居住地选择而造成效率损失。经济稳定职能赋予中央政府，是因为把这一职能赋予地方政府，地方政府无法控制所采取的措施超越本地区的界限，对其他地区产生或多或少的影响，从而降低政策应有的效力。

2. 分税，主要是指税收收入的划分。依据前面讲述的相关原则，税收收入划分的具体方法包括分割税额、分割税率、分割税种和分割税制和混合型等五种。

一是分割税额。这是指由中央先统一征税，然后再将税收收入的总额按照一定比例在中央与地方政府之间加以分割，即先税后分，这种方法又可称为“收入分享”。我国经济体制改革以前曾经实行的“总额分成”，就做法而言实际上属于这种方式。但需要指出的是，西方财政理论与实践中的所谓收入分享与我们所说的“总额分成”相比，无论在内涵还是外延上都有着很大的差异。在许多情况下，西方国家财政中的收入分享是指中央与地方政府之间的一种转移支付关系。

二是分割税率。这实际上是一种按税源实行同源课税、分率计征的方式，即由各级财政对同一课税对象按照不同的税率征收。此种方法又可进一步划分为两种做法：一是上级政府对某一税基按照既定比率征税并将税款留归本级财政之后，再由下级政府采用自己的税率，对相同的税基课征且自行支配该税收款项（下级政府亦可在上级政府征税的同时或之前按自己的税率对同一税基征税）；二是采用所谓“税收寄征”的方法，即上级政府在对某一税基采用自己的税率征收本级税款的同时，代替下级政府并按下级政府的税率对同一税基课税，尔后将这种税款拨给下级政府。

三是分割税种。这是在税收立法权、税目增减权和税率调整权乃至税种的开征和停征权等税收权限主要集中于中央的条件下，针对各级政府行使职能的需要，考虑主体税种和辅助税种各个税种的特征及收入量等因素，把不同税种的收入分割给各级政府财政，即按税种划分收入范围，确定哪些税种归中央，哪些税种归地方，哪些税种由中央与地方共享。但在这种方式下，地方政府并不享有等同于中央的税收立法权。

四是分割税制。这是指分别设立中央税和地方税两个相互独立的税收制度和税收管理体系，中央与地方均享有相应的税收立法权、税种的开征和停征权、税目的增减权和调整权，并且有权管理和运用本级财政收入。当然，尽管两级税收体系相对独立，但它们之间又是相互衔接和相互补充的，不可能截然分开。

五是混合型。它是在税收分割中综合运用上述四种方法中两种以上的做法而形成的一种中央与地方税收体系。例如，在以分割税制为主的情况下，辅之以对某一个或某些税种的收入实行共享的方式；或者以分割税制为主，同时中央和地方政府也对某一个或某些税源实行分率计征。在现代经济社会条件下，一个国家分割税收时所采取的方式往往不是纯而又纯的前四种方法，通常采取混合型的税收分割方式，从而发挥多种分税方法的综合效应。

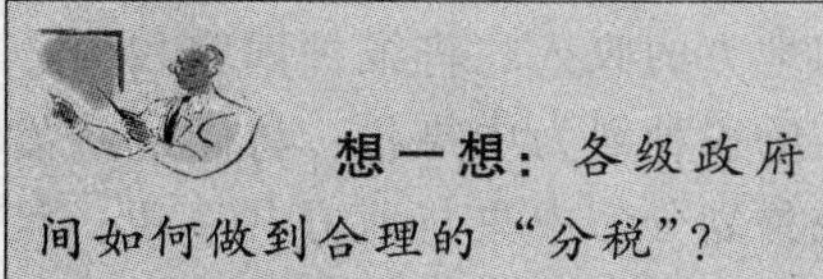

需要补充的是，某些乍看起来与税收并无关联的税收优惠措施，如“税收扣除”、“税收抵免”和“税收免征”等，有时也可以成为事实上的税收分割方式，只不过不是主要角色而已。例如，如果在计算纳税人的中央税应税收入时，允许从已调整的总收入中扣除大部分已对地方政府缴纳的税额，那么，这种税收扣除就可以被看做是对税收的一种分割。与此相类似，税收抵免措施允许纳税人用对地方政府的纳税额抵付对中央政府的纳税额；税收免征措施允许对购买地方政府债券所得的利息收入部分免征中央所得税，这些方法无疑都会客观地产生分割税收的功效。

3. 分管。这是指在上述分税的基础上，分别设立中央与地方两套税务机构，分别征管。中央政府与地方政府分别管理和使用各自的税款，各级财政相对独立，对各级财政的资金不能混淆、挤占与平调。

4. 政府间转移支付制度。其有关内容将在第三节讲述。

5. 分级预算。分级预算是在划分财权和财力的基础上，实行各级政府预算的分别编制、分别审批、分别执行和分别平衡。实行分级预算，有利于增强各级政府的责任意识、收支平衡意识和科学管理意识，使各级政府财政预算保持稳定性、独立性，成为真正意义上的一级财政预算。

二、分税制财政体制的内容

（一）中央与地方事权和支出划分

根据中央政府与地方政府事权划分，中央财政主要承担国家安全、外交和中央国家机关运转所需经费，调整国民经济结构、协调地区发展、实施宏观调控所必需的支出以及中央直接管理的企事业发展支出；具体包括国防费，武警经费，外交和援外支出，中央级行政管理费，中央统管的基本建设投资，中央直属企业的技术改造和新产品试制费，地质勘探费，中央安排的农业支出，中央负担的国内外债务的还本付息支出以及中央本级负担的公检法支出和文化、教育、卫生、科学等各项事业费支出。

地方财政主要承担本地区政权机关运转所需支出，以及本地区经济、事业发展所需支出，具体包括地方行政管理费，公检法支出，民兵事业费，地方统筹的基本建设投资，地方企业的改造和新产品试制费，农业支出，城市维护和建设经费，地方文化、教育、卫生等各项事业费以及其他支出。

（二）中央与地方收入划分

根据事权与财权相结合的原则，按税种划分中央与地方的收入。将维护国家权益、实施宏观调控所必需的税种划为中央税；将同经济发展直接相关的主要税种划分为中央与地方共享税；将适合地方征管的税种划为地方税，充实地方税税种，增加地方税收入。分设了中央与地方两套税务机构，中央税务机构征收中央税和共享税，地方税务机构征收地方税。从1994年实施分税制财政体制以来，根据经济社会发展的客观需要，经过多次调整和改革，截至2009年形成新的收支划分格局。具体划分如表5－3所示。

讨论一下：我国为什么要把所得税实行中央与地方按比例分享？

表5－3　中央与地方收入划分情况一览表

中央固定收入	中央与地方共享收入	地方固定收入
1. 关税 2. 海关代征的消费税和增值税 3. 消费税 4. 铁路、各银行总行、各保险总公司等集中缴纳的收入（包括营业税、利润和城市维护建设税） 5. 未纳入共享范围的中央企业所得税、中央企业上缴利润等	1. 增值税（中央75%，地方25%） 2. 纳入共享范围的企业所得税和个人所得税中央分享60%，地方分享40% 3. 资源税按不同的资源品种划分（海洋石油资源税归中央，其余资源税归地方） 4. 证券交易印花税中央分享97%，地方（上海、深圳）分享3%	1. 营业税（不含铁道部门、各银行总行、各保险公司总公司集中缴纳的营业税） 2. 地方企业上缴利润 3. 城镇土地使用税 4. 城市维护建设税（不含铁道部门、各银行总行、各保险公司总公司集中缴纳的部分） 5. 房产税 6. 车船使用税 7. 印花税 8. 耕地占用税 9. 契税 10. 遗产和赠与税 11. 烟叶税 12. 土地增值税 13. 国有土地有偿使用收入等

1994年以后，中央与地方部分收支项目改革具体情况如下：

证券交易印花税中央与地方分享比例由50∶50改为80∶20，后将税率从3‰调增到5‰，增加的收入全部作为中央收入，并从2000年起，分三年将证券交易印花税分享比例逐步调整到中央97%、地方3%。

金融保险营业税税率由5%提高到8%后，提高3个百分点增加的收入划归中央；2001年起，分三年将金融保险业的营业税税率降至5%，中央分享部分随之取消。

所得税收入分享改革。除铁路运输、国家邮政、四大国有商业银行、三家政策性银行、中石化及中海油等企业外，其他企业所得税和个人所得税收入实行中央与地方按统一比例分享。2002年所得税收入中央与地方各分享50%；2003年以后中央分享60%、地方分享40%。中央因改革所得税收入分享办法增加的收入全部用于对地方主要是中西部地区的一般性转移支付。为了保证所得税收入分享改革的顺利实施，妥善处理地区间利益分配关系，规定跨地区经营企业集中缴纳的所得税，按分公司（子公司）所在地的企业经营收入、职工人数和资产总额三个因素在相关地区间分配。

出口退税负担机制改革。以2003年出口退税实退指标为基数，对超基数部分的应退税额，由中央和地方按75∶25的比例共同负担。2005年对出口退税负担机制作出进一步完善，在维持2004年经国务院批准核定的各地出口退税基数不变的基础上，超基数部分由中央、地方按照92.5∶7.5的比例分担；出口退税改由中央统一退库，地方负担部分年终专项上解。

（三）中央对地方税收返还和转移支付

按现行体制，中央对地方税收返还和转移支付主要有以下几项内容：

1. 税收返还。这是指1994年分税制改革和2002年所得税收入分享改革后，为保证地方既得利益，对原属于地方的收入划为中央收入部分，给予地方的补偿，包括增值税、消费税“两税返还”和所得税基数返还以及成品油价格和税费改革税收返还。

（1）“两税”返还。为了保证地方既得利益，实现新体制的平稳过渡，中央对地方的“两税”返还数额以1993年地方上划中央收入为基数加以核定，其计算公式为：

1993年地方上划中央收入（“两税”返还基数）=（增值税75%+消费税）-中央下划地方收入

1994年的“两税”返还数额=1993年“两税”返还基数×（1+增值税、消费税的全国平均增长率×0.3）

以后年度的“两税”返还数额按下列公式计算：

N年的“两税”返还数额=N-1年的“两税”返还数额×（1+增值税、消费税的全国平均增长率×0.3）

但是，如果地方财政1994年以后上划中央收入达不到1993年的基数，中央将相应扣减“两税”返还数额。

为简化中央与地方财政结算关系，从2009年起，取消地方上解科目，将地方上解与中央对地方税收返还作对冲处理，2008年对地方税收返还相应作同口径调整。

（2）所得税基数返还。以2001年为基期，为保证地方既得利益，如果按改革方案确定的分享范围和比例计算出的地方分享的所得税收入小于地方实际所得税收入，差额部分由中央作为基数返还地方。

（3）成品油价格和税费改革税收返还。成品油价格和税费改革后，用于替代地方原有公路养路费等六项收费的税收返还。具体额度以 2007 年的养路费等“六费”收入为基础，考虑地方实际情况，按一定的增长率确定。

2. 一般性转移支付。一般性转移支付是指为弥补财政实力薄弱地区的财力缺口，均衡地区间财力差距，实现地区间基本公共服务能力的均等化，中央财政安排给地方财政的补助支出，由地方统筹安排。目前具体包括均衡性转移支付、民族地区转移支付、县乡基本财力保障机制奖补资金、调整工资转移支付、农村税费改革转移支付、资源枯竭城市财力性转移支付、定额补助（原体制补助）、企事业单位划转补助、结算财力补助、工商部门停征“两费”转移支付、村级公益事业“一事一议”奖励资金、一般公共服务转移支付、公共安全转移支付、教育转移支付、社会保障和就业转移支付等项目。

3. 专项转移支付。专项转移支付是指中央财政为实现特定的宏观经济政策及事业发展战略目标，以及对委托地方政府代理的一些事务或中央地方共同承担事务进行补偿而设立的补助资金，需按规定用途使用。目前具体包括教育、科学技术、社会保障和就业、医疗卫生、环境保护、农林水事务等方面。

（四）硬化预算约束，自求平衡

1994 年实行分税制后，中央与地方都要按新口径编报财政预算，自求平衡。中央与地方各级政府预算经同级人大批准后执行，并在上述口径范围内自收自支、自求平衡，基本上实现了分级预算的改革目标。

以 2008 年为例，全国财政收入 61316.9 亿元，全国财政支出 62427.03 亿元。中央本级收入 32671.99 亿元，占全国财政收入的 53.3%；中央本级支出 13374.31 亿元，占全国财政支出的 21.4%。地方本级收入 28644.91 亿元，占全国财政收入的 46.7%；地方本级支出 49052.72 亿元，占全国财政支出的 78.6%，其中，来源于中央的税收返还和转移支付净额 22005.68 亿元，相当于地方本级支出的 44.9%。中央财政与地方财政的具体平衡情况是：

中央预算收入 = 中央本级收入（32671.99 亿元）+ 地方上解收入（939.93 亿元）+ 中央财政赤字（1800 亿元）+ 调入中央预算稳定调节基金（1100 亿元）

2009 年取消地方上解收入科目后，中央财政收入即为中央本级收入。

中央预算支出 = 中央本级支出（13374.31 亿元）+ 对地方税收返还和转移支付（22945.61 亿元）+ 安排中央预算稳定调节基金（192 亿元）

地方预算收入 = 地方本级收入（28644.91 亿元）+ 中央对地方税收返还和转移支付（22945.61 亿元）

地方预算支出 = 地方本级支出（49052.72 亿元）+ 上解中央支出（939.93 亿元）+ 地方财政结转和结余（1597.87 亿元）

从中不难看出，全国财政收入（支出）= 中央本级收入（支出）+ 地方本级收入（支出），而不是中央财政收入（支出）+ 地方财政收入（支出）。这是因为，中央财政收入包含地方上解收入（中央财政支出包含对地方税收返还和转移支付）；地方财政收入包含中央税收返还和转移支付（地方财政支出包含上解中央支出）。因此，如果将中央和地方财政收入（支出）简单相加得出全国财政收入（支出），将会出现重复计算。

中央对地方的税收返还和转移支付净额 22005.68 亿元，相当于中央本级收入

(32671.99 亿元) 的67.4%，也就是说，67.4%的中央本级收入以税收返还和转移支付的形式转到地方使用。因此，不能将中央本级收入占全国财政收入的比重（53.3%），与中央本级支出占全国财政支出的比重（21.4%）进行简单对比，认为中央以53.3%的全国财政收入只承担21.4%的全国财政支出。实际上，中央本级收入主要不是中央本级支出，大部分通过税收返还和转移支付等形式补助给了地方（主要是中西部地区)，相应形成地方财政收入并用于安排地方财政支出。

地方从中央获得的税收返还和转移支付净额22005.68亿元，相当于地方本级支出的44.9%，也就是说44.9%的地方本级支出是来源于中央财政的税收返还和转移支付净额。因此，不能将地方本级收入占全国财政收入的比重（46.7%），与地方本级支出占全国财政支出的比重（78.6%）进行简单对比，认为地方以46.7%的全国财政收入，却承担78.6%的全国财政支出。实际上，地方特别是中西部地区本级支出中相当一部分来自中央财政的税收返还和转移支付。

三、分税制的完善

通过分税制改革，分级财政体制的总体框架基本确立；财政收入稳定增长机制已逐步建立；确立了中央财政的主导地位；促进了资源优化配置和产业结构调整；中央对地方政府间的转移支付制度改革初见成效；省以下相对规范的政府间转移支付体系逐步形成。

在肯定分税制改革成就的同时，我们也应该清醒地看到，这次改革仅仅是朝着理顺政府间财政关系的方向所采取的一个步骤，这一制度本身还依然保留着诸多不规范的地方。如政府间的事权和支出划分不够明确；税收划分方式有待于进一步改进和完善；政府间转移支付制度有待进一步完善；省以下财政体制还不够完善等。

根据我国社会主义市场经济发展和公共财政建设的进程，借鉴西方发达国家财政体制发展和运行中的成功经验，完善分税制体制的主要思路如下：

第一，合理界定政府间的事权和支出范围。科学、准确地界定政府间事权和支出范围是建立起符合社会主义市场经济规律要求的财政体制，并处理好政府间财政关系的必要前提。划分中央与地方政府间事权和支出范围应遵循的原则是：一是市场基础原则。要以界定市场经济条件下政府的职能为基础，改变目前政府职能存在的“越位”与“缺位”现象，并相应调整财政的供给范围。二是公共事务分层次原则。按政府管辖的公共事务范围来确定事权的归属，属于全国（全社会）范围内公共事务的事权，由中央政府承担；属于地方（局部）范围内公共事务的事权，由地方政府承担；对于中央和地方共有的职能，在地方政府管辖范围之内的事务由地方负责；超出地方政府管辖范围的事务，则应由中央政府出面负责或进行协调。三是效率原则。由地方政府负责处理行政效率更高的事务归地方；由中央政府负责处理行政效率更高的事务归中央。

第二，合理划分税种及税收权限。一是适当扩大地方税收立法权。在保持中央税收政策主导性的基础上，应适当扩大地方政府的税收权限。将中央税和全国性的地方税的立法权集中在中央，与此同时，由地方政府制定地方税的实施办法和减免税审批办法，并向本级人民代表大会负责。二是完善地方税收体系。从发达国家的经验来看，其地方税体系大都以财产税类作为主体税种，而在我国，从分税制运行实践来看，营业税已成为地方的主体税种，城市维护建设税也是地方收入的重要来源，此外，将房产税、车船使用税、土地增值税、耕地占用税和契税等归为统一的财产税，有望成为地方的主体税种。

第三，完善政府间转移支付制度。一是扩大一般性转移支付的覆盖面。从技术层面看，一般性转移支付的基本框架已经接近于较为完善的转移支付制度。为了进一步发挥一般性转移支付制度的政策效应，今后应随着中央财力的增加逐步扩大其规模。同时将各种补助中带有财力补助性质的资金尽快纳入一般性转移支付。二是取消税收返还制度。在条件允许时，尽快将税收返还逐步纳入规范的、科学的、以缩小地区间财力差距为目标的一般性转移支付范围。三是改革专项拨款制度。要按照优化结构、确保重点、规范管理、提高效益的思路，对专项拨款进行清理和分类，建立严格的项目准入机制，加强监督管理，并引入因素法核定专项拨款数额，提高其透明性、公正性、科学性和效益性，充分体现中央的政策意图。四是进一步规范标准收支的测算方法。待条件成熟后，在合理确定政府间的事权和支出范围的基础上，严格核定各地区的标准收支，实行规范化的转移支付制度，逐步实现各地区基本公共服务水平的均等化。五是深化省以下政府间转移支付制度改革。首先要突出重点，适当增强财政困难县乡的财力。其次应主要通过增量调节，保证地方财政的平稳运行。再次力求体制形式简明、统一、规范，便于操作。六是建立权威性的转移支付管理机构和监督机构。

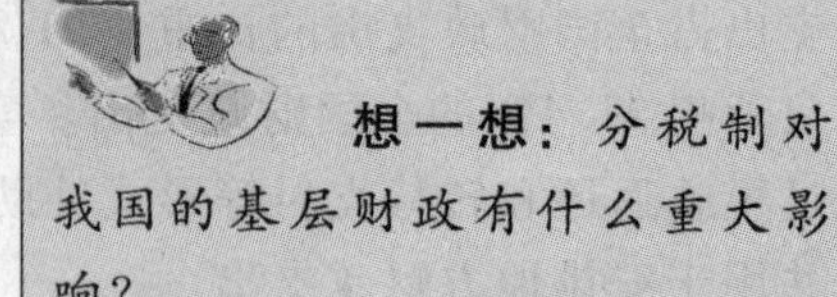

想一想：分税制对我国的基层财政有什么重大影响？

小知识

“省直管县”

作为我国财政体制改革的一项重要内容，“省直管县”财政改革将在2012年年底前在我国除民族自治地区以外地区全面推行。

实行“省直管县”财政改革就是在政府间收支划分、转移支付、资金往来、预决算、年终结算等方面，实现省财政与县（市）财政直接联系，开展相关业务工作。

在进一步理顺省与县（市）支出责任的基础上，要确定县（市）财政各自的支出范围。转移支付、税收返还、所得税返还等由省直接核定并补助到县（市）；专项拨款补助，由各县（市）直接向省级财政等有关部门申请，由省级财政部门直接下达县（市）。县（市）统一按照省级财政部门有关要求，各自编制本级财政收支预算和年终决算。建立省与县（市）之间的财政资金直接往来关系，取消市与县之间日常的资金往来关系。年终各类结算事项一律由省级财政与各县（市）财政直接办理，市、县之间如有结算事项，必须通过省级财政办理。各县（市）举借国际金融组织贷款、外国政府贷款、国债转贷资金等，直接向省级财政部门申请转贷及承诺偿还，未能按规定偿还的由省财政直接对县（市）进行扣款。

第三节 政府间转移支付

一、政府间转移支付的意义和特征

（一）政府间转移支付的意义

政府间转移支付是指财政资金在一个国家内政府间的无偿转移，包括上下级政府间和同级政府间的转移支付两个方面。其中，主要是上下级政府间的转移支付，既包括上级政府对下级政府的转移支付，也包括下级政府对上级政府的转移支付。当然，这是在各级政府的事权和支出范围、税收划分框架和税收管理权限既定条件下进行的。

1. 矫正财政纵向失衡。财政纵向失衡是指不同级次的政府各自的收入与其承担的事权所需要的支出不相等。在分税制条件下，中央财政收入大于支出，地方财政支出大于收入，地方收入难以满足地方提供公共产品的需要。中央政府必须用其所拥有的部分结余财力弥补所有的或者部分的地方政府的收入缺口，实现地方政府财政的收支平衡，以保证地方政府提供基本公共服务水平所需要的财力要求。

2. 矫正财政横向失衡。财政横向失衡是指同级政府在收入能力和支出规模方面存在差异，有的地区出现结余，有的地区存在赤字。横向财政失衡的存在不利于各地区均衡发展和社会共同进步，中央政府必须相应建立规范的制度，通过财力的再分配，缩小或者消除地区间提供最低标准公共服务的财政差别。

3. 补偿地区利益外溢。地区利益外溢是经济社会生活中普遍存在的一种客观现象，是指一个地区提供的好处或者服务溢出至毗邻地区并使该地区一些未承担过费用的居民收益，还包括外地人口不负责投入而享受本地区提供的公共服务。一般来说，地方政府不甘心利益外溢，如果这一问题得不到解决，就会影响地方政府的积极性，甚至会出现地区封锁等现象。因此，需要中央政府通过转移支付加以解决。

讨论一下：从财政体制角度看，如何缩小我国地区间经济发展的差距？

4. 实现政府特定的经济社会目标。中央政府在不同时期制定了不同的政策目标，为了实现这些目标，中央政府除了政策引导外，还必须在财力上进行倾斜，确定财力再分配的重点，同样需要通过转移支付加以解决。

（二）政府间转移支付的特征

1. 转移支付范围只限于政府之间。转移支付的客体是各级政府的财政资金。转移支付是各级政府财政资金的相互转移，活动范围只限于各级政府之间，政府对企业、单位和个人的支出不包括在内。具体来说，它只是在财政纵向各级次之间或横向财政的各区域之间所进行的财政分配活动，即包括纵向转移和横向转移两个方面。

2. 转移支付是无偿的支出。政府间转移支付是一种不以取得商品和劳务作为补偿的支出。这部分资金分配原则不是等价交换，而是按均等化原则来分配，是一种无代价的支出。

3. 转移支付并非政府的终极支出。各级财政资金在不同政府间相互转移，不是一种直接的支出，而是资金使用权从一个实体转为另一个实体，在转移支付的过程中，既不创造新价值，也不增加资金供应量，不影响市场的供需关系。只有接受转移支付的主体使用资金后，才形成终极支出。

二、政府间转移支付的模式

根据国际上现有的经验，政府间转移支付的基本模式有两种：单一的自上而下的纵向财政平衡和以纵向为主、纵横交错的财政平衡。

（一）单一的自上而下的纵向财政平衡

单一的自上而下的纵向财政平衡简称“单一纵向模式”，就是上级政府通过特定的财政管理体制把各地区所创造的财力数量不等地集中起来，再根据各地区财政收支平衡状况和实施宏观调控政策的需要，将集中起来的财政收入数量不等地分给各地区，以此实现各地区财力配置的相对均衡。目前，世界上多数国家的政府间转移支付采用这种方式。

（二）以纵向为主、纵横交错的财政平衡

以纵向为主、纵横交错的财政平衡简称“纵横交错模式”，即对于政府间的转移支付，中央不仅统一立法，并且直接通过特定手段进行纵向的转移支付，但又同时负责组织各地区之间直接的转移支付。其中，纵向转移支付侧重于解决纵向非均衡问题和实现国家的宏观调控目标；而横向转移支付侧重解决横向非均衡问题，主要用于解决财政经济落后地区公共开支不足的问题。

这两种模式各有利弊，单一纵向模式操作简便，具有稳定性和透明度，但对下级政府强制色彩较浓；纵横交错模式，由于地方政府参与了转移支付过程，体现了地区间的相互支援关系，利于鞭策后进，鼓励先进，但操作较复杂。两种模式相比较，后一种模式似乎优点更多一些。因为前者在操作上比较简便易行，完全以上级政府做主导，但强制性色彩较浓，透明度或多或少地受到影响。后者在中央政府的主持下，对部分转移支付的实施，吸收地方政府直接参与，且由做出贡献的地方政府按依法计算的结果向接受援助的地方政府直接划拨财政资金，使做出贡献的地区产生一种荣誉感，对接受援助的地区也会产生鞭策效果。

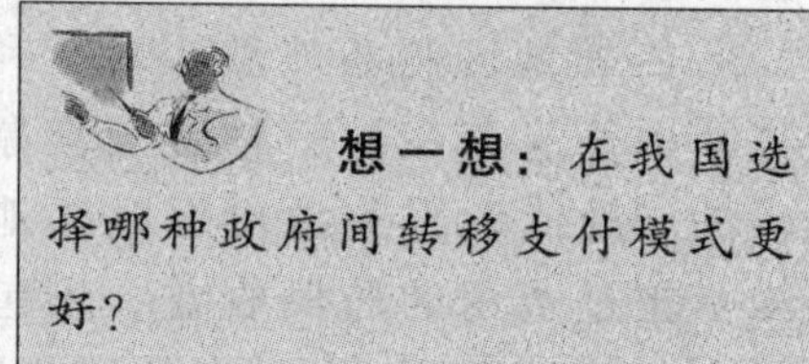

想一想：在我国选择哪种政府间转移支付模式更好？

三、政府间转移支付的形式

政府间转移支付的具体形式有很多种。从国际经验看，一国的转移支付结构取决于本国的特定国情，并无统一的参照。各国实行的政府间转移支付形式各有不同，根据地方政府在使用补助金时的自主权大小，归纳起来主要有以下两种：

（一）一般性转移支付

一般性转移支付是指以基本公共服务均等化为目标，均衡地区之间的财力差距，不指定资金具体用途，由接受转移支付的下级政府统筹安排使用的转移支付，也称“无条件转移支付”、“无条件拨款”、“一般补助”或“一般均等化补助”。中央政府拨款

时并不规定资金的用途，也不要求地方政府进行资金配套，地方政府可按自己的意愿使用这笔财政资金，它赋予地方政府较大的自由度。通常而言，对于地方事权范围的支出项目，中央政府通过一般性转移支付实施财力匹配与均衡。但是，中央政府在确定各地区的拨款时是按照规范的方法，结合各地区的标准收入、标准支出、收入努力不足和转移支付系数确定的。值得注意的是，一般性转移支付是一种均衡地方财力、达到横向财政平衡的手段，直接目标是保证各地方政府都能提供最低或者合理水平的公共服务，数额不易太大，否则会产生相反的效果。

（二）专项转移支付

专项转移支付是指中央政府对承担委托事务、共同事务的地方政府给予的具有指定用途的资金补助，以及对应由下级政府承担的事务给予的具有指定用途的奖励或补助，也称“分类补助”或“专向补助”，中央政府给地方的补助在使用上附带了一些条件，要求补助资金专款专用，以实现中央政府的特定目标。专款专用是这种形式的显著特征。专项转移支付严格限于中央委托事务、共同事权事务、效益外溢事务和符合中央政策导向事务。按照是否需要地方政府资金配套，又可分为配套补助和非配套补助。配套补助是指地方政府在使用补助资金时，按照中央政府规定的一定比例配套一部分专项资金；非配套补助是地方政府在使用补助资金时，不需要按一定比例配套一部分专项资金。按照是否有上限限制，配套补助又可分为封顶配套补助和不封顶配套补助，封顶配套补助就是中央政府承担的补助有封顶限制，或者是确定了给予地方的最低补助额度；不封顶配套补助就是中央政府的补助额度取决于受补助政府的配套能力，如果地方政府积极性高且配套能力强，中央政府给予补助的额度就会很大。

美国是分权国家的典型代表，但美国是少有的没有建立一般性转移支付制度的国家，联邦政府的转移支付全部以专款和分类转移支付方式下达，州政府的资金自主使用权限受到较大限制。

四、政府间转移支付的测算

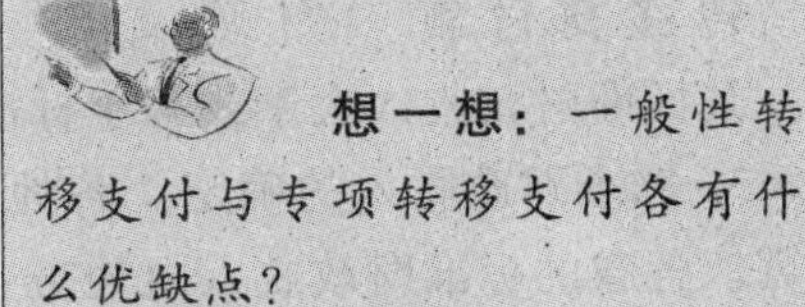

想一想：一般性转移支付与专项转移支付各有什么优缺点？

由于一般性转移支付在政府间转移支付结构中的特殊地位，下面重点介绍一般性转移支付的测算方法。

（一）一般性转移支付的测算方法

各国一般性转移支付的具体测算方法受其特定的政治、文化等国情条件制约，各具特色。概括起来，主要有以下四种类型：

1. 收入均等化类型。这种类型的拨款根据各地的税收收入能力进行分配。采用这种类型的国家一般来说，在以人为单位计算的支出成本差异不大。在按人均税收水平分配均衡拨款的同时，辅之以一定的专项补助，通常能够达到均等化的目标。比较有代表性的是加拿大的收入均等化拨款、德国的横向均衡补助。

2. 收支均衡类型。转移支付资金分配既考虑收入因素，又考虑支出因素，以收不抵支的缺口作为拨款依据。适用于横向不均衡较为明显、地区间支出成本差异较大的国家。这种制度相对较为精确，但较为复杂。最典型的是日本的地方交付税制度和澳大利亚的均衡拨款制度。

3. 支出需求均衡类型。转移支付资金分配仅以地区间的支出需求为依据，代表国家有印度、意大利、西班牙等。

4. 简单人均类型。转移支付通常简单地按照全国统一的人均拨款额分配，各地区分享额度为该地区人口与全国统一人均水平的乘积。由于人口因素是支出需求的重要决定因素，这一类型一定程度上考虑了地区间支出需求差异，而完全忽略了收入能力差异，如印度尼西亚的无条件拨款。

（二）我国一般性转移支付的测算

由于世界各国实行的分税制财政体制具体做法不一样，政府间转移支付的测算方法也不一样，但都有一个共同的特征，那就是以实现各级政府应提供公共服务的均等化为基本目标。

1. 目标和原则。在我国，设立中央对地方的一般性转移支付的总体目标是缩小地区间财力差距，逐步实现基本公共服务均等化，保障国家出台的主体功能区政策顺利实施，加快形成统一、规范、透明的一般性转移支付制度。资金分配遵循以下原则：一是公平公正。资金分配选取影响财政收支的客观因素，采用统一规范的方式操作。二是公开透明。坚持民主理财的理念，测算办法和过程公开透明。三是稳步推进。中央财政逐步加大一般性转移支付规模，加快完善转移支付分配办法。

2. 一般性转移支付额的确定。一般性转移支付资金分配选取影响财政收支的客观因素，适当考虑人口规模、人口密度、海拔、温度、少数民族等成本差异，结合各地实际财政收支情况，采用规范的公式化方法进行分配。

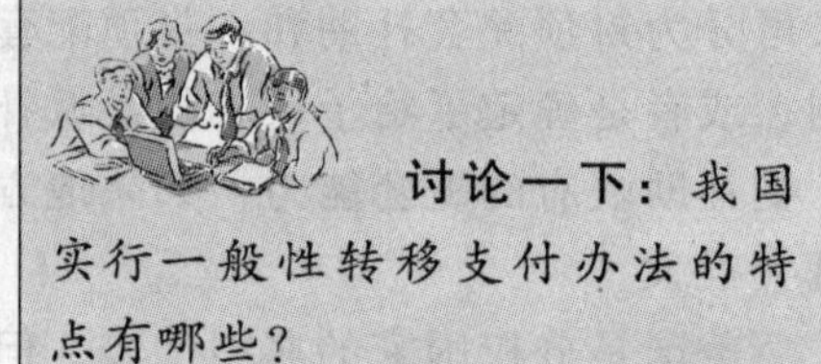

讨论一下：我国实行一般性转移支付办法的特点有哪些？

一般性转移支付按照各地标准财政收入和标准财政支出差额以及转移支付系数计算确定。其计算公式为：

$$\text{某地区一般性转移支付额}=\left(\text{该地区标准财政支出}-\text{该地区标准财政收入}\right)\times\text{该地区转移支付系数}$$

凡标准财政收入大于或等于标准财政支出的地区，不纳入一般性转移支付范围。

3. 标准财政收入的确定。各地区标准财政收入分省（自治区、直辖市，以下简称省）计算。各省的标准财政收入由地方本级标准财政收入、中央对地方返还及补助（扣除地方上解）、计划单列市上解收入等构成。

地方本级标准财政收入主要根据相关税种的税基和税率计算，并适当考虑实际收入情况确定。

中央对地方返还及补助收入（扣除地方上解）按照决算数确定，主要项目包括“两税”返还、所得税基数返还、原体制补助、调整工资转移支付、艰苦边远地区津贴转移支付、民族地区转移支付、农村税费改革转移支付（不含民兵训练费转移支付）、取消农业特产税减收转移支付、缓解县乡财政困难转移支付、农村义务教育转移支付、结算补助、其他补助等财力性转移支付，专项转移支付中的分部门事业费补助和社会保障转移支付，各地区对中央的体制上解、专项上解等。

计划单列市上解收入，按照计划单列市上解省级收入决算数计算。

4. 标准财政支出的确定。为更好地体现以人为本的理念，测算标准财政支出时，选取各地总人口为主要因素。按照财政管理科学化、精细化的要求，为强化各级政府的支出责任，配合主体功能区政策实施，分省、市、县（含乡镇级，下同）三个行政级次测算标准财政支出。根据海拔、人口密度、温度、运输距离、少数民族、地方病等影响财政支出的客观因素计算确定成本差异系数。

5. 转移支付系数的确定。转移支付系数参照一般性转移支付总额、各地区标准财政收支差额以及各地区财政困难程度等因素确定。其中，困难程度系数根据标准财政收支缺口占标准财政支出比重及各地一般预算收入占一般预算支出比重计算确定。

6. 转移支付资金的管理与监督。各地区要根据本地对下财政体制、辖区内财力分布等实际情况，加大对财政困难县乡的支持力度，保障县级政府履行职能的基本财力需求。基层财政部门要将上级下达的一般性转移支付资金重点用于基本公共服务领域，推进民生改善，促进社会和谐。

小知识

基本公共服务均等化

基本公共服务均等化是公共财政的基本目标之一，是指政府要为社会公众提供基本的、在不同阶段具有不同标准的、最终大致均等的公共物品和公共服务。公共服务均等化有助于公平分配，实现公平和效率的统一。

当前，我国基本公共服务的非均等化问题比较突出，并由此使地区间、城乡之间、不同群体之间在基础教育、公共医疗、社会保障等基本公共服务方面的差距逐步拉大，并已成为社会公平、公正的焦点问题之一。实行公共服务均等化在当前具有非同寻常的重大意义，实现基本公共服务均等化是缩小城乡差距和贫富差距以及地区间不均衡发展的重要途径。

【重要概念】

预算体制　预算收支划分　分税制体制　政府间转移支付　一般性转移支付
专项转移支付　税收返还

【思考与实训】

1. 通过查找资料或调研，谈谈你对现行分税制的看法。
2. 依据你掌握的资料，思考我国政府间转移支付制度存在的问题。
3. 调查你所在省（市区）的县乡财政体制，并思考其利与弊。

【分析与讨论】

实现全体公民的基本公共服务均等化是我国经济社会发展的目标之一。从你所掌握的资料来分析与讨论，我国应如何通过进一步完善财政体制来实现基本公共服务的均等化？

第六章

金融导论

学习要点

- 金融的含义
- 我国的人民币制度
- 信用的形式
- 利息的计算

第一节　金融概述

一、金融的概念

“金融”一词在我国的逐步定型是19世纪后半叶，最初的解释是指通过中介以借贷的形式所进行的资金融通，以后逐渐把货币流通、借贷所形成的信用关系、组织融通的机构以及国际金融等诸多领域都归为金融。

概括地讲，**金融就是货币资金的融通**。融通的对象是货币和货币资金，融通的方式是有借有还的信用方式，而组织融通的机构为银行及其他金融机构。所以，金融涉及货币、信用和银行等诸范畴以及它们之间的关系。

生活中人们经常碰到金融问题。从家庭和个人来看，可从不同来源取得货币收入，如工资、津贴、退休金、救济金等，而人们的衣食住行都需要用货币去购买；从企业来说，无论是生产企业，还是流通企业，它们虽然经营运作各异，但无不伴随着货币的收支；机关、团体、学校、部队的运行也同样离不开货币的收支。不只是在国内存在货币收支，在对外的政治、经济、文化、体育及个人交往中也无处不发生货币的收支……这些都涉及货币及其流通。企业单位、家庭和个人的货币收支有时收大于支，有时支大于收，多余的可借出，不足的可借入，就产生了货币债权和货币债务，也就存在了信用。这些活动必须要有机构来组织，这就有了银行等金融机构。

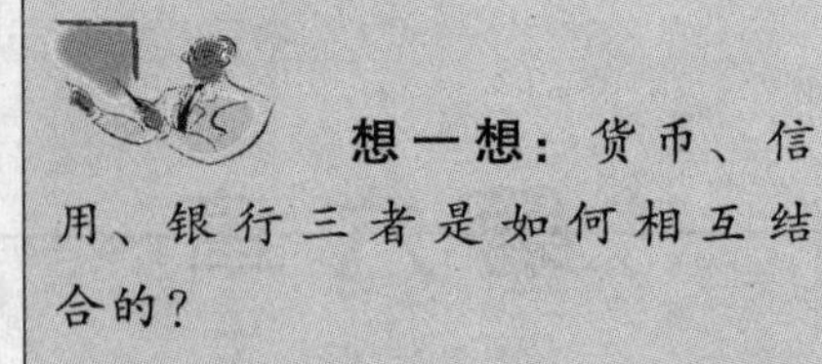
想一想：货币、信用、银行三者是如何相互结合的？

从历史发展过程看，货币、信用、金融机构等产生和发展的基础是商品经济。在金融范畴的形成中，随着商品流通的出现，最早产生的是货币。随着货币关系的进一步发展，各种借贷活动随即产生，并出现了组织借贷活动的金融机构。特别是现代银行形成后，经济中使用的货币都通过银行完成收付，这样，货币、信用、银行三者相互渗透、相互结合，构成密不可分的活动过程，使得金融活动更为广泛、更为顺利地展开。

二、金融的内容

西方对金融的解释包括三种口径。大口径的解释为货币的筹集、运用、管理及与金钱有关的活动；小口径的解释仅指与资本市场有关的运作机制以及股票等有价证券的价格形成；介于两者之间的解释为把货币的流通、信用的授予、投资的运作、银行的服务等归之为金融。

在我国，作为广义金融学的内容，与其他许多学科有交叉，如国家有关货币资金的管理和调控可归之为国家金融，与财政学科交叉；企业有关货币资金的分配和管理可归之为企业金融，与财务管理学科交叉。我们并不把财政学和财务管理学包含在金融学内，同时又不限于小口径的资本市场学。

本教材所讲金融是金融机构有关货币资金的运动和管理，属专业金融，即货币银行学的范畴，主要包括货币供求、金融机构、金融市场、国际金融、金融政策等。具体可分为三部分：一是金融范畴分析，包括货币、信用、利息、利率、汇率乃至金融本身的分析和论证。二是金融微观分析，包括对金融市场、金融中介机构及两者相互渗透的必然趋势的分析和通过探讨金融在经济生活中地位的金融功能分析。三是金融宏观分析，包括货币供求关系、利率和汇率形成机制、货币政策与财政政策的配合协调及国际金融等的分析。

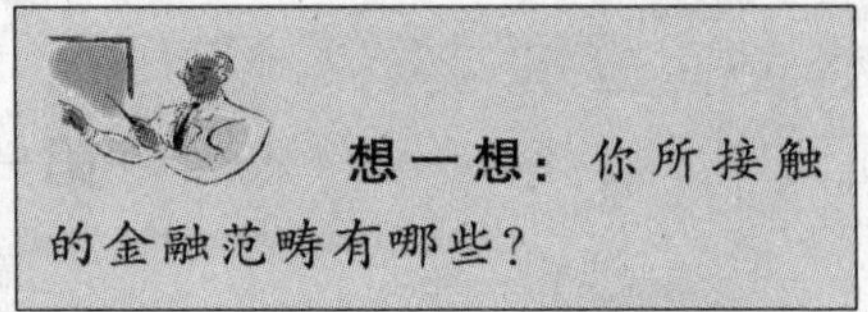
想一想：你所接触的金融范畴有哪些？

第二节　货　币

一、货币概念

对于货币，人们似乎是再熟悉不过了，但究竟什么是货币，各人却有各自不同的理解。只有马克思才第一次科学地阐明了货币的起源和本质，建立了科学的货币理论。

马克思认为，**货币是起着一般等价物作用的特殊商品**。显然这种特殊商品是在交换过程中能够被大家普遍接受的，因而也可以说，货币是在商品与劳务的支付或债务的偿还中普遍被大家接受的东西。

货币起源于商品，是商品生产和商品交换发展到一定历史阶段的产物。货币产生的内在原因是商品的内在矛盾运动即价值与使用价值、具体劳动与抽象劳动、私人劳动和社会劳动矛盾运动的结果。

货币从商品交换中产生，商品交换要遵循等价交换的原则，为此就必须衡量商品的价值。通常是用一种商品的价值来表现另一种商品的价值，这就是价值表现形式。货币就是价值形式演变的结果，先后经历了四个阶段：简单的偶然的价值形式、总和的扩大的价值形式、一般的价值形式、货币价值形式。

货币价值形式是指一般等价物固定地由某一种特殊商品（黄金）来充当，并取得了社会独占权。也即一般等价物的地位由黄金垄断之后，才完成了货币的发展过程。“金银天然不是货币，但货币天然是金银”。

自从货币产生以后，整个商品世界就被固定地划分为两极：一端是商品，与之对立的另一端是货币，商品内部的使用价值和价值的矛盾就转化并扩大为商品和货币的外部对立。货币作为商品交换的媒介，使物物的交换，转化为以货币为媒介的交换体系——商品流通。

随着商品货币经济的发展，货币也经历了实物货币、金属货币、纸质货币、电子货币等形式。现代社会根据货币的流动性及主要职能的差异，给出不同层次的经验统计上的货币范畴，以便有针对性地解决不同层次的货币对宏观经济的影响，使货币管理当局更好地控制货币供给，提高货币政策的效果。

讨论一下：货币形式不断演变的原因是什么？

要全面理解货币的含义，还应注意货币与通货、财富、收入等的区别。通货是指流通中的纸币和辅币，只是货币的一部分。把货币定义为通货是缩小了其概念的外延，若把货币理解为财富，又过于扩大了货币的外延。货币仅仅是财富的一种表现和存在形式，财富的其他表现形式还有产权、债权和以自然形态存在的实物形式如债券、股票、艺术品、土地、汽车、房屋等。显然，财富比货币包含更广泛的内容。收入是某一单位时间内收益的流量，而货币则是一个存量，即某一时点上的一个确定的金额。

二、货币职能

货币职能是货币作为商品的一般等价物所固有的功能。

（一）价值尺度

价值尺度是货币表现和衡量商品价值量大小的职能。这是货币首要的、最基本的职能。货币在执行价值尺度职能时必须具备两点：一是货币本身必须有价值，就像尺子能衡量长度、天平能称重量一样；二是货币执行价值尺度职能只是观念上想象的货币，并不需要现实的货币。

货币执行价值尺度的职能是通过把商品的价值表现为价格来实现的。价格是商品价值的货币表现，价值是价格的基础，价值是内在的，价格是外化的。

为了便于比较各种商品的价格，必须以法律的形式规定一定的货币金属量作为货币单位。这种包含一定金属量的货币单位称为“价格标准”。如我国用银做货币时，货币价格标准为“两”。

（二）流通手段

流通手段是货币在商品交换过程中充当交换媒介的职能。作为执行流通手段职能时货币的特征有：一是必须是现实的货币，而不能像在执行价值尺度职能时是观念上的货币；二是作为流通手段职能的货币可以由各种货币形式来充当，可以是足值的，也可以是价值符号。因为这时货币本身并不是人们所需要的，人们关心的只是它的购买力，即能否买到等值的商品。

由于货币的流通手段职能，使得直接的物物交换转化为以货币为媒介的商品交换。商品流通分为卖出和买进两个独立的行为，造成了商品买卖在时间空间上的分离。一旦一些生产者出卖自己的商品后不立即购买，就会影响另一些生产者的产品顺利出售，如此连锁式的推延下去，就会造成买卖的严重脱节，一些商品的价值可能不会实现，有引起危机的可能性。

（三）贮藏手段

贮藏手段是指货币暂时退出流通领域被人们当作独立的价值形式和社会财富的一般代表而保存的职能。货币执行贮藏手段职能时有两个特征：一是作为贮藏的货币必须是有十足价值的贵金属，不能是不足值的货币或货币符号，因为人们贮藏货币的目的是为了保值；二是作为贮藏的货币必须是现实的货币，而不能是观念上的虚幻货币。

货币执行贮藏手段职能时，具有自发调节货币流通的特殊作用。就像一个蓄水池，当流通领域中所需货币量减少时，有一部分货币就会主动退出流通领域，被人们作为财富贮藏起来，反之，货币主动流出，进入流通领域。当然，这一自发调节货币流通量的特殊作用，只有在足值金属货币流通条件下才能形成。

（四）支付手段

支付手段是指货币作为价值的独立形态进行单方面转移的职能。与货币执行流通手段职能的区别在于商品和货币没有在同时同地作相向运动，而是商品的让渡同货币的支付在时间上已经分离。这主要源于随着商品交换的发展，商品赊销的出现。最初，这种延期支付是商品性支付，其后作用超出商品流通领域，也可以是非商品性支付。如货币用于清偿债务、支付工资、交付房租、水电费、税金等。

货币发挥支付手段职能，是一切信用关系得以顺利建立的基础，但另一方面由于相互赊账买卖会形成复杂的债权债务链，一旦某个生产者不能按期偿还借款，则链条中断，严重时会引起支付危机和信用危机，商品经济内在矛盾也会进一步发展。

（五）世界货币

世界货币是指货币在世界市场发挥一般等价物的职能。要注意的是世界货币并不是货币的一种独立职能，而是货币基本职能在世界范围的延伸。货币在执行世界货币职能时，必须摆脱国家的烙印。当然由于新的国际货币体系的建立，有一些国家的信用货币在一定条件下代替贵金属跨越国界发挥世界货币职能，成为世界普遍接受的硬通货，如美元、欧元等。

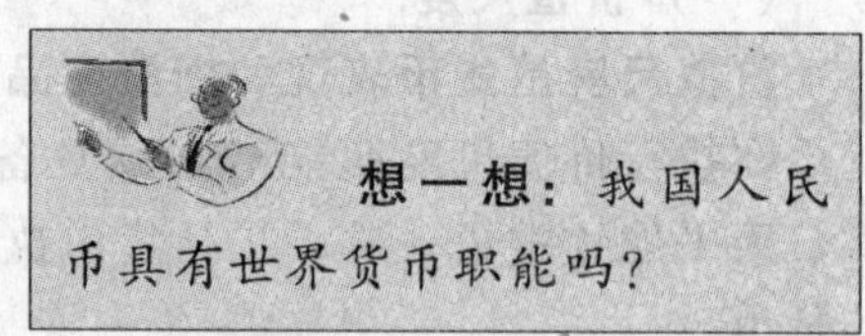

世界货币的作用概括起来有三个方面：一是作为国际间支付手段，用以平衡国际收支差额；二是作为国际间的购买手段，购买外国商品；三是作为社会财富的转移手段，如对外援助，战争赔款等。

三、货币制度

（一）货币制度及其构成

货币制度是一个国家以法律形式确定的该国货币流通的结构体系与组织形式。货币制度属于国家主权范畴，并具有内在的科学性。

货币制度一般由四个要素构成：货币材料、货币单位、货币的铸造和发行及流通程序、准备金制度。

1. 规定货币材料。指国家确定何种金属作为本位币的材料。货币金属是整个货币制度的基础，不同的货币材料，就构成不同的货币本位制度。如用银作为本位币材，就是银本位制；用金作为本位币材，就是金本位制；用黄金和白银同时作为本位币材是金银复本位制。当然，用哪种材料作本位币的币材，是由各国生产力发展水平和经济条件所决定的。

目前世界各国都已实行不兑现的信用货币制度，因此，各国货币制度也不再对币材作出具体规定。

2. 规定货币单位。指国家确定货币单位的名称及其单位货币所包含的货币金属重量（价格标准）。如美国曾以黄金作为货币材料，货币单位名称为美元，美元的含金量为0.736662克；我国1914年的《国币条例》规定货币单位为“圆”，每圆含纯银6钱4分8厘。

目前世界范围流通的都是信用货币，货币单位价值的确定，主要表现为确定或维持本国货币与他国货币或世界主要货币的比价，即汇率。

3. 规定本位币和辅币的铸造、发行和流通。本位币又称主币，是一个国家规定价格标准的铸币，是该国的基本通货。在金属货币流通条件下，本位币为足值货币（名义价值与实际价值一致），可以自由铸造（公民有权请求政府代铸主币），自发地调节货币流通；本位币有法定的重量和成色，并规定有磨损公差；本位币具有无限法偿能力，即法律赋予它无限法定支付能力，任何人不得拒受。

辅币是本位币以下的小额货币，供日常交易与找零之用。通常用贱金属铸造，不是足值货币，不得自由铸造，具有有限法偿能力。

4. 准备金制度。主要是建立金准备制度，或称黄金储备。世界上大多数国家黄金储备都集中于中央银行或国库，它是一国货币流通稳定的基础。它的用途有三种：一是作为国际支付的准备金；二是作为调控国内金属货币流通的准备金；三是作为国内支付存款和兑换银行券的准备金。

在当前信用货币流通条件下，纸币不再兑换黄金，但黄金作为国际支付的准备金这一作用仍继续存在，各国也都储备一定量的黄金，建立了外汇储备制度。

（二）货币制度的演变

货币制度自产生以来，其存在形态经历了银本位制、金银复本位制、金本位制和不兑现的信用货币制度四大形式。

1. 银本位制。**银本位制是以白银为本位币的货币制度**。从货币发展的历史看，银本位制是产生最早、实施时间最长的一种货币制度。银币为无限法偿货币，可以自由铸造、自由输出入。这种货币制度满足了当时商品经济并不发达的需要，但随着资本主义经济的发展，大宗商品交易不断增加，银单位币的缺点便显露出来（白银价值不稳定）。到20世纪初，除了中国、印度等少数经济落后的国家仍实行银本位制外，主要资本主义国家都已放弃了这种货币制度。

2. 金、银复本位制。**金银复本位制是金和银同为一国本位货币的制度**。金银这两种铸币均可以自由铸造，自由输出入，具有无限法偿能力。金银复本位制于 16～18 世纪流行于西欧各国。金银复本位制有三种类型：

一是平行本位制，即金银按照它们内在的实际价值流通，国家对两种货币的交换比率不加规定，两者兑换比率随金、银市场价格的变动而变动。

二是双本位制，即国家通过法律规定金、银比例，金、银按照它们的法定比价流通，不受金银市场比价波动的影响。

三是跛行本位制，即金银均为本位币，但银币不能自由铸造，且只能在限额内支付，而金币则可以自由铸造，金币和银币按法定比例流通，金币取得主币地位，银币则成为辅币。它是复本位制向金本位制过渡的形式。

但应当注意的是，金银复本位制存在较大的缺陷。当两种实际内在价值不同而面额价值相同的通货同时流通时，实际价值高于名义价值的货币（良币）就被熔化，退出流通领域，而实际价值低于名义价值的货币（劣币）则会充斥市场，这就是“劣币驱逐良币”规律，又称格雷欣法则。

金银复本位货币制度是一种不稳定的货币制度。1816 年英国颁布法令，首先过渡到了金本位。19 世纪末，主要资本主义国家相继都实行了金本位制。

3. 金本位制。**金本位制是以黄金作为本位货币的制度**。有三种类型：

一是金币本位制，这是典型的金本位制，金币可以自由铸造，自由熔化，具有无限法偿能力，黄金可以自由输出入（流通中的银行券也可以自由兑换成黄金），保证了黄金在货币制度中的主导地位，克服了金银复本位制下金银交替地执行价值尺度职能的混乱现象，这是一种较为稳定的货币制度。但随着资本主义经济的发展，金币本位制的基础不断削弱，到 20 世纪 30 年代中期，金币本位制寿终正寝，代之而来的是金块本位制和金汇兑本位制。

二是金块本位制，又称生金本位制。指国内不铸造也不流通金币，而是由中央银行发行以金块为准备的银行券或纸币。银行券或纸币不能自由兑换黄金或金币，只能按一定条件向发行银行兑换金块，1925 年英国率先实行金块本位制。

三是金汇兑本位制，又称虚金本位制。指国家仍规定黄金为本位币，但国家并不铸造和使用，只发行具有含金量的银行券，并且银行券在国内不能兑换黄金，只能兑换成外汇，然后用外汇才能兑换黄金的货币制度。实行这种制度的国家必须把外汇和黄金存于国外作为外汇基金，然后以固定价买卖外汇以稳定币值和汇价。金汇兑本位制实质是一种附庸的货币制度，一般为殖民地和附属国采用。第一次世界大战前，殖民地如印度、菲律宾等国家实行这种制度，第一次世界大战后，法国、意大利、中国等实行这种制度。

无论是金块本位制还是金汇兑本位制，都是很不稳定的货币制度。随着 1929—1933 年世界经济危机的爆发，资本主义国家相继放弃了金本位制，先后实行了不兑现的信用货币制度。

4. 不兑现的信用货币制度。**不兑现的信用货币制度是以纸币为本位币，纸币不能兑换黄金的货币制度**。它是货币制度发展的高级阶段。这种货币制度仍然使用金属本位币的单位名称，确定由中央银行发行的不兑现的银行券为法偿货币，不再规定含金量，不再兑换黄金，也不需要金银和外汇作为发行担保，它只是一个价值符号，由国家通过法律规定强制其流通。当然流通中的货币都是通过信用程序投入流通的。它的发行依据是本国经济发展的客观需要，以求保持货币流通的稳定。流通中的信用货币包括银行券和银行存款。

信用货币制度克服了金属货币制度下货币的数量受金属供给限制的缺点，使国家可以根据经济活动的客观需要来发行或回笼货币，以便灵活地调节货币供应量，进而实现对整个国家经济活动的宏观调控。然而，由于纸币发行的人为性，存在着超过经济发展需要的可能，货币政策对调节货币流通至关重要。

（三）我国的货币制度

我国的货币制度是人民币制度，我国货币制度内容基本包括以下几个方面：

1. 我国的法定货币是人民币。没有确定法定含金量，不能自由兑换黄金，是不兑现的信用货币，具有无限法偿能力。主币单位为“元”，辅币名称为“角”和“分”，元以下采用十进制。

2. 人民币是我国唯一的合法通货。国家规定了人民币限额出入国境的制度；金银和外汇不得在国内商品市场计价、流通、结算和私自买卖；严禁伪造、变造人民币，任何单位和个人不得印刷、发售代币票券，以代替人民币在市场上流通。

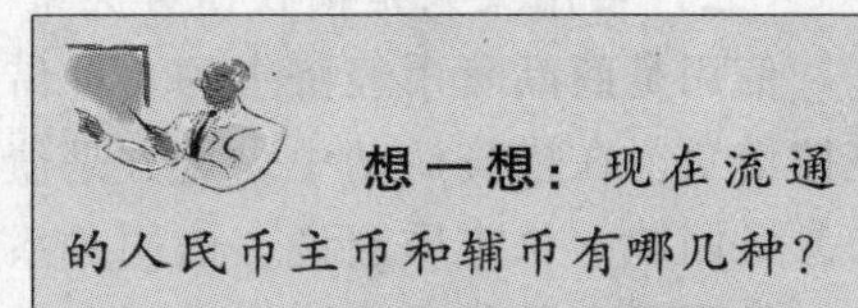

3. 人民币的发行权属于国家。一是国家授权中国人民银行具体掌管货币发行，货币发行权集中于中国人民银行，中国人民银行是我国的唯一货币发行机关，垄断货币发行权并集中管理货币发行基金；二是坚持经济发行原则，就是依据经济发展对货币的客观需要而发行货币。

4. 人民币的发行保证。是国家拥有的商品物资、信用保证（如政府债券）、黄金、外汇储备等作为发行保证。

5. 我国金银和外汇储备由中国人民银行集中掌握，主要作为国际支付的准备金。1994年建立了以市场利率为基础的有管理的人民币浮动汇率制度，以后逐步实现了人民币经常项目下的可兑换。

第三节　信　用

一、信用概念

信用一词源于拉丁文 Credo，意思为信任、相信、信誉、遵守诺言等。我们在日常生活中用到的“信用”这词更多地是从道德规范角度来说，如某人讲不讲信用、遵不遵守诺言等。作为经济学上的术语，它是原词义的转化与延伸，**信用是指一种借贷行为，是以偿还和付息为条件的价值单方面的让渡。**它既区别于一般商品交换的价值运动形式，又区别于财政分配等其他价值运动形式。

（一）信用是一种特殊的借贷行为

这个特殊性表现为贷者把一定数量的货币或商品贷放给借者，借者在一定时期内使用这些货币和商品，到期必须偿还，并按规定支付一定利息，所以偿还和付息成为信用最基本的特征，即信用是有偿的分配行为。

（二）信用是一种特殊的价值运动形式

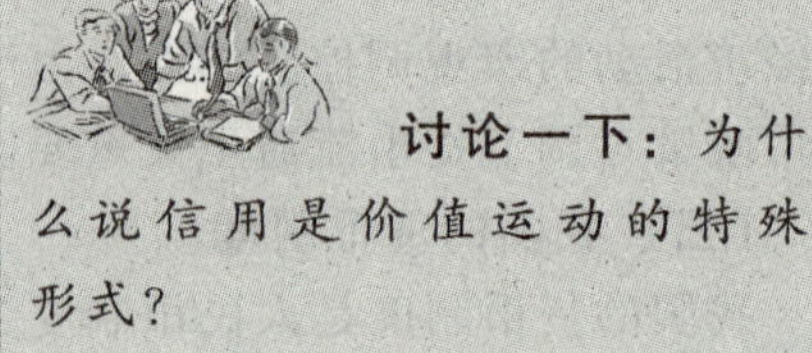

讨论一下：为什么说信用是价值运动的特殊形式？

一般商品交换是等价交换，商品的所有权通过交换发生转移，买卖双方都保留价值，货币在其中执行流通手段职能。而在信用活动中一定数量的商品或货币从贷者手中转移到借者手中，并没有同等价值的相反运动，只是商品或货币的使用权让渡，而所有权没有改变，货币在其中执行支付手段职能。因此，信用是价值单方面的转移，是价值运动的特殊形式。

（三）信用关系是债权债务关系

信用是商品货币经济中的一种借贷行为，无论是以赊销形式进行的商品借贷或是货币的直接借贷，在借贷活动中，贷方是债权人，借方是债务人，借贷双方具有各自对应的权利和义务，因此，从本质上说，信用关系就是债权债务关系，信用行为就是放债和承债行为。

信用是商品货币经济发展到一定阶段的产物，与货币支付手段职能的发展紧密相连。商品交换的原始形式是物物交换，商品的使用价值和价值的矛盾还未外化。货币产生之后，商品交换变为以货币为媒介的商品流通，商品内在价值与使用价值的矛盾外化为货币和商品的矛盾，且商品与货币同时进行相反运动，货币发挥流通手段职能，无信用关系存在。随着商品货币经济的发展，商品流通过程中产生了一些矛盾，如有钱无货或有货无钱。为了使社会再生产能继续进行下去，就需要一个变通的方法，在商品销售上不能再坚持现金交易，于是出现了以赊销、预付货款为特征的商品流通的延伸方式，商品的让渡和它的价值实现在时间和空间上发生了分离，货币发挥支付手段职能，这样，买卖双方除了商品交换关系之外，又形成了一种债权债务关系，于是产生了信用。

信用产生于商品流通，但并非局限于商品流通。在商品货币经济中，各经济行为主体在日常频繁的货币收支过程中，盈余者和短缺者同时存在，说明在一定时点上货币分布不平衡，客观上需要相互调剂来消除这种矛盾，使盈余者和短缺者各得其所。但由于各经济主体独立经济利益的存在，资金调剂必须采用信用形式，即贷者贷出货币资金，借者按期归还本金和利息，货币成为契约上的一般商品，这就使信用关系超出了直接的商品流通范围，得到了普遍的发展。

二、信用的职能

信用既是一个流通范畴，也是一个分配范畴，从本质上说信用在社会再生产诸环节中属于分配环节。因此，信用是现代社会经济不可缺少的重要基础。

（一）再分配资金，促进资本的积累和集中

信用能将社会各方面的闲置资金汇集起来，形成一股巨大的资金力量，有力地促进资本的积累和集中。然后通过贷款等方式投向需要资金的方面，使广大的工商企业得到生产经营所需的资金，更主要的是使大量原本处于相对静止状态的资金运动起来，加速整个社会资金周转。没有信用活动，任何经营者只能用其自身有限的资金来经营其事业，显然是不利于生产经营规模扩大的。

（二）创造信用流通工具，促进商品周转的加速和流通费用的节约

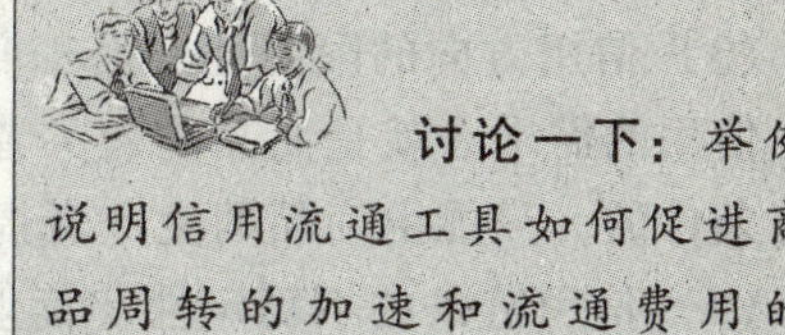

讨论一下：举例说明信用流通工具如何促进商品周转的加速和流通费用的节约。

在现代信用制度下，商品可以赊购赊销，加快了商品的实现过程，缩短了流通时间；建立在银行信用基础上的各种票据的使用，转账结算代替了现金流通，既便利了商品流通，也节省了大量费用。当然，创造信用流通工具是信用在再分配职能基础上产生和发展起来的一种职能，是信用的派生职能。

（三）调节货币流通，促进社会经济生活协调发展

作为最重要信用形式的银行信用，与货币流通有着不可分割的内在联系。流通中的货币是由银行信用方式提供的，如果银行信用扩张，流通中的货币供应量就增加；银行信用收缩，流通中货币量就减少。银行信用是货币流通的调节器。而在当代市场经济中，货币流通贯穿于社会经济生活的全部过程，因而信用对货币流通的调节也就是信用对社会经济生活的调节。

三、信用的形式

信用作为一种借贷行为，要通过一定的形式表现出来。现代信用形式繁多，按信用的不同参与者划分，信用形式有直接信用和间接信用。**直接信用是指资金盈余单位通过签署借款协议或债务证书的方法直接向资金短缺单位提供的信用；间接信用是通过银行等金融机构进行的融资活动**。按信用主体的不同划分，有商业信用、银行信用、国家信用、消费信用、民间信用、国际信用等形式。在市场经济条件下，银行信用属于间接信用，而消费信用、国际信用既属于直接信用，又属于间接信用，商业信用、民间信用、国家信用则属于直接信用形式。下面我们按信用主体的不同，来介绍现代经济活动中的信用形式。

（一）商业信用

商业信用是指商品生产者之间互相提供的、与商品交易直接联系的信用。企业间互相赊购赊销、预付货款、分期付款等是它的主要做法。商业信用的特点为：

1. 商业信用的主体是企业。商业信用是企业之间相互直接提供的信用，无需通过中间环节，债权人和债务人都是企业。

2. 商业信用的客体是商品资本。商业信用的对象是处在产业资本循环过程最后一个阶段待转化为货币形态的商品资本，它是产业资本的一部分，而不是暂时闲置的货币资本。对贷者来说，提供商业信用的过程，就是它的商品资本转化为货币资本的过程，但要到一定时间后，借者才会归还。

3. 商业信用的动态和经济周期的变化相一致。由于企业以商业信用形式购入的商品，主要用于再生产过程。繁荣时期，生产扩大，商品增多，对商业信用的需求也增多；反之，萧条时期，生产削减，经济萎缩，对商业信用的需求减少。

当然商业信用对商品经济发展所起的作用是明显的，它减少了中间环节，有利于加速资金周转和提高经济效益；加强了企业之间的互相联系，有利于企业之间相互监督；增加了资金来源和商品销售渠道，有利于企业生产和商品流通的发展。但商业信用也存在一定的局限性。

（1）信用主体的局限性。商业信用的主体是独立的商品生产经营者，信用关系的发生必须建立在相互了解的基础上，所以，融资活动受信用主体的信任程度限制。

（2）信用规模的约束性。商业信用的规模受企业资本量的限制，只限于企业现有的生产能力，且是企业暂时不能投入生产过程的那部分资本量，而不是其全部资本额。

（3）信用方向的限制性。由于商业信用的客体是商品资本，商品具有特定的使用价值，商业信用的需求者就是商品的购买者，就此决定了商业信用的方向性。或者商业信用的提供是有条件的，只能由商品的生产者提供给商品的需求者，而不能相反。

（4）信用链条的不稳定性。商业信用是在众多企业之间自发发生的，可以说，有多少工商企业就可能有多少个信用关系。由此，形成一条错综复杂的债务链，某一债务链条中断，整个债务体系将面临危机。

（二）银行信用

银行信用是指银行等金融机构以货币形态通过存款、贷款等业务活动向资金需求者提供的信用。它较好地克服了商业信用的局限性，成为现代信用经济的主体。银行信用的特点有：

1. 银行信用的债务人主要是企业。银行信用的债务人是企业等社会组织，债权人是银行等金融机构，而不是像商业信用那样借贷双方都是企业。

2. 银行信用的客体是货币资本。这一特点克服了商业信用的局限性，表现在两个方面：一是银行可以广泛动员社会闲置资金，不受个别企业拥有的资金数量的限制，形成巨额借贷资本，克服了商业信用在借贷数量上的局限性；二是银行信用不受商品使用价值的限制，能向任何社会公众提供银行信用，克服了商业信用在提供方向上的局限性。

3. 银行信用与产业资本的动态不完全一致。银行信用所利用的资金是生产过程中暂时闲置的资金，是一种独立的借贷资本，与产业资本相对立。因此，银行信用的动态与产业资本的动态往往不一致。

银行信用的以上几个特点，克服了商业信用的局限性，扩充了信用的范围、数量和期限，因而成为世界各国广泛采用的居于主导地位的信用形式。

（三）国家信用

国家信用是指以政府为主体的借贷活动。政府既可以作为债务人举债，又可以作为债权人放债。其典型形式是政府发行公债，用以筹措财政资金。

国家信用与商业信用及银行信用不同，它与生产和流通过程没有直接关系。用这种信用筹集的资金，由政府统一掌握和使用，在经济生活中是不可忽视的重要因素，发挥着特殊的作用。如调节财政收支的不平衡、调节货币流通等。

例如，我国曾在20世纪50年代发行过六次公债，于1968年年底彻底还清，其后一段时间停止发行，直到1981年为适应经济建设需要又开始恢复发行，而且发行规模有所扩大。国家信用是市场经济条件下的一种重要信用形式。

（四）消费信用

消费信用是指企业或金融机构对消费者提供的用以满足其消费需求的信用形式。主要是为消费者购买耐用消费品如汽车、住房等服务。

消费信用有两种基本方式：一种类似于商业信用，由企业以赊销或分期付款方式将消费品提供给消费者，在货款付清之前，消费品的所有权仍属于卖方。另一种属于银行信用，由银行等金融机构直接以货币形式向消费者提供的用以购买住房等耐用消费品的贷款。

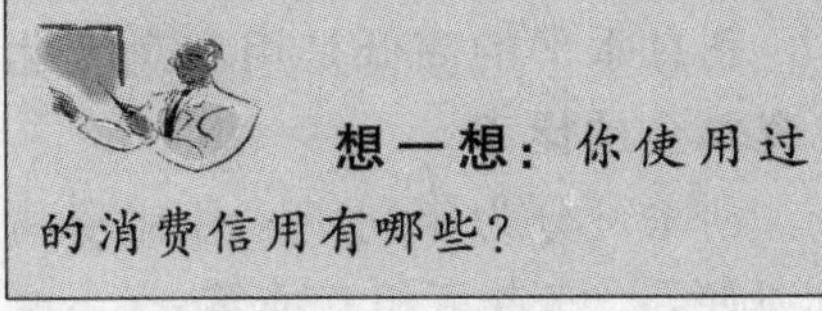

想一想：你使用过的消费信用有哪些？

消费信用能在一定程度上缓和消费者有限的购买力与生活需要之间的矛盾，更好地改善人民生活和促进商品的生产和销售，但过量地发展也会导致信用膨胀，要注意消费信用的合理发展。

（五）民间信用

民间信用是指由居民个人之间相互以货币或实物形式所提供的信用。民间信用在我国一直存在，其目的主要是为了解决居民生活和生产的困难。改革开放之后，尤其近几年，民营经济迅猛发展，资金使用方向发生了重大变化，民间信用成为民营企业家们筹措生产经营资金的重要补充形式。但由于民间信用是居民之间互相发生的，政府必须正确地引导和管理。

（六）国际信用

国际信用是国际间的借贷行为。包括国际商业信用、国际银行信用和政府间信用。它是由国际贸易发展起来的一种信用形式，但其本质却是资本输出。

国际商业信用是由出口商用商品形式提供的信用，包括来料加工和补偿贸易。国际银行信用是以贷款形式提供的信用，包括出口信贷和进口信贷两种方式。政府间信用是由政府财政部门出面借款的形式，一般用于非生产性支出，其特点为金额不大、利率较低、期限较长。

以上信用形式既相互独立又相互制约，从而构成一个完整的信用体系。

小知识

消费信用的形式

1. 分期付款。这是最常见的消费信用方式，多用于购买耐用消费品，如汽车、房屋、家具等。

2. 信用卡。是由发卡机构和零售商联合起来，对消费者提供的一种延期付款的消费信用。消费者凭卡可在约定单位购买商品和支付劳务，定期与银行结账，信用卡还可以在规定的额度内透支。

3. 消费贷款。一般属于中长期信用，按直接接受贷款的对象划分，可分为买方信贷和卖方信贷。

第四节 利 率

一、利率的分类

（一）利息与利率

利息是债权人因贷出资金的使用权而从债务人手中取得的报酬，即借贷资金的价格

或增值额。在借贷资金市场，由借贷双方力量共同作用会形成借贷资金的“市场价格”。

利息水平的高低是用利息率也即利率来表示，**利率是借贷期限内形成的利息额与借贷资本金的比率**。

利率可分为年利率、月利率和日利率，分别用“%”、“‰”和“‱”表示，统称之为“厘”。三者可相互换算：

年利率＝12×月利率＝365×日利率。

利息的计算有两种基本方法：单利法和复利法。

单利是在计算利息时，不论借贷期限的长短，仅按本金计算利息，所生利息不再计算下期利息。公式为：

$I = P \cdot r \cdot n$

$S = P + P \cdot n \cdot r = P(1 + r \cdot n)$

式中I为利息额，P为本金，r为利率，n为期限，S为本利和。

例如，王宁向银行存入储蓄存款1000元，定期三年，月利率为6‰，按单利计算的利息和本利为：

$I = 1000 \times 3 \times 12 \times 6‰ = 216$（元）

$S = 1000 \times (1 + 3 \times 12 \times 6‰) = 1216$（元）

复利是按一定期限，将所生利息加入本金逐期滚算，重复计息。公式为：

$S = P(1 + r)^n$

$I = S - P$

例如，银行发放一笔金额为3万元，期限为三年，年利率为10%的贷款，规定半年复利一次，三年到期后，其本利和、利息各为：

$S = 30000 \times (1 + 5\%)^6 = 40203$（元）

$I = 40203 - 30000 = 10203$（元）

（二）利率的分类

利率按不同的标准可划分为各种不同的类别，各种不同的利率构成一个利率体系。在发达的商品经济社会，利率呈多样化，各种利率之间存在着密切的联系。

1. 按在利率体系中的地位和作用来分，利率可分为基准利率和非基准利率。**基准利率又称中心利率，是带动或影响其他利率的利率**。一般由中央银行决定，它的变动可预示利率体系的变动趋势，有所谓的告示性效应。

非基准利率是指基准利率以外的所有其他利率。它在利率体系中不处于关键地位不起决定性作用。

2. 按确定利率的主体来分，利率可分为市场利率、官定利率、公定利率。**市场利率是由货币资金的供求关系所决定的利率**。当货币资金供大于求时，市场利率下跌，反之则上升，它被认为是借贷资金供求变化的指示器。

官定利率是由一国政府金融管理部门或中央银行确定的利率。官定利率水平的高低不再是完全由借贷资金的供求状况决定，而是由宏观经济运行状况而定。当然，市场利率和官定利率会相互影响、相互制约。

公定利率是由非政府部门的金融行业自律组织确定的利率。通常由银行公会确定各会员银行需执行的利率，它只对会员银行有约束作用，对非会员银行则无约束作用。

我国利率市场化自从1996年正式启动以来，已取得重大进展，但尚未完全实现市场化。金融机构的存贷款利率还没有完全由市场决定，城乡信用社的贷款利率仍实行上限管理等。因此，目前我国的利率调控体系带有明显的过渡特征。

> **想一想：**当前我国人民币活期储蓄存款利率是多少？

3. 按借贷期内利率是否调整，利率可分为固定利率和浮动利率。**固定利率是在信贷期限内保持不变的利率。**这种计息方式简便易行，但只适用于经济稳定期或利率管制的国家。

浮动利率指在信贷期限内根据市场利率的变化定期调整的利率。这种计息方式手续繁杂，计算依据多样，一般根据借贷协议，每半年根据市场利率变化情况调整一次，适用于中长期借贷。

我国人民币借贷在1988年之前一直采用固定利率。1988年下半年对中长期储蓄存款实行保值储蓄是浮动利率的开始，1996年正式启动利率市场化改革。此后，中国人民银行多次扩大金融机构贷款利率浮动区间，尤其是2004年10月29日，允许人民币存款利率下浮的规定，意味着由市场供求关系决定的利率机制逐渐形成。此外，资金来源于国际金融市场的中国银行发放的现汇贷款，一直采取浮动利率的计息方法。

此外，按是否有优惠，利率可分为一般利率和优惠利率；按融资期限的不同期限，可分为长期利率、短期利率；按融资主体的不同还可分为贷款利率和借款利率等。

二、利率的决定

（一）平均利润率

马克思认为：利息是借贷资本家从职能资本家那里分割到的剩余价值的一部分，剩余价值表现为利润，因此，利息只是利润的一部分。而且利息率高低首先由利润率高低决定，但决定利息率高低的利润率是一定时期内一国的平均利润率，而不是单个企业的利润率。主要缘于用于借贷的资本是在全社会流动，通过竞争作用，使得等量资本在相同的时间内获得等量的利润。

利率与平均利润率是同方向运动，即利率随着平均利润率的提高而提高、随着平均利润率的降低而降低，它的波动区间为：零 < 利率 < 平均利润率。利率的上限必须低于平均利润率，否则职能资本家借款经营无利可图；利率的下限必须大于零，否则货币资本家也将无利可图，就不会贷出资本，因而利率的变化是在平均利润率和零之间波动。

> **讨论一下：**为什么说中央银行货币政策对短期利率的影响大于对长期利率的影响？

（二）借贷市场中资金供求状况

在某一具体时期的具体市场中，在利润率一定的情况下，利息率则需受借贷资本市场上借贷资本的供求状况制约。由于借贷资本的商品性，当借贷资本供给大于需求时，利率就会下降，反之，利率则会上升。

（三）中央银行的货币政策

中央银行通过运用货币政策工具（如：再贴现利率）改变货币供给量，从而影响可贷资金的数量。若想刺激经济发展，则实行扩张的货币政策，增加货币投入量，利率下降；若要限制经济过度膨胀，则实行紧缩性货币政策，减少货币供给，利率则上升。要注意，央行的货币政策对短期利率的影响作用大于对长期利率的影响。

（四）物价水平

物价水平是制定利率必须考虑的一个因素。只要纸币流通，通货膨胀的可能性就存在。通货膨胀实质是一个分配范畴，对债权人和债务人有着不同的影响。对债权人来说，通货膨胀是一种“无形税收”，对债务人则是一种“补贴”。所以，当物价上涨时，应适当提高名义利率，不至于使实际利率太低或为负数；反之，物价下跌时，则可以适当降低名义利率。

（五）国际利率水平

在世界经济逐渐一体化的当代，国际金融市场利率和其他国家的利率水平对本国利率水平具有很强的示范效应。一般来讲，国际金融市场上利率的下降会降低国内利率水平或抑制国内利率上升的程度，反之，则不然。我国 1994 年实行汇率并轨，最近几年，加快了外汇制度改革步伐，国际金融市场利率的变动必然对我国利率有连动作用。

三、利率市场化

讨论一下：银行存款基准利率上调对我们生活有什么影响？

利率市场化是指国家控制基准利率，其他利率基本放开，由市场决定，即由资金供求关系来确定利率。它不仅包括利率决定、利率传导、利率结构和利率管理的市场化，而且要最终形成以中央银行基准利率为引导，各种利率保持合理的利差和分层有效传导的利率体系。利率市场化是我国建设社会主义市场经济体制、优化资源配置的需要，是顺利实施货币政策目标的内在要求，是我国金融间接调控的关键，是完善金融机构自主经营机制、提高竞争力的必要条件。

我国的利率市场化按照党中央、国务院的部署，结合利率改革的实践及世界各国的经验，稳步推进的基本思路是：先放开货币市场和债券市场的利率，再逐步推进存、贷款利率的市场化。存、贷款利率市场化按照“先外币、后本币，先贷款、后存款；先长期、大额，后短期、小额”的顺序进行。

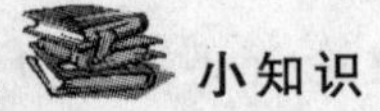

小知识

SHIBOR

2007 年 1 月 4 日，SHIBOR 开始正式运行。全称是“上海银行间同业拆借利率”（Shanghai Interbank Offered Rate，SHIBOR），是中国人民银行希望培养的基准利率体系。业内人士称，如果 SHIBOR 运作成熟，将有望成为一切资产的定价标准，例如金融衍生品、债券等的定价，更有可能成为利率市场化的突破口，也可以说是中国基准利率的雏形。

SHIBOR 每天的报价工作，由包括 4 家国有商业银行、6 家中资股份制商业银行、3 家城市商业银行和 3 家外资银行组成的报价团完成，每个交易日根据各报价行的报价，剔除最高、最低各2家报价，对其余报价进行算术平均计算后，得出每一期限品种的Shibor，并于11：30对外发布。报价内容包括了1天、7天、14天、21天以及1个月~12个月16种利率。

基准利率是金融市场上具有普遍参照作用的利率，其他利率水平或金融资产价格均可根据这一基准利率水平来确定。基准利率是利率市场化的重要前提之一，在利率市场化条件下，融资者衡量融资成本，投资者计算投资收益，客观上都要求有一个普遍公认的基准利率水平作参考。所以，基准利率是利率市场化机制形成的核心。

全球最著名的基准利率有伦敦同业拆借利率（LIBOR）和美国联邦基准利率，两国的存贷款利率均是根据此利率自行确定的。

【重要概念】

金融　信用　货币制度　格雷欣法则　商业信用　银行信用　国家信用　消费信用　国际信用　利率　基准利率　市场利率

【思考与实训】

1. 列举哪些行为是违反《中华人民共和国人民币管理条例》的。
2. 列举你所接触的信用形式。
3. 查看当日的人民币活期储蓄存款利率，并结合经济形势进行分析。
4. 根据资料和调查，思考我国金融体系如何有效促进经济健康发展？

【分析与讨论】

依据最近中国人民银行存款准备金率的调整情况，结合国内国际经济运行情况，分析与讨论调整的理由和成效。

第七章

金融机构

学习要点

- 我国金融机构体系的组成
- 中央银行的性质和职能
- 商业银行的主要业务
- 我国的金融监管机构

第一节　金融机构体系

一、金融机构及其分类

金融机构是指专门从事货币资金融通活动的经济组织。它为社会经济发展和再生产的顺利进行提供金融服务，是一国国民经济体系的重要组成部分。

金融机构体系是指由各种金融机构组成的组织体系。尽管各国金融机构体系的构成各有特点，但是银行是各国金融机构体系的主体。按现行的金融运行机制与金融管理体制，我国的金融机构体系由银行金融机构、非银行金融机构和在境内开办的外资、合资金融机构等部分组成。金融机构是随着商品经济和信用制度的发展而产生、发展起来的，在现代经济中，金融机构种类繁多，常见的分类有以下几种：

第一，按照金融机构是否经营存款业务，可分为银行和非银行机构。银行主要经营存款、贷款、汇兑、结算等业务，充当信用中介和支付中介，在现代金融体系中居核心地位，包括中央银行、商业银行、专业银行和政策性银行等。非银行金融机构也称为其他金融机构，主要指经营证券承销与经纪、各类保险、信托投资以及融资租赁等金融业务的金融机构，如证券公司、保险公司、信托公司和金融租赁公司等。

第二，按照金融机构融资机制的不同，可分为直接融资机构和间接融资机构。直接融资机构是为融资双方牵线搭桥、提供联系服务的机构，其主要在直接融资中提供金融服务，包括证券交易所、证券承销商、证券经纪商等。间接融资机构是为融资双方提供场所、充当媒介的信用服务机构，其主要在间接融资中提供金融服务，包括商业银行、专业银行和信托机构、投资公司、保险公司、金融租赁公司等机构。

第三，按照资金来源的不同，可分为存款性金融机构与非存款性金融机构。存款性金融机构是指通过吸收各种存款而获得资金的金融机构，是金融市场的重要中介，主要包括储蓄机构、信用合作社和商业银行等。非存款性金融机构，以接受资金所有者根据契约规定缴纳的非存款性资金为主要来源的金融机构。非存款性金融机构主要是通过发行证券或以契约的方式聚集社会闲散资金而形成资金来源，一般包括保险公司、养老基金、证券公司等。

第四，按照金融活动的目的，可分为金融监管机构和金融运行机构。金融监管机构是承担金融宏观调控和金融监管职责、不以赢利为目的的金融机构，在我国如中国人民银行、中国银行业监督管理委员会、中国证券监督管理委员会、中国保险监督管理委员会等。金融运行机构则是以赢利为目的，通过向公众提供金融产品和金融服务而开展经营的金融机构，如商业银行、投资银行或证券公司、保险公司、信托公司等。

第五，按照金融机构设立的依据以及目的和任务的不同，可分为金融企业、金融机关、金融事业单位和金融社会团体。企业法人应当在核准登记的经营范围内从事经营。机关法人属于国家机关，依法行使行政权力。事业单位法人以发展社会公益事业为目的，社会团体法人则强调成员的自愿性和目的事业的共同性，且不得从事营利性活动。

以上各种金融机构相互补充、有机结合，构成一个完整的金融机构体系，是一个包括经营和管理金融业务的各类金融机构组成的系统。在金融机构系统中，各个金融机构相互依存、相互竞争、相互影响，共同促进金融机构体系的发展，共同为经济社会提供金融产品和服务，在经济和金融活动中发挥重要作用。

二、我国的金融机构

（一）银行金融机构

1. 中央银行。**中央银行是国家赋予其制定和执行货币政策、对国民经济进行宏观调控和管理监督的特殊的金融机构**。中国人民银行是我国的中央银行，简称央行，它是领导与管理全国金融事业的机关，是我国金融机构体系的核心。

2. 政策性银行。**政策性银行是由政府出资成立、为贯彻政府的社会经济政策而在特定领域从事金融活动的金融机构**。1994 年，我国相继组建了国家开发银行、中国进出口银行和中国农业发展银行三家政策性银行。目前，国家开发银行已经国务院批准转制为商业银行。

3. 商业银行。**商业银行是以经营工商业存款和放款为主要业务，并以获取利润为目的的金融机构**。商业银行是我国金融机构体系的主体。根据不同的组建形式，我国商业银行大致可分为以下三种类型：

一是国有商业银行。国有商业银行包括中国工商银行、中国农业银行、中国银行、中国建设银行、交通银行。目前，国有商业银行已全部改制成为国有控股商业银行。

二是股份制商业银行。是按股份制原则组建的银行。我国的股份制商业银行主要有：中信银行、光大银行、华夏银行、广东发展银行、深圳发展银行、招商银行、上海浦东发展银行、兴业银行、中国民生银行、恒丰银行、浙商银行、渤海银行等。

三是城市商业银行。最初称为城市合作银行。根据国务院决定，为了规范城市信用社的发展，增强其抵御风险的能力，从 1995 年开始，在原城市信用社的基础上，由城市企业、居民和地方财政投资入股组成地方性股份制商业银行。其任务是为城市中小企业和地区经济发展提供金融服务。

（二）非银行金融机构

1. 保险公司。**保险公司是经营保险业务、提供风险保障的金融机构**。1949 年 10 月 20 日，新中国第一家保险公司——中国人民保险公司成立，从此我国开始独立自主地经营保险业务。经过几十年的发展，我国保险市场经营主体从一枝独秀到百花齐放，目前已初步建成了多种组织形式和所有制形式并存、功能相对完善、分工比较合理、公平竞争、共同发展的保险市场体系。同时，随着金融市场的逐步开放，外国保险公司也陆续到中国开立分公司，目前世界上主要跨国保险金融集团和发达国家的保险公司都已进入我国，成为促进我国保险业发展的一支重要力量。

保险公司的主要经营活动包括财产、人身、责任、信用等方面的保险与再保险业务及其他金融业务，按照保险业务分别建立财产保险公司、人寿保险公司、再保险公司等。我国保险公司所从事保险活动的业务范围由《保险法》具体规定。

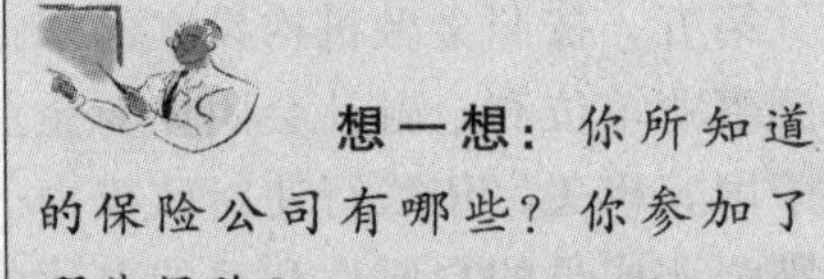

想一想：你所知道的保险公司有哪些？你参加了哪些保险？

2. 信托投资公司。**信托投资公司是一种以受托人的身份，代人理财的金融机构**。我国第一家信托投资公司是 1979 年成立的中国国际信托投资公司，其后信托投资公司逐步发展起来，包括中国光大国际信托投资公司、中国民族国际信托投资公司以及地方开办的信托投资机构等。根据我国现阶段金融机构分业经营、分业管理的原则，要求信托投资公司与银行业和证券业分业经营、分业管理，不得吸收存款、不得自营期货、不得用负债资金发放借款和进行实业投资。其主要业务是：受托经营资金信托业务、受托经营动产、不动产以及信托业务；受托经营经国家有关法规允许从事的投资基金业务；受托经营国务院有关部门批准的国债、企业债务业务；代保管业务；信用鉴定、资信调查及经济咨询业务；以自有财产为他人提供担保等。

3. 证券机构。**证券机构是从事有价证券经营和相关业务的金融机构**，主要包括证券公司、证券交易所、证券登记结算机构等。

证券公司又称证券商，是专门从事证券发行和交易的非银行金融机构。1987 年 9 月，我国第一家证券公司——深圳经济特区证券公司在深圳成立，之后在上海、北京以及全国各地陆续成立了申银万国、国泰、华夏等多家证券公司。我国证券公司的主要业务有：承销有价证券、代理证券发行业务、自营买卖业务、参与企业并购、充当企业财务顾问等。

证券交易所是会员制的、非营利性的、为证券集中和交易提供场所的事业法人。它的主要职能有：提供证券交易的场所和设施、制定业务规划、接受上市申请并安排证券上市，组织和监督证券交易，对会员和上市公司进行监督，设立证券登记结算公司，管理和公布市场信息等等。经国务院批准，我国分别于 1990 年 11 月与 1991 年 7 月成立了上海证券交易所和深圳证券交易所。

证券登记结算公司，是为证券买卖双方提供股票过户、资金清算服务的证券机构。证券交易必然同时带来股票所有权的转移和资金的流动，为了确保过户准确和资金及时、足额到账，上海、深圳两家证券交易所都附设有登记结算公司。

证券公司、证券交易所和证券登记结算公司三类不同的证券机构，在证券市场上各司其职，共同支撑证券市场的日常运作。

4. 信用合作社。**信用合作社是一种互助合作性质的金融机构，**一般由个人集资联合组成，并办理放款业务。信用合作社的资金来源主要是成员缴纳的股金和向社员吸收的存款；资金运用主要是向社员发放贷款，以满足其资金融通需求及其他金融服务需求。按照地域的不同，信用合作社一般可分为农村信用合作社和城市信用合作社。

农村信用合作社是由农民和农村集体经济组织自愿入股组成，由入股人民主管理并主要服务于入股人的具有法人资格的金融机构。我国的农村信用合作社 1997 年之前由中国农业银行管理，1997 年从农行独立出来。2005 年开始，有的地方已把农村信用合作社改制为农村商业银行，如北京、上海、深圳等地。

城市信用合作社是由个体工商户和城市集体经济组织自愿入股组成，由入股人民主管理并主要服务于入股人的具有法人资格的金融机构。它是改革开放以后适应城市集体经济和个体经济的发展需要而在大中城市中产生的。1995 年，我国开始整顿城市信用社，部分资产质量尚可的以城市区划为单位整合成了“城市商业银行”。目前全国共有 100 多家城市商业银行，对当地经济发展发挥了积极作用。

5. 邮政储蓄机构。**邮政储蓄机构是以邮政机构为依托，以居民个人为服务对象，以经办储蓄和个人汇兑等业务为主的金融机构**。邮政储蓄机构吸收的存款，除按规定留足备付金外，其余部分全部缴存中国人民银行；它不得办理与商业银行相类似的发放贷款等资产业务，不得经营国债和国家政策性金融债券。2006 年邮政体制改革后成立中国邮政储蓄银行，成为我国的主要储蓄机构之一。

6. 企业集团财务公司。**企业集团财务公司是指由企业集团内部各成员单位投资入股，为企业集团成员单位提供金融服务的金融机构**。财务公司在业务上受中国人民银行监管，在行政上隶属组建该财务公司的企业集团。它的业务范围限制在企业集团内，不得从企业集团之外吸收存款，也不得对非集团单位和个人发放贷款，不得在境内买卖或代理买卖股票、期货及其他金融衍生工具，不得投资于非自用不动产、股权、实业和非成员单位的企业债券。改革开放以来，我国陆续组建了一批企业集团，企业集团财务公司作为企业集团成员单位间资金调剂的金融股份有限公司应运而生，如中国东风汽车工业公司财务公司、中国化工进出口财务公司等。目前全国金融系统中，财务公司在整体经营状况、资产质量和风险控制等方面是最好的。

7. 金融租赁公司。**金融租赁公司是经营租赁业务的金融机构**。1981 年 2 月，中国第一家租赁公司——东方租赁有限公司成立，标志着现代租赁业在中国的崛起。目前存在三类租赁公司：一类是由银监会监管的金融租赁公司；一类是商务部监管的中外合资租赁公司；一类是内资租赁公司，归商务部监管。这些租赁公司的业务范围主要有：（1）用于生产、科研、办公、交通运输等动产、不动产的租赁、转租赁、回租租赁业务；（2）出租物残值和抵偿租金产品的处理业务；（3）向金融机构借款及其他融资业务；（4）经批准发行债券业务；（5）人民币担保业务；（6）经济咨询及代理业务等。

8. 典当行。**典当行是以收取动产或不动产作为抵押，对押当人进行融资的金融机构。**典当行不从事吸收存款与信用发放业务，也不从事结算业务；典当行不进行投资，也不进行中介活动。我国自1988年在成都成立了第一家当铺以来，典当行发展迅速。由于典当行不能吸收存款和同业拆借，资金渠道单一，为了保证正常业务和防范金融风险，1996年4月中国人民银行颁发了《典当行管理暂行办法》，规定典当行至少要有8个以上股东；实收货币股本金最低限额为500万元。

非银行金融机构还包括投资基金、资产管理公司、养老基金、消费信贷机构、金融期货公司、信用担保公司等。

第二节　中央银行

一、中央银行概述

（一）中央银行的性质

中国人民银行是我国的中央银行，处在全国金融体系的核心地位。中国人民银行是在国务院的领导下制定和实施货币政策、对金融业实施监督管理的国家机关。其性质集中体现在以下两方面：

1. 中央银行是特殊的金融机构。一是服务对象与其他银行不同，中央银行的服务对象不是工商企业、单位和居民个人，而是政府机构、商业银行和其他金融机构；二是经营目的与其他银行不同，中央银行不以盈利为目的，而是以稳定货币、发展经济为目的；三是中央银行还享有其他银行所不能享有的特权，诸如垄断货币发行权、代理国库、充当整个社会的最后贷款人等。

2. 中央银行是特殊的金融管理机关。一是中央银行管理与服务的领域与其他政府机关不同，它固定在货币、信用领域，它是制定和执行金融政策的部门，是国家控制和调节信用的机构。二是中央银行管理的手段与其他政府机关不同，它以运用利率、货币供应量等经济手段为主，而不像其他政府机关以行政手段为主。

（二）中央银行的职能

中央银行的职能是中央银行性质的具体表现，其基本职能有：

1. 中央银行是“发行的银行”。它拥有发行货币的特权，负责全国本位币的发行，并通过调控货币流通，稳定币值。从中央银行产生和发展的历史看，独占货币发行权是其最先具有的职能，也是它区别于普通商业银行的根本标志。

2. 中央银行是“国家的银行”。它代表政府管理全国的金融机构和金融活动，制定并监督执行金融监管法规，代表政府处理国际金融事务，保管国家黄金及外汇储备，还代理国家金库。此外，中央银行还代表政府参加各种国际金融组织和各种国际金融活动以及代表政府签订国际金融协定等。

3. 中央银行是“银行的银行”。这一职能最能体现中央银行的特殊金融机构性质。中央银行的主要业务内容仍是银行固有的“存、放、汇”业务，但业务对象不是一般企业和个人，而是商业银行与其他金融机构。它集中保管存款准备金，充当商业银行的最后贷款人，同时还充当全国金融机构的资金结算中心。

讨论一下：中央银行为什么不能以赢利为目的？

我国中央银行的职能，在《中国人民银行法》第一章第四条的13条职责中作了明确的规定。中国人民银行履行下列职责：(1) 发布与履行其职责有关的命令和规章；(2) 依法制定和执行货币政策；(3) 发行人民币，管理人民币流通；(4) 监督管理银行间同业拆借市场和银行间债券市场；(5) 实施外汇管理，监督管理银行间外汇市场；(6) 监督管理黄金市场；(7) 持有、管理、经营国家外汇储备、黄金储备；(8) 经理国库；(9) 维护支付、清算系统的正常运行；(10) 指导、部署金融业反洗钱工作，负责反洗钱的资金监测；(11) 负责金融业的统计、调查、分析和预测；(12) 作为国家的中央银行，从事有关的国际金融活动；(13) 国务院规定的其他职责。

二、中央银行业务

(一) 中央银行的负债业务

中央银行的负债业务，是形成中央银行各种资金来源的业务。主要包括：

1. 货币发行业务。作为货币发行的银行，中央银行享有垄断货币发行的特权，从而形成它的主要负债业务。货币是一种债务凭证，每张投入市场的纸币（又称通货）都是中央银行对持有者的负债。但社会公众对手中持有的货币，由于它可以购买任何商品或劳务，是社会财富的象征，并不认为是对中央银行握有债权。因此，中央银行的这种债务由于事实上长期无需清偿而使它成为独有的资金来源。

2. 存款业务。收存存款是中央银行的主要负债业务之一。中央银行的存款主要有金融机构的准备金存款、政府存款和非银行金融机构存款等。

(1) 金融机构存款。准备金存款是中央银行存款业务中最为主要的一项。准备金存款是商业银行等金融机构按照吸收存款的一定比例存放于中央银行的存款，包括法定准备金和超额准备金存款。作为银行的银行，中央银行是各金融机构的最后贷款人，各国中央银行都有存款准备金制度的规定。

(2) 政府存款。作为政府的银行，中央银行代理国库，所有政府财政收入与支出均由中央银行办理，税收收入、公债收入等财政收入都必须先入库，即经常大量的政府存款构成了央行的负债业务。

(3) 其他存款。主要包括非银行金融机构存款、特定机构存款及特种存款等。非银行金融机构存款不具有法律强制性，通常没有法定准备金要求。

(二) 中央银行资产业务

中央银行的资产业务，是构成中央银行资金运用的业务。主要包括：

讨论一下：中央银行如何发挥“最后贷款人”职能？

1. 再贴现及再贷款业务。这主要是指中央银行对商业银行及其他金融机构进行融资的业务。在商业银行等金融机构资金紧迫时，中央银行用再贴现、再贷款方式给予资金融通，既是中央银行发挥“最后贷款人”职能的表现，同时也是中央银行投放基础货币、调控全社会货币供应量的重要渠道。

2. 证券买卖业务。各国中央银行都经营证券交易业务，主要是买卖政府发行的长期或短期债券。证券买卖业务是中央银调剂资金供求、影响国民经济、实行宏观调控的重要手段。

3. 国际储备业务。国际储备是指具有国际性购买能力的货币，主要包括黄金、外汇、在国际货币基金组织的储备头寸以及未动用的特别提款权等。中央银行持有国际储备的目的，一是稳定币值；二是稳定汇率；三是平衡国际收支。

（三）中央银行的中间业务

中央银行的中间业务是指中央银行为商业银行和其他金融机构办理资金划拨清算和资金转移的业务。中央银行提供支付清算服务是履行其“银行的银行”职能的重要表现之一。中央银行的清算业务主要包括票据集中交换、集中清算交换差额、办理异地资金转移等。我国新《中国人民银行法》第二十七条规定：“中国人民银行应当组织或者协助组织银行业金融机构相互之间的清算系统，协调银行业金融机构相互之间的清算事项，提供清算服务。”

三、中央银行与政府的关系

（一）中央银行与政府的相对独立性

中央银行的独立性是指中央银行履行自身职责时法律赋予或实际拥有的权力，决策、行动的自主程度。主要表现在以下几个方面：

1. 中国人民银行在国务院领导下依法独立执行货币政策，履行职责，开展业务，不受地方政府、各级政府部门、社会团体和个人的干涉。

2. 中国人民银行除年度货币供应量、利率、汇率和国务院规定的其他重要事项以外的有关货币政策事项作出的决定，报国务院备案即可。

3. 中国人民银行不得对政府财政透支，不得直接认购、包销国债和其他政府债券。

4. 中国人民银行不得向地方政府、各级政府部门提供贷款，不得向非银行金融机构以及其他单位和个人提供贷款，但国务院决定中国人民银行可以向特定的非银行金融机构提供贷款的除外。

5. 中国人民银行根据履行职责的需要设立分支机构，中国人民银行对分支机构实行集中统一领导和管理。中国人民银行的分支机构根据中国人民银行的授权，负责本辖区的金融工作，承办有关业务，其职责履行不受地方政府的干预。

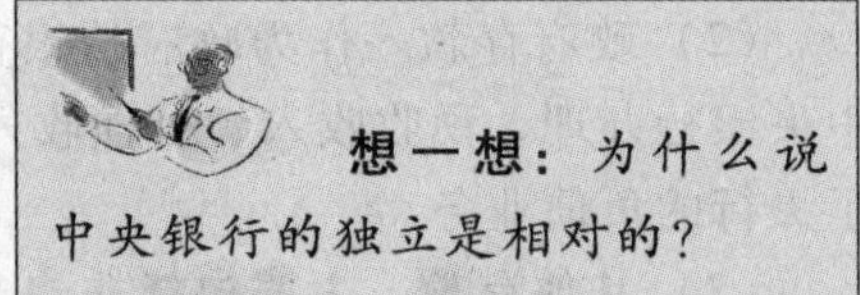

想一想：为什么说中央银行的独立是相对的？

（二）中央银行与政府的协调性

中央银行与政府的独立是相对的，中央银行不能完全脱离政府，它与政府的协调关系体现在：

1. 政策目标的一致性。作为政府的银行，中央银行的政策目标不能背离国家总体经济发展目标，必须与政府宏观经济目标保持一致，各国均无例外。

2. 货币政策与财政政策的协调性。货币政策的实施应与财政政策等其他政策相配合，在实施过程中与政府其他部门协作，才能实现政府的宏观经济目标。

3. 中央银行具有国家管理机关的性质，在有些国家，中央银行直接就是政府的组成部分，中央银行的主要负责人也大多由政府委任。

小资料

货币政策委员会

我国在1997年7月设立了货币政策委员会，作为中国人民银行制定货币政策的咨询议事机构。根据国务院颁布的《中国人民银行货币政策委员会条例》，货币政策委员会的主要职责是根据国家的宏观经济调控目标，讨论下列货币政策事项，并提出建议：一是货币政策的制定和调整；二是一定时期内的货币政策控制目标；三是货币政策工具的运用；四是有关货币政策的重要措施；五是货币政策与其他宏观经济政策的协调。

第三节 政策性银行

一、政策性银行概述

（一）政策性银行的性质

政策性银行的性质是政府金融机构。首先，它具有政府机关性质，它是由政府创立、参股或保证的，为政府服务、贯彻政府意图而不以赢利为目的。其次，它又具有金融企业性质，一方面政策性银行的融资业务与商业银行的融资业务一样，贷款要申请、审查、契约、还本付息、周转使用等；另一方面，政策性银行也要独立核算，而不允许政策性的资金当作财政资金使用，应坚持银行管理的基本原则，力争保本微利。

（二）政策性银行的类型

我国的政策性银行主要有开发银行、农业政策性银行、进出口政策性银行。

1. 开发银行。是专门为经济开发长期投资提供贷款的金融机构，业务特点是投资多、见效慢、周期长、获利少，因此，此类机构大部分由政府设立。

2. 农业政策性银行。是专门为农林牧副渔业的发展提供金融服务的银行。农业生产具有生产周期长、受自然条件影响大的特点，农业生产部门的收益和担保能力低，资本需求期长且具有较强的季节性，经营性商业银行及其他私人金融机构一般不愿涉足，需要政府给予指导和资金支持，农业政策性银行正是在这一领域发挥其作用。我国的农业政策性银行是1994年成立的中国农业发展银行。

讨论一下：政府为什么要设置政策性银行？

3. 进出口银行。是为促进对外贸易发展而设立的专门性银行。它主要承担商业性金融机构和普通出口商不愿或无力承担的高风险，弥补商业性金融机构的不足、改善本国出口融资条件，增强本国商品的出口竞争力。

二、政策性银行业务

（一）政策性银行的负债业务

1. 政府资金。政府给政策性银行供给资金的方式，除直接由财政拨款外，还有政府财政借款、财政政策性亏损补贴和财政贴息等方式。我国三家政策性银行成立之初的注册资本金全部由财政拨付。

2. 借款。从中央银行甚至商业性金融机构借入资金，以满足自身的资金需求。我国政策性银行以借款方式实施负债业务，其主要的借款对象是中央银行。

3. 发行金融债券。政策性银行发行的债券一般由政府担保或被视为“政府债券”，风险很小，具有较大的吸引力，成为其主要的筹资手段和资金来源。政策性银行除了在金融市场发行债券公开向社会公众募集资金外，主要采取向商业银行和其他非银行金融机构发行金融债券的定向筹资方式，这也是我国三家政策性银行的主要资金来源。

（二）政策性银行的资产业务

1. 贷款。贷款是政策性银行的主要资产业务。如中国进出口银行的资产业务主要是为机电产品和成套设备出口提供出口信贷。中国农业发展银行则主要办理粮、棉、油、猪肉等主要农副产品的国家专项储备和收购贷款等。

2. 投资。投资的目的是在融资领域起到弥补市场失灵的作用。投资方式有股权投资和证券投资两种，股权投资指政策性银行通过投资对被投资企业直接进行控股；证券投资指政策性银行以认购企业债券来扶持企业的发展，而并不对企业进行控制。这两种方式的目的都是政府通过政策性银行少量资金的投入来吸引整个社会资金的投入，起到政府投资的示范效应。

3. 担保。主要是对业务对象的债务进行偿还保证，以改善业务对象的融资条件与融资环境。按担保事项不同，政策性银行的担保业务可分为筹资担保、对外工程担保和进出口担保。

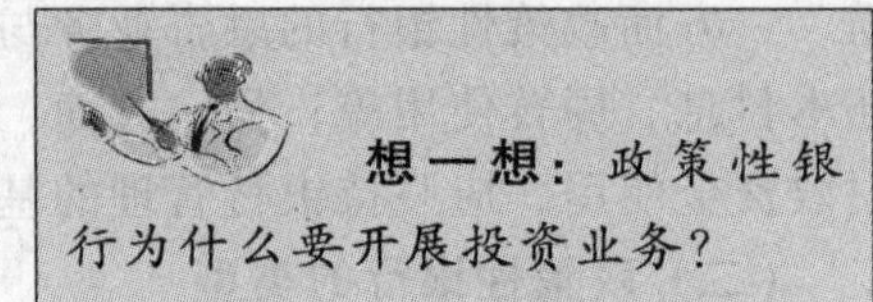

想一想：政策性银行为什么要开展投资业务？

三、政策性银行改革

第二次世界大战以来，国际上的政策性银行得到快速发展，包括国际性的政策性银行如世界银行、地区性的政策性银行如亚洲开发银行，以及许多国家及地区的政策性银行。总的来说政策性银行的发展趋势是政策程度由高到低、业务范围从简单到多元化，呈现一个不断提升的动态化发展历程。

我国政策性银行成立于1994年，在计划经济向市场经济转轨的过程中，积极承担了增强宏观调控、实现政府发展战略的任务，但随着政策性银行所处的外部经济和金融环境的重大变化，政策性银行的发展模式也面临改革的压力。2007年，我国正式确立了政策性银行向商业化转型的改革思路。2008年，国家开发银行改制为国家开发银行股份有限公司，成为我国三大政策性银行向商业银行转型的第一家试点银行，标志着国开行改革发展进入了新阶段，中国政策性银行改革取得重大进展。

讨论一下：为什么要对政策性银行进行改革？

各国的政策性银行

世界上许多国家都设立政策性银行，其种类较为全面，并构成较为完整的政策性银行体系，如日本著名的“二行九库”体系，包括日本输出入银行、日本开发银行、日本国民金融公库、住宅金融公库、农林渔业金融公库、中小企业金融公库、北海道东北开发公库、公营企业金融公库、环境卫生金融公库、冲绳振兴开发金融公库、中小企业信用保险公库。

韩国设有韩国开发银行、韩国进出口银行、韩国中小企业银行、韩国住宅银行等政策性银行。

法国设有法国农业信贷银行、法国对外贸易银行、法国土地信贷银行、法国国家信贷银行、中小企业设备信贷银行等政策性银行。

美国设有美国进出口银行、联邦住房信贷银行体系等政策性银行。

这些政策性银行在各国社会经济生活中发挥着独特而重要的作用，构成各国金融体系的重要部分。

第四节 商业银行

一、商业银行概述

（一）商业银行的性质

1. 商业银行是企业。商业银行的经营以盈利为目的，这是商业银行发展的内在动力，它与一般的工商企业一样，具有独立法人资格、自主经营、独立核算、自负盈亏、照章纳税。

2. 商业银行是特殊的企业。其特殊性表现在：一是经营对象。商业银行的经营对象是特殊商品——货币，经营内容包括货币的收付、借贷及各种与货币运动有关的金融服务。二是社会责任。商业银行除了要对客户和股东负责，还要对整个社会负责，这一点是任何一个工商企业所不能比拟的。三是对整个经济的影响范围。商业银行的经营好坏可能影响到整个经济的运行及其发展。

3. 商业银行是特殊的金融企业。商业银行是唯一能吸收活期存款、创造货币的金融机构。

想一想：如何理解商业银行是一种特殊的企业？

（二）商业银行的职能

1. 信用中介职能。这是商业银行最基本的职能。商业银行通过负债业务将社会上各种闲散资金集中起来，再通过资产业务把资金投向社会经济各部门中去，既实现了资本盈余与短缺之间的调剂，也实现了资金的融通。大大提高了全社会货币资本的使用效率，推动社会生产的扩大。

2. 支付中介职能。即商业银行代替顾客对商品和劳务进行支付。如为工商企业办理货币收付和转账结算等业务。现代商业银行还通过创造支票等信用流通工具提高了支付效率，降低了交易成本。随着电子通讯技术的发展，电子支付系统使得以商业银行为中介的支付效率更高。商业银行的这一职能减少了现金的使用而节约了社会流通费用，同时也为商业银行本身取得了充足的廉价资金来源。

3. 信用创造职能。商业银行利用所吸收的存款发放贷款，发放的贷款不以现金形式支付给客户，而是转到客户的存款账户上，在支票流通和转账结算的基础上，借款转化成了派生存款，增加了银行的资金来源。

二、商业银行业务

商业银行的业务活动种类繁多，其基本业务活动由负债业务、资产业务和其他业务组成。其中，负债业务和资产业务反映在银行的资产负债表中。

（一）商业银行的负债业务

商业银行的负债业务是指形成商业银行资金来源的业务，是商业银行资产业务和中间业务的基础。在银行的资金来源中，银行自有资金所占比例是很低的，银行主要是通过各种负债工具来筹措资金。

1. 资本金。商业银行作为企业，与其他工商企业一样，也要有一定数量的自有资金。根据《公司法》与《商业银行法》的规定，设立商业银行的注册资本最低限额为10亿元，商业银行的自有资本金总额与经过调整的资产总额之比不得低于8%。

我国商业银行的自有资本金主要包括：（1）财政历年拨付的信贷基金。1983年后，财政已停止拨付信贷基金，但对四家国有独资商业银行而言，以前拨付的信贷资金构成了它们资本金的重要来源；（2）银行留存的净收益。国有商业银行的各项收入扣除成本后的余额，构成它的利润，按规定缴纳所得税后就形成它的纯利润，其中的公积金与未分配利润也就构成了它的自有资本金；（3）发行股票筹集的股份资本。对股份制商业银行来说，发行股票是其筹集资本金的主要渠道。

2. 吸收存款业务。存款业务是商业银行最基本的传统负债业务，吸收存款是商业银行最主要的资金来源。

（1）活期存款。活期存款是存款户可随时提取的存款。此类存款由于需要银行提供较为频繁的支付服务，所以一般不支付利息或支付很低的利息。

（2）定期存款。**定期存款是存款户将款项存入银行账号时，预先约定时间，到期才能提取的存款**。定期存款给银行提供了稳定的资金来源，银行给予其较高的利息。传统的定期存款不能转让，20世纪60年代后出现了可转让的定期存单，可以在货币市场上转让。由于定期存款有固定期限，因此对于商业银行的中长期贷款和投资、获取较高盈利具有重要意义。

（3）储蓄存款。**储蓄存款是为居民积蓄货币资产和获取利息而设定的一种存款**。居民储蓄存款在商业银行存款负债中所占比重最大。我国商业银行的储蓄存款分为活期储蓄与定期储蓄两种。由于储蓄存款多数属于个人，分散于社会上的各家各户，为了保障储户的利益，各国对经营储蓄存款业务的商业银行有严格的管理规定，并要求银行对储蓄存款负无限的清偿责任。

3. 借款业务。借款业务是商业银行主动向中央银行、其他金融机构和金融市场借入资金的一种信用活动，是商业银行的主动负债业务。商业银行的借款业务主要有：

（1）向中央银行借款。中央银行作为银行的银行，是商业银行的最后贷款人。当商业银行出现资金的临时性或季节性需要时，向中央银行借款是它的一个重要资金来源。

商业银行向中央银行借款的方式主要有再贴现与再贷款两种。**再贴现指商业银行将持有的未到期的已贴现票据向中央银行请求再贴现，以融通资金的借款方式。再贷款是指商业银行向中央银行直接贷款。**再贴现和再贷款不仅是商业银行筹措短期资金的重要渠道，同时也是中央银行控制货币供应量的重要工具。

（2）银行同业拆借。**同业拆借是商业银行相互之间的短期的或临时性的融资活动。**即头寸不足的银行从有多余头寸的银行借入资金。同业拆借时间很短，以日计息；一般没有抵押，属信用拆借；同业拆借交易的资金主要是各商业银行存放在中央银行存款户上的多余资金；同业拆借的参与者均为金融机构，信誉度较高，且拆借期限短，故利率水平较低。我国同业拆借市场于20世纪80年代中期形成，1996年全国统一同业拆借市场开始运行。

（3）回购协议。**回购协议是指商业银行向放款人出售证券，并承诺在未来某一时间按议定的价格再购回这些证券的行为。**银行向企业借款通常采用证券回购方式。买回与卖出的差价就是银行融资的利息。商业银行利用这种方式可从非金融性的大企业、政府机构、证券公司等借入资金。

4. 发行金融债券。发行金融债券是商业银行为筹集长期资金而采用的筹资方式。金融债券的期限较长，其收益率一般高于同期定期存款的利率。

（二）商业银行的资产业务

商业银行的资产业务是指商业银行运用其资金从事各种信用活动以获得利润的业务。主要有：

1. 现金资产。现金资产包括库存现金、存放在中央银行的款项、同业存款以及托收现金等现金资产。

2. 贷款。贷款是商业银行最重要的资产业务，也是商业银行收益最稳定的经济活动。贷款业务种类很多，可以按照不同标准加以分类。

（1）按期限长短为标准，贷款可分为短期贷款、中期贷款和长期贷款。短期贷款指贷款期限在1年（含1年）以内的贷款，短期贷款在整个贷款业务中所占比重很大。中期贷款指贷款期限在1年以上5年（含5年）以下的贷款。长期贷款则指贷款期限在5年以上的贷款。中长期贷款主要是不动产抵押贷款。

（2）按有无担保为标准，贷款可分为信用贷款和担保贷款。**信用贷款指商业银行完全凭借款人的信誉而发放的贷款，**一般用于资信优良、生产经营稳定且利润丰厚并与银行关系密切的客户。担保贷款，根据担保方式不同又分保证贷款、抵押贷款和质押贷款。**保证贷款指以第三人承诺在借款人不能偿还贷款时，按约定承担一般保证责任或连带责任而发放的贷款。抵押贷款指以借款人或第三人的财产作抵押物而发放的贷款。质押贷款指以借款人或第三人的动产或权利作为质物而发放的贷款。**质押与抵押的区别在于质押贷款的质物由贷款人（商业银行）保管，而抵押物则仍由客户保存，因而质押贷款的质物一般应为动产。

（3）按发放贷款的风险程度，分为正常、关注、次级、可疑、损失五大类贷款。**正常**

贷款是指贷款人能够履行合同、有充分把握按时足额还本付息的贷款；关注贷款是指尽管目前借款人有能力偿还本息，但存在一些可能对偿还产生不利影响因素的贷款；次级贷款是指借款人的还款能力出现明显问题，依靠其正常的经营收入已无法保证足额还本付息的贷款；可疑贷款是指借款人无法足额还本付息，即使执行抵押或担保，也肯定要造成部分损失的贷款；损失贷款是指在采用所有可能采用的措施和一切必要的法律程序后，本息仍然无法收回或只能收回极少部分的贷款。次级、可疑、损失这三类称为不良贷款。

3. 票据贴现。**票据贴现是指持票人在商业汇票未到期前，为了取得资金，贴付一定利息将票据权利转让给银行的行为**，是银行向持票人融通资金的一种方式。票据贴现的实质是商业银行办理以票据作担保的贷款。但票据贴现与一般贷款又有明显区别：一是当事人不同，贷款当事人为银行、借款人和担保人，贴现当事人为银行、贴现申请人、付款人及背书人等。二是期限不同，贷款期限长短不一，票据贴现期限较短，如按我国现行规定一般不超过6个月。三是利息支付方式不同，贷款一般到期还本时才付息，而贴现则在贴现办理时预扣利息。

4. 投资。**投资是指商业银行购买有价证券的一种业务活动**。商业银行开展证券投资业务的目的主要有：一是增加银行的收益，这是商业银行将闲置资金投资于证券的首要目的；二是实现资产多样化以分散风险；三是提高资产的流动性。

我国目前还是实行较为严格的分业经营，即商业银行不得从事股票等有价证券投资业务，也不得投资于非自用房地产，但购买政府债券则不受限制。目前我国商业银行的资产业务中，约有20%投资于政府债券。

（三）商业银行的中间业务

商业银行的中间业务，是指商业银行不需要动用自己的资金而以中介人的身份代客户办理各种委托事项，并据以收取手续费的业务。主要包括汇兑业务、银行卡业务、信托业务等。

1. 汇兑业务。**汇兑业务是客户以现款交付银行，由银行把款项支付给异地收款人的一种业务**。汇兑业务使用的汇兑凭证有银行支票、银行汇票、电信支付委托书等。按汇兑的寄递方式不同，可将其分为电汇、信汇和票汇三种形式。同时，在当今银行业务广泛使用电子技术的情况下，大笔资金划拨基本上都是通过电子资金调拨系统处理。

2. 银行卡业务。**银行卡是由银行发行、供客户办理存取款业务的新型服务工具**。有信用卡和借记卡等多种形式。商业银行开办银行卡业务，除了减少现金流通，节约社会流通费用，方便持卡人消费外，一个主要目的是扩大商业银行与客户的联系，以提高商业银行的社会声誉，增强竞争力。目前我国大多数商业银行都有自己的银行卡。

3. 信托业务。**信托业务是指银行接受委托人的委托，代为管理、经营和处理经济事项的业务**。商业银行经营信托业务一般只收取手续费，而营运中所获得的收入则归委托人或其指定的受益人所有。银行承办该类业务，可占用客户一部分资金。

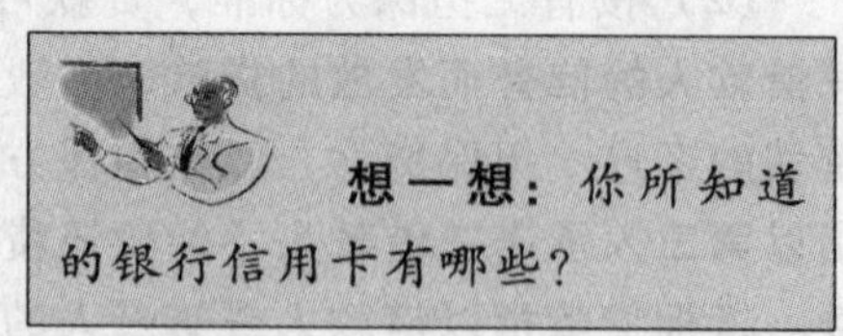

此外，商业银行还经办信用证业务、租赁业务、现金管理等中间业务。

（四）商业银行的表外业务

商业银行的表外业务，是指商业银行从事的不列入资产负债表内、但会影响商业银行的

营业收入和利润的业务。表外业务有广义和狭义之分，其中，广义的表外业务包括中间业务的狭义的表外业务。

巴塞尔委员会一般将表外业务分为四类：一是贷款承诺，包括透支、承兑票据、信贷限额、回购协议和承销证券等；二是担保，包括正式担保，跟单信用证和备用信用证，保证与赔偿，以及背书等；三是金融衍生工具，包括远期外汇合约，货币与利率互换，货币期货与期权，利率期权，股票指数期货与期权等；四是投资银行业务，如证券包销、证券代理和分销等。

表外业务对商业银行的利润有很大贡献，却也给商业银行带来了极大的风险，因此，商业银行在经营表外业务时，必须加强风险管理。

三、商业银行经营

（一）商业银行的经营原则

我国《商业银行法》规定：商业银行以安全性、流动性、效益性为经营原则，实行自主经营、自担风险、自负盈亏、自我约束。

1. 安全性。商业银行在业务经营中尽量避免各种风险的影响，尽可能地减少银行资产、收入、信誉等遭受损失的可能性，以确保资金安全和稳健经营。这是商业银行业务经营的首要原则。

商业银行在业务经营过程中之所以要强调安全性原则，主要是因为：一是商业银行的自有资本较少，资金来源主要依靠负债，其抵御风险的能力较脆弱。二是在资金运作的过程中，存在着种种不确定因素，若借款到期时不能足额收回，必定会影响其清偿能力。三是银行的经营会影响到储户及债权人的利益，甚至可能导致金融危机及社会动荡。因而，商业银行经营是有风险的。商业银行的风险主要有：（1）信用风险，是借款方不能按时归还贷款本息而使贷款方遭受损失的可能性；（2）利率风险，是市场利率变化而引起资产价格变动，使经济主体在筹集或运用资金时遭受损失的可能性；（3）流动性风险，是银行无力满足客户的提款要求或正当的贷款申请而造成损失的可能性。此外，还包括国家风险、市场风险、操作风险、法律风险等。

2. 流动性。商业银行能够随时满足客户提现或正常的借款需要，它具体表现为商业银行的清偿能力或支付能力。流动性包括资产的流动性与负债的流动性两个方面。**资产的流动性指商业银行能以最小的损失实现随时资产变现的能力**。商业银行保持资产的流动性，主要是通过建立准备金来实现。**负债的流动性则指商业银行能以最低的成本获得所需资金的能力**。这就要求商业银行保持一定比例的流动性资产、按时收回贷款、积极利用同业拆借市场等。

3. 赢利性。商业银行在业务经营过程中追求利润最大化。商业银行作为企业，追求赢利是加强内部管理、改进服务和进行金融业务创新的内在动力，同时也是其经营发展的基本保证。

衡量商业银行赢利水平的指标主要有利差收益率、收入赢利率、资本赢利率等。

一般来说，流动性强的资产，风险较小，安全性较好；但安全性、流动性与效益性存在着一定的矛盾，效益性较好的资产，往往流动性较差，风险也较大，反之亦然。因此经营者必须在安全性、流动性和赢利性三者之间找到最佳的平衡点。

（二）商业银行的资产负债管理

讨论一下：如何科学地处理商业银行的安全性、流动性和效益性的关系？

资产负债比例管理，就是对商业银行资产和负债进行全面管理，协调资产和负债项目在期限、利率、风险和流动性方面的搭配，尽可能使资产、负债达到均衡，以实现安全性、流动性和赢利性的完善统一。

长期以来，我国商业银行都实行“限额管理”，即中国人民银行制定指令性的信贷计划，作为商业银行贷款的最高限，不得突破，这种计划管理模式的最大弊端是不按市场规律来配置贷款资源，从而不利于提高信贷资产的质量。

随着世界经济全球化与一体化趋势的显现、市场经济的发展，银行业的竞争也日趋激烈。银行为了求得生存和发展，必须追求高额利润；但另一方面，市场的复杂化使商业银行在经营过程中面临各种各样风险，这就要求银行除赢利以外，还必须兼顾安全性、流动性两个目标，而这又与效益性发生矛盾。为了妥善处理好三者之间的关系，就要求银行的资产与负债按照一定原则，保持恰当的比例。

1994 年中国人民银行制定了《商业银行资产负债比例管理暂行监控指标》，要求商业银行全面推行资产负债比例管理制度，即以比例加限额控制的方法，对商业银行的资产负债实行综合管理。

小知识

网上银行

网上银行又称网络银行、在线银行，是指银行利用 Internet 技术，通过 Internet 向客户提供开户、销户、查询、对账、行内转账、跨行转账、信贷、网上证券、投资理财等传统服务项目，使客户可以足不出户就能够安全便捷地管理活期和定期存款、支票、信用卡及个人投资等。网上银行业务不仅仅是传统银行产品简单从网上的转移，其服务方式和内涵发生了一定的变化，而且由于信息技术的应用，又产生了全新的业务品种。

网上银行又被称为“3A 银行”，因为它不受时间、空间限制，能够在任何时间（Anytime）、任何地点（Anywhere）、以任何方式（Anyhow）为客户提供金融服务。

第五节　金融监管机构

一、金融监管的意义

金融监管是指政府或金融管理机构对金融机构及其金融活动的监督和管理。金融监管的意义主要体现在以下几个方面：

第一，维护信用和支付体系的稳定。在市场经济中，金融机构作为信用中介和支付中介，发挥着间接融资和直接融资的作用，促进资源的合理配置。因此，对金融机构进行监督和管理，防范和化解金融体系的风险，维护金融体系的安全稳健运行，实际上也是维护社会信用中介、支付中介制度和货币体系的良好运行，保障国民经济的健康发展。

第二，保护存款人和投资者的利益。按照信息不对称原理，存款人和银行之间、证券投资者和经营者之间的信息存在差异，存款人和证券投资者对市场信息的了解程度可能差于银行机构和证券经营者。为了维护市场的公平和公正，客观上需要产生一个处于中间位置的监管者，以保证存款人、证券投资者获得足够的信息。

讨论一下：为什么要加强金融监管？

第三，保证金融机构依法经营。金融立法为金融活动提供了平等的法律基础，参与金融活动的各方必须按照相应的规划履行权利和义务。金融监管主体依照金融法律进行金融监管，才能保证各项金融法律法规得到遵守，维护金融活动各方的合法权益。

第四，促进金融机构之间的公平竞争。竞争是市场经济的重要特征之一，竞争必须是符合市场规则下的有序竞争，否则会带来金融秩序的混乱、金融市场的动荡，从而对整个经济活动产生不利影响。金融监管主体通过一系列的监管法规，可使金融机构在平等的条件下开展竞争，维护金融秩序及金融市场的稳定。

二、金融监管机构

（一）金融监管体制的类型

金融监管机构的设立取决于金融监管体制。金融监管体制分为混业监管体制和分业监管体制两种。

混业监管体制是指不同的金融行业、金融机构和金融业务均由一个统一的监管机构负责监管的体制。这个监管机构一般是该国的中央银行或其他专门设置的金融管理当局。例如20世纪80年代后期，北欧的挪威、丹麦和瑞典将分散的监管机构合并，成立综合的金融监管机构。

分业监管体制是在银行、证券和保险等业务领域内分别设立一个专职的监管机构，负责各行业监管的体制。实行分业监管的国家有德国、美国、波兰和中国等。

（二）我国的金融监管机构

1. 中国人民银行。2003年12月27日，十届全国人大六次会议修正的《中华人民共和国中国人民银行法》中的有关规定：（1）制定和执行货币政策，不断完善有关金融机构的运行规则，更好地发挥作为中央银行在宏观调控和防范与化解金融风险中的作用。（2）中国人民银行监督管理银行间同业拆借市场、银行间债券市场、银行间外汇市场和黄金市场；指导、部署金融业反洗钱工作，负责反洗钱的资金监测。（3）中国人民银行会同国务院银行监督管理机构制定支付结算规则。（4）建立中国人民银行的直接监督检查、建议监督检查和全面监督检查制度。（5）中国人民银行根据履行职责的需要，有权要求银行金融机构报送有关资料。

2. 中国证券监督管理委员会。1998年4月，根据国务院机构改革方案，决定将国务院证券委员会与中国证监会合并，并明确规定中国证监会为国务院直属事业单位，专司全国证券、期货市场的监管职能。(1) 研究和拟定证券、期货市场的方针政策、发展规划，起草证券、期货市场有关法律、法规和有关规章；(2) 统一监管证券、期货机构。监管各类证券、期货机构和证券交易所，负责证券、期货机构高级管理人员任职资格和从业人员的资格管理，依法对证券、期货违法行为进行调查、处罚；(3) 负责对有价证券发行的管理。监督股票、可转换债券、证券投资基金的发行、交易、托管和清算；批准企业股票上市；监管上市国债和企业债券交易活动；监管境内期货合约市场、交易和清算；监督境内企业直接或间接到境外发行股票和上市。(4) 负责对上市公司及其信息披露的监管。

3. 中国保险监督管理委员会。国务院于 1998 年 11 月 18 日批准设立中国保险监督管理委员会（以下简称“中国保监会”），专司全国商业保险市场的监管职能。(1) 研究和拟定保险业的方针政策、发展战略和行业规划，起草有关保险业的法律、法规，制定保险业的规章；(2) 审批和管理保险机构的设立、变更和终止；(3) 制定、修改或备案保险条款和保险费率，维护保险市场秩序；(4) 监督、检查保险业务的经营活动。对保险公司的经营情况、财务情况和资金运用情况进行定期或不定期的现场检查和非现场检查，以保证保险公司具备足够的偿付能力；(5) 依法对保险机构业务及其从业人员的违法、违规行为，以及非保险机构经营保险业务或变相经营保险业务进行调查、处罚。

4. 中国银行业监督管理委员会。中国银监会履行原由中国人民银行履行的审批、监督、管理银行、金融资产管理公司、信托投资公司及其他存款类金融机构等的职责和相关职责。(1) 制定有关银行业金融机构监管的规章制度和办法；起草有关法律和行政法规，提出制定和修改的建议；(2) 审批银行业金融机构及其分支机构的设立、变更、终止及其业务范围；(3) 对银行业金融机构实行现场和非现场监管，依法对违法违规行为进行查处；(4) 审查银行业金融机构高级管理人员任职资格；(5) 负责统一编制全国银行业金融机构数据、报表，抄送中国人民银行，并按照国家有关规定予以公布；(6) 会同财政部、中国人民银行等部门提出存款类金融机构紧急风险处置的意见和建议。

讨论一下：我国与国外的金融监管模式有何异同？

小知识

世界银行集团（WBG）

世界银行集团是世界上最大的国际金融机构，主要致力于以贷款和投资的方式向其会员国尤其是发展中国家的经济发展提供帮助。

1. 世界银行（IBRD）。1945 年 12 月成立，1946 年 6 月开始营业，总部设在华盛顿。其资金主要来源：一是会员国缴纳的股金；二是在国际金融市场上借款；三是利润收入；四是债权出让。主要业务是向会员国提供贷款，另外还向会员国提供技术援助，这种技术援助往往与它的贷款结合起来。理事会是世界银行的最高权力机构，执行董事会是负责办理世界银行日常业务的机构。

2. 国际金融公司（IFC）。1956 年 7 月成立，总部设在华盛顿。其资金主要来源：一是会员国认缴的股金；二是从世界银行借款；三是业务收益和收益留存。主要业务是对会员国私营企业提供长期贷款，贷款对象主要是亚非拉的发展中国家，还提供其他各种金融工具和金融服务。其组织机构与世界银行相同。根据国际金融公司协定规定，公司成员必须是世界银行的成员，但世界银行成员不一定在参加国际金融公司。

3. 国际开发协会（IDA）。1960 年 9 月成立，同年 11 月开始营业，总部设在华盛顿。其资金主要来源：一是会员国认缴的资本；二是补充资金和特别基金捐款；三是世界银行拨款；四是利润。主要业务是对落后国家给予条件较宽、期限较长、负担较轻、并可用当地货币偿还的贷款，具有援助性质，根据规定，只有人均 GNP 在 885 美元以下的会员国才能获得贷款，且一般只贷给会员国政府。国际开发协会的正副理事、正副执行董事及办事机构各部门的负责人都由世界银行相应的负责人兼任，协会与世界银行也是一套人马、两块牌子。

4. 多边投资担保机构（MIGA）。1988 年 4 月成立，其宗旨是开展对外国私人投资在会员国的非商业风险担保、对有兴趣的会员国提供有关投资的信息技术援助和咨询服务等。主要对以下四类非商业风险提供担保：一是由于投资所在国政府对货币兑换和转移的限制而造成的转移风险；二是由于投资所在国的法律或行动而造成投资者丧失其投资的所有权及控制权的风险；三是投资者无法进入主管法庭、或这类法庭不合理地拖延或无法实施已做出的对投资者有利的判决、或政府撤消与投资者签订的合同而造成的风险；四是武装冲突和国内动乱而造成的风险。

5. 国际投资争端解决中心（ICSID）。1966 年成立，其目的是通过为国际投资争端提供一个协调和仲裁的国际机构，以促进东道国与外国投资者之间相互信任的关系，从而鼓励国际投资。

【重要概念】

金融机构　中央银行　商业银行　负债业务　资产业务　再贴现　同业拆借
信用贷款　抵押贷款　保险　信托　租赁　金融监管

【思考与实训】

1. 根据资料，你认为我国金融机构体系有哪些不完善之处？
2. 你认为如何更好地发挥中央银行在金融体系中的作用？
3. 查找资料，你认为我国商业银行应怎样深化改革？
4. 根据资料和调查，从金融角度思考应如何更好地防范和应对金融危机。

【分析与讨论】

美国的次贷危机引发了 2008 年全球金融危机，根据掌握的相关资料，结合全球和我国经济形势，分析与讨论如何更好地加强我国的金融监管。

第八章

金融市场

学习要点

- 金融市场的构成要素
- 金融工具的种类
- 货币市场的种类
- 股票市场的业务
- 投资基金的特点和种类
- 外汇市场的交易方式

第一节 金融市场概述

一、金融市场的概念

金融市场，即资金融通和金融资产交换的市场，是以金融资产为交易对象而形成的供求关系及其机制的总和。习惯上将金融市场区分为广义金融市场和狭义金融市场。广义的金融市场包括货币市场、资本市场、外汇市场、黄金市场；狭义的金融市场仅包括货币市场和资本市场。

金融市场在发展的最初阶段，一般都有固定的场地和工作设施，即有形市场。随着商品经济、科学技术和金融活动本身的发展，金融市场突破了固定场所和时间的限制，通过现代通讯手段诸如互联网、电话、电报等现代信息载体进行交易，即无形市场。目前已形成金融有形市场和无形市场并行的发展格局。

讨论一下：金融市场与一般的商品市场有什么不同？

金融市场具有融通资金、降低风险、宏观调控等功能。

二、金融市场的构成

市场必须具备交易主体、交易客体、交易价格以及交易方式等要素，金融市场也是如此。

（一）交易主体

金融市场主体就是进行金融资产交易的单位和个人。交易主体包括任何参与交易的个人、企业、各级政府和金融机构等，是金融市场最基本的构成要素。其中，不专门从事金融活动的主体，包括个人、企业和政府部门，参与交易是为了自己在资金供求方面的需要，在他们之间发生的金融交易是直接金融，即资金从盈余部门向短缺部门直接转移。专门从事金融活动的各类银行、保险公司、财务公司等，通过它们实现的金融交易称为间接金融，即资金以它们为媒介从盈余部门向短缺部门转移。

（二）交易客体

金融市场交易客体就是金融交易的对象或交易的标的物。也即通常所说的金融工具或金融商品。金融工具的数量和质量是决定金融市场效率和活力的关键因素。目前金融市场上交易和流通的金融工具种类繁多，以满足不同投资者与筹资者的不同需求。

（三）交易价格

金融市场的交易价格是金融工具按照一定的交易方式在交易过程中所产生的价格。它与金融工具的供求、相关金融资产的价格及交易者的心理预期等因素密切相关，其高低直接决定了交易者的实际收益大小，所以是金融市场的一个重要构成要素。金融市场上，货币资金借贷的交易价格和金融工具买卖的交易价格是两个不同的概念，货币资金借贷的交易价格通常表现为利率，金融工具的价格表现为它的总值即本金加收益。可见，金融市场的交易价格不同于商品市场的商品交易价格，众多的因素影响使金融市场的价格变得更加复杂。一般说，一个有效的金融市场必须具有一个高效的价格运行机制才能正确地引导金融资产的合理配置与优化。

（四）交易组织形式与方式

> **想一想：**金融市场的交易价格受到哪些因素的影响？

金融市场的组织形式主要有交易所交易（场内交易）和柜台交易（场外交易）。场内交易是所有的供求方集中在交易所进行竞价交易的方式，这种方式具有交易所向交易参与者收取保证金，同时负责进行清算和承担履约担保责任的特点。柜台交易是在证券商的营业柜台以议价的方式进行的交易行为，称作场外交易，由柜台买卖所形成的市场，称为场外交易市场。

金融市场的交易方式主要有现货交易、期货交易、期权交易和信用交易等。

三、金融市场的类型

按照不同的标准，可以对金融市场进行不同的分类。

按金融市场交易活动是否有具体场所为标准，可划分为有形市场和无形市场，有形市场是交易者集中在有固定地点和交易设施的场所内进行交易的市场，证券交易所就是典型的有形市场；无形市场是交易者分散在不同地点（机构）或采用电讯手段进行交易的市场，如场外交易市场和全球外汇市场就属于无形市场。按融资期限长短的不同，可划分为货币市场和资本市场。按交割方式的不同，可划分为现货市场和期货市场。按金融市场的功能和流通特征不同，可划分为发行市场和流通市场，也称一级市场和二级市场。按交易地域范围的不同，可分为地方性、全国性和国际性金融市场；按交易对象的不同，可分为票据市场、证券市场、黄金市场和外汇市场等。

讨论一下：我国的金融市场主要有哪些种类？

本书从融资期限和交易对象相结合的角度简要介绍货币市场、资本市场、黄金市场和外汇市场。

小知识

金融市场与其他市场的关系

金融市场是统一市场体系的一个重要组成部分，属于要素市场。它与消费品市场、生产资料市场、劳动力市场、技术市场、信息市场、房地产市场、旅游服务市场等各类市场相互联系，相互依存，共同形成统一市场的有机整体。在整个市场体系中，金融市场是最基本的组成部分之一，是联系其他市场的纽带。因为在现代市场经济中，无论是消费资料、生产资料的买卖，还是技术和劳动力的流动等，各种市场的交易活动都要通过货币的流通和资金的运动来实现，都离不开金融市场的密切配合。从这个意义上说，金融市场的发展对整个市场体系的发展起着举足轻重的制约作用，市场体系中其他各市场的发展则为金融市场的发展提供了条件和可能。

第二节 金融工具

金融工具是证明债权债务关系的合法凭证。它是在金融交易活动中产生的、能够证明金融交易金额、期限、价格的书面文件，是具有法律约束力的契约。按与标的资产之间的关系不同，可把金融工具分为原生工具和衍生工具两大类。

一、原生工具

原生工具，即金融基础工具。一般将其划分为两类：直接金融工具和间接金融工具。前者是指由非金融机构，如企业、政府或个人所发行和签署的商业票据、公债和国库券、企业债券、股票和抵押契约等。后者则是指由金融机构发行的银行券、存款单、银行票据、金融债券和保险单等。

（一）商业票据

商业票据是指在商业信用发生时记载由其产生的债权债务关系的凭证。它代表了发行人的还债义务，是起源于商业信用的一种传统金融工具，有商业本票和商业汇票两种。

商业本票，又称商业期票，是由债务人对债权人开出的在一定时期内无条件支付款项的债务证书。商业汇票是由债权人开出，命令债务人在一定时期内把一定金额的款项支付给持票人或第三者的命令书。汇票必须经付款人承兑后才有效。由企业承兑的汇票，称为商业承兑汇票；由银行承兑的汇票，称为银行承兑汇票。汇票经承兑后，承兑人即为汇票的主债务人，承担到期无条件支付汇票金额的责任。

（二）银行票据

银行票据是指由银行签发或由银行承担付款义务的书面凭证。主要有银行本票和银行汇票两种。

银行本票是由银行签发的借以办理转账结算或支取现金的票据。银行签发本票必须以申请人在银行有存款为依据，即申请人必须先把款项交存银行，银行才会签发本票。银行本票按是否记名、是否定额、是否规定兑付日期可分为：记名本票和不记名本票；定额本票和不定额本票；定期本票和即期本票。我国目前使用的是记名式即期本票。

银行汇票是指由当地银行签发的一种汇款凭证。办理这种凭证，汇款人必须先将款项交存当地银行。汇款人可以自带汇票前往异地或寄给异地收款人，以凭票向异地指定银行办理转账结算或兑取现金。它适用于异地支付的各种款项，银行见票即付，使用方便，不会产生拖欠。

（三）支票

支票是指由出票人签发的委托自己的开户银行从其账户支付给持票人或指定人的付款命令书。支票有普通支票、转账支票和现金支票三种。普通支票可以支取现金，也可以转账；转账支票只能用于转账；现金支票只能用于提取现金。支票的主要特点是：一是在银行信用基础上产生的，以存款为依据；二是有效期短，见票即付；三是签发支票，以存款余额为限；四是付款人为银行。

（四）股票

股票是指股份公司发给股东以证明其入股金额并借以取得股利的凭证。在证券市场上，股份公司根据自身经营活动的需要和满足投资者不同的投资心理，发行各种不同的股票。

按不同的标准，股票可分为以下几种基本类型：按股票赋予的股东权利不同，可划分为普通股股票和优先股股票；按股票有无票面价值，可划分为有面额股票和无面额股票；按记名与否，可划分为记名股票和不记名股票；按上市地区和交易币种的不同，可把我国发行的股票划分为 A 股、B 股、H 股、L 股、S 股和 N 股等。

（五）债券

债券是指社会各类经济主体为筹措资金发行的定期支付本息的债权债务凭证。按其发行主体不同，可划分为政府债券、金融债券和企业债券三种。

政府债券，即公债，已在第三章第四节中述及。

金融债券是指金融机构为了筹措资金而发行的债券。金融债券属于特殊的企业债券。金融机构不同于一般的企业，其发债筹集到的资金或者用于放款或者用于投资，因而金融债券兼有直接金融工具和间接金融工具的特征。

企业债券，又称公司债券，是企业为筹措资金而发行的债务凭证。企业发行债券可以用不动产或动产作抵押，也可以由第三者作担保，或全凭企业良好的资信度发行。企业的资信度是保证企业债券能否成功发行的重要因素。企业债券的风险比政府债券要大，故利率也较高。

（六）投资基金

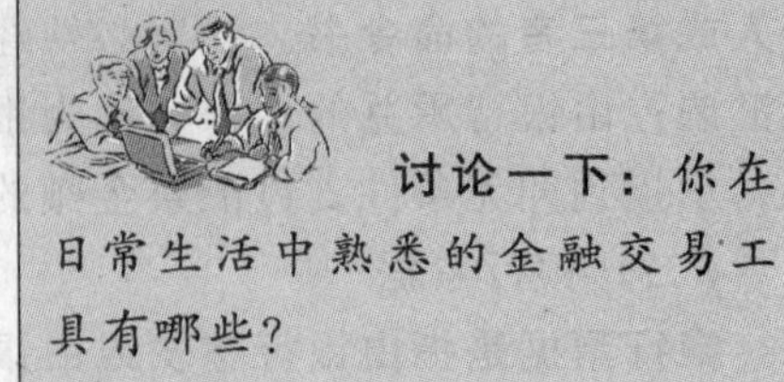

讨论一下：你在日常生活中熟悉的金融交易工具有哪些？

投资基金，是一种利益共享、风险共担的集合投资制度。也即通过发行基金单位，集中投资者的资金，由基金托管人托管、由基金管理人管理和运用资金，从事股票、债券、外汇、货币等金融工具投资，以获得投资收益和资本增值。投资基金具有由专家管理、规模经营、组合投资、分散风险、满足投资者不同需求等特点。

二、衍生工具

衍生工具是在基础性金融工具之上派生出来的金融投资工具。衍生工具品种繁多，按照衍生工具自身交易方法和特点划分，主要有金融期货、金融期权、金融远期和金融互换四大类。

（一）金融期货

金融期货是指交易双方以约定的时间和价格买卖某种金融工具的具有约束力的标准化合约。金融期货作为期货交易中的一种，具有期货交易的一般特点，即交易对象标准化、交易单位规范化、交易期限规格化、交易价格公开化、交易市场集中化和信用风险最小化。但与商品期货不同的是，其合约标的物不是实物商品，而是传统的金融商品，如证券、货币、汇率，利率等。金融期货一般分为三类，即外汇期货、利率期货和股票指数期货。

1. 外汇期货。**外汇期货是以汇率为标的物的期货合约。**外汇期货合约是由交易双方订立的约定在未来日期以成交时所确定的汇率交割一定数量的某种外汇的标准化合约。

2. 利率期货。**利率期货是以利率为标的物的期货合约。**它是适应各国从事对外贸易和金融业务的需要而产生的，目的是借此规避汇率风险。利率期货种类繁多，按照标的物期限的不同，可分为短期利率期货和长期利率期货。

3. 股票指数期货。**股票指数期货是以股票指数为标的物的期货合约。**也就是指买卖双方按事先约定的价格（指数），在未来某一特定时间交割一揽子指数成分股票而达成的契约。它不涉及股票本身的交割，其价格根据股票指数计算，合约以现金清算形式进行交割。

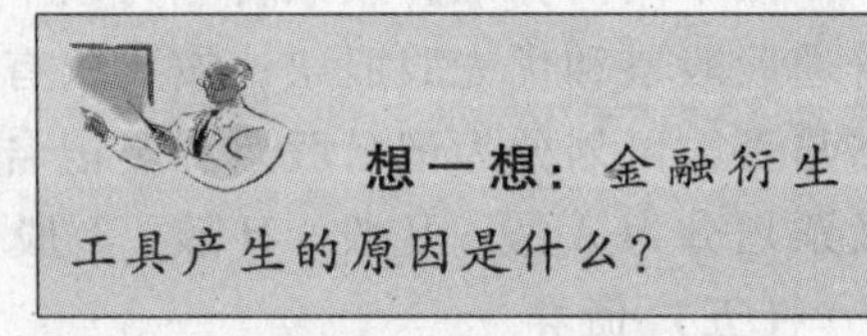

想一想：金融衍生工具产生的原因是什么？

（二）金融期权

金融期权是指在未来一定时间以协议价格买卖特定金融工具的权利的合约。这种权利可以执行，也可以放弃。履行期权合同的权利，称为执行期权；否则，称为放弃期权。场内交易的金融期权主要包括外汇期权、利率期权、股票期权。

外汇期权是在事先约定的交易时期内，以事先约定的价格（汇率）买卖某种外汇权利的合约；利率期权是在未来特定时期内，以事先约定的价格买卖某种金融资产权利的合约；股票期权是在未来特定时期内，以事先约定的价格买卖某种股票权利的合约；股指期权是在未来特定时期内，买卖股指变动率的权利的合约。

（三）金融远期

金融远期（又称为金融远期合约）是指交易双方约定在将来某一时期按照事先商定的价格和确定的方式买卖某种金融资产的合约。远期的基本原理与期货相似，不同点在于：远期不是标准化合约，也不是在特定的交易所进行。只是交易双方通过协商拟定合同的条款细节，包括特定金融工具的数量、品种、交割日期、地点以及价格等。按其交易金融工具的不同，主要有远期利率合约和远期股票合约等。

（四）金融互换

金融互换（又称金融掉期）是指两个或两个以上的当事人按共同商定的条件，在约定的时间内交换一系列支付款项的合约。用以互换的对象，可以是货币，也可以是利率或息票，或者是计息方式和货币均不相同的金融工具。与其他金融衍生产品一样，金融互换产生的原始动因也是规避市场风险、逃避政策管制和套利。互换所在的市场，可以是外汇市场，也可以是货币市场和资本市场。

第三节　货币市场

一、货币市场的概念

货币市场是指以短期金融工具为媒介而进行的一年期以内的资金交易活动的总称。在我国称作短期资金市场。因短期资金市场交易的金融工具期限短、变现力强，近似于货币（可称准货币），故称之为货币市场。与资本市场比较，货币市场主要有以下三个特征：

想一想：货币市场的主要功能是什么？

第一，交易期限短。最短的只有半天或一天，最长的不超过一年。

第二，风险小。在货币市场上筹集的资金是为解决短期资金周转的需要，它能在短期内偿还，价格也相对平稳，因此风险较小。

第三，流动性强。货币市场的交易活动所使用的金融工具期限短，变现速度快，随时可在市场上转换成现金而近似于货币，具有高度的流动性。

二、货币市场的种类

货币市场不是一个单一的市场，而是一组相互联系的市场。同业拆借市场、票据市场、大额可转让定期存单市场和回购协议是货币市场最重要的四种子市场。

（一）同业拆借市场

同业拆借市场是指金融机构之间以货币借贷方式相互融通短期资金的资金融通活动。它包括拆入和拆出资金，拆入是资金短缺者从资金盈余者借入款项，也称拆借；拆出是指资金盈余者向资金短缺者拆出款项，也称拆放。

同业拆借市场的交易具有几个显著的特点：一是融资期限短，同业拆借的期限大多在7天以内，期限短的甚至是隔夜拆借；二是交易手续简单，一般通过电话洽谈，由全国性资金清算网络完成交割；三是凭信用进行交易，交易金额大；四是利率由双方协商决定，随行就市，通常低于中央银行的再贴现率。

（二）票据市场

票据市场是指在商品交易和资金往来过程中产生的以汇票、本票和支票的发行、担保、承兑、贴现、转贴现、再贴现来实现短期资金融通的市场。

票据按交易方式来划分，有票据发行市场、票据承兑市场和票据贴现市场。票据发行与承兑的原理与其他金融工具大同小异，故这里重点分析票据贴现市场。

票据贴现就是持有人将其持有的未到期的票据转让给银行、银行扣除利息后将余款支付给持票人的一种资金融通行为。按贴现关系人和贴现环节的不同，票据贴现可分为三种：贴现、转贴现和再贴现。其中，**贴现是指个人或企业将所持有的未到期票据转让给商业银行或其他贴现机构以进行短期资金融通的行为。转贴现是指商业银行将贴现收进的未到期票据向其他商业银行或贴现机构进行贴现的融资行为。再贴现是指商业银行将其贴现收进的未到期票据向中央银行再办理贴现的融资行为。**再贴现也叫做重贴现，是中央银行执行货币政策而运用的一种货币政策工具。

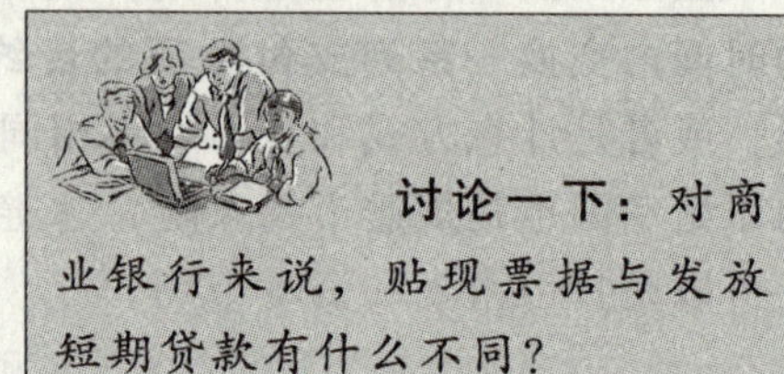

讨论一下：对商业银行来说，贴现票据与发放短期贷款有什么不同？

我国银行经过二十多年的发展，贴现业务范围逐年扩展，除商业票据外，还包括未到期的政府债券和企业债券，地区性和全国性的票据承兑贴现市场已初步形成。

（三）大额可转让定期存单市场（CD 市场）

大额定期存单市场是指发行和转让大额定期存单的市场。大额可转让定期存单，简称“存单”，是银行发行的记载一定存款金额、期限、利率，并可以流通转让的定期存款凭证。

与普通存单相比，大额可转让定期存单的主要特点有：（1）期限短，一般都在一年以内；（2）面额固定，起点高；（3）利率比同期限的定期存款高；（4）不记名，可自由转让。

存单的发行方式有两种：一是批发式发行；二是零售式发行。所谓批发是指必须经过批准，按照规定时间、规定额度出售存单，发售数量受发行时间和发行金额的限制；所谓零售是指没有发行时间和发行额限制，像银行的存款业务一样，是银行的一项日常业务。存单的发行价格可按票面价格出售，到期支付本息；也可贴现发行，到期按票面额支付。利率由发行人根据市场利率水平和银行本身的信用而定，一般比同期国库券的利率高。

（四）回购协议市场

回购协议市场是指资金余缺双方通过签订证券回购协议融通资金的市场。回购是卖方在出售证券的同时，与证券买方签订协议，约定在一定期限后按约定价格购回所卖证券，以便获得短期资金的交易行为。回购协议本质上是一种抵押放款，抵押品为证券，通常为政府债券。中央银行可通过回购协议实现公开市场操作，故回购市场是中央银行执行货币政策的重要场所。

我国的回购协议业务始于 1991 年，作为抵押品的主要是政府债券、中央银行债券及金融债券。最初国债回购业务采取场外交易的方式，集中于地方性的证券交易中心进行，如天津证券交易中心。自 1995 年起国债回购业务主要在上海证券交易所和深圳证券交易所内进行。

第四节 资本市场

一、资本市场概述

资本市场是指期限在一年以上的以长期金融工具为媒介而进行的资金交易的市场。与货币市场相比，其特点主要有：（1）融资期限长，至少在一年以上，最长可达数十年，甚至没有期限；（2）融资的目的主要是为解决中长期融资需求，流动性和变现性相对较差；（3）资金融通规模大；（4）收益较高、风险较大。由于融资期限较长，发生重大变故的可能性也大，市场价格容易波动，投资者需承受较大风险。同时，作为对风险的报酬，其收益也较高。

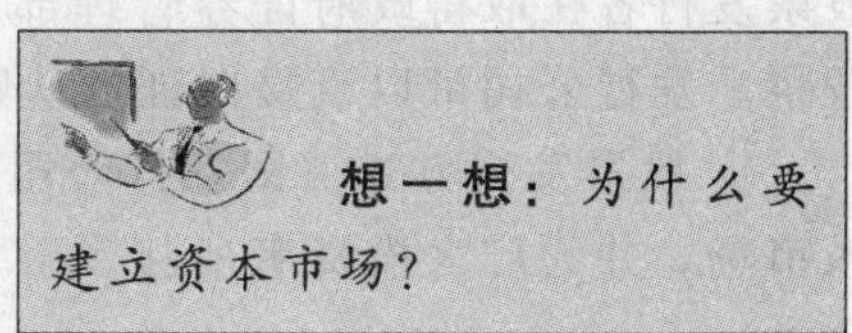

想一想：为什么要建立资本市场？

全面地说，股票市场、债券市场、投资基金市场和银行长期信贷市场都属于资本市场范围。中长期信贷市场属于商业银行业务在这里不述及，只介绍股票市场、债券市场和投资基金市场。

二、股票市场

（一）股票的特征

股票是指股份公司发给股东以证明其入股金额并借以取得股利的凭证。它代表股东对企业的所有权凭证。凭借股票，股东可以获得一系列相关权益，如参加股东大会、选举董事会、参与股份公司的生产经营决策以及参加股份公司分红等。股票作为一种有价证券，具有四个明显特征：

1. 不可偿还性。股票是一种无偿还期限的有价证券，投资者认购了股票后，就不能要求退股还资。股票的转让只意味着公司股东的改变，并不减少公司资本。

2. 参与性。股东有权出席股东大会，选举公司董事会，参与公司重大决策。股东参与公司决策的权利大小，取决于其所持有的股份的多少。

3. 流通性。即股票在不同投资者之间的可交易性。流通性通常以可流通的股票数量、股票成交量以及股价对交易量的敏感程度来衡量。

4. 风险性和收益性。由于受经济、政治、社会以及自身经济情况的影响，股票投资者的收益具有极大的不确定性，股票价格经常处于波动起伏状态。但风险与收益具有对称性，较大的风险带来较大的收益。

（二）股票发行市场

股票发行市场是指股票从规划到销售全过程活动的总称。它是资金需求者直接获得资金的市场。股票的发行是整个股票市场的起点和股票交易的基础。股票发行市场是资金需求者直接获得资金的市场。

1. 股票发行的目的。股份公司可因各种需要发行股票，其原因和目的较为复杂，概括起来不外乎两大方面，一是股份公司成立时的筹资发行；二是现有公司扩张时的增资发行。具体来说，发行主要目的有以下方面：组建公司；扩大经营；改善资本结构；转换经营机制等。

2. 股票发行条件。股票发行条件包括股票发行的一般条件、初次发行股票的特殊条件、增资发行股票的特殊条件等，包括发行主体要求、财务制度要求、公司规模要求、股权分散要求等内容。

3. 股票发行的程序。股票发行，必须依照国家法律规定的程序进行，一般划分为以下几个步骤：（1）提出申请。企业在发行新股票之前，必须向政府证券管理部门提出正式书面申请，并提供有关资料；（2）批准申请。政府证券管理部门根据有关规定对申请股票发行人的申请书逐项审查，认为真实、合理，可以批准发行。新股票的好坏主要是由发行市场的认购人去判断，批准发行者不决定新发行股票的最终命运；（3）发行股票。股票发行者在取得政府证券管理部门同意发行的命令和文件后，就可以向社会正式发行股票。发行公司可以直接向证券认购人出售，也可以委托承销商代理发行。

4. 股票发行方式。即发行公司采用什么方法，通过何种渠道或途径将自己的股票投入市场，并为广大投资者所接受。尽管各国发行方式差异较大，一般说来大体可作如下分类：

（1）直接发行和间接发行。这是按有无中介机构参与发行所作的一种划分。**股票的直接发行是指发行人直接向投资者出售股票**。这种发行方式手续简单，发行费用较低，但发行规模一般较小，是私募发行通常采用的一种发行方式。**股票的间接发行是发行人委托金融中介机构向社会公众公开销售股票**。它是公募发行通常采用的一种发行方式。

（2）公募发行与私募发行。**私募发行（又称不公开发行或内部发行）是指面向少数特定的投资人发行证券的方式**。私募发行有确定的投资人，发行手续简单，可以节省发行时间和费用。私募发行的不足之处是投资者数量有限，流通性较差，且不利于提高发行人的社会信誉。目前我国境内上市外资股（B股）的发行几乎全部采用私募方式进行。**公募发行是指向广泛的不特定的投资者发行证券的一种方式**。为了保证投资者的合法权益，政府对证券的公募发行控制很严，要求发行人具备较高的条件。公募证券可以上市流通，具有较高的流动性，因而易于被广大投资者接受。不足之处在于手续比较复杂，发行成本较高。

5. 股票发行价格。即股份公司发行股票时确定的股票发售价格。股票发行价格一般有五种。一是面值发行，即发行价格与面值相等，也叫平价发行；二是溢价发行，即以高于面值的价格发行；三是折价发行，即以低于面值的价格发行；四是时价发行，即对于增资扩股发行股票，可以依照规定按该公司股票的市价发行；五是中间价发行，即对于再次融资发行的股票，可以按照公司股票市价和面值的中间平均价发行。大多数国家包括我国禁止股票折价发行。

（三）股票的流通市场

股票流通市场是已发行的股票进行买卖交易的场所。这一市场为股票提供了流动性。

1. 股票流通市场的构成。流通市场的构成要素主要有：（1）股票持有人，在此为卖方；（2）投资者，在此为买方；（3）为股票交易提供流通、转让便利条件的信用中介机构，如证券公司或股票交易所（习惯上称为证券交易所）。

股票流通市场体系由两部分组成：场内交易市场和场外交易市场。前者主要是指以证券交易所为代表的有形市场；后者是在证券交易所大厅外进行各种证券交易活动的总称，它与交易所共同构成一个完整的证券交易市场体系。场外交易市场又可以进一步划分为三种类型：店头市场、第三市场和第四市场。其中店头市场又称柜台市场，是投资者在证券交易所以外某一固定场所进行未上市股票或不足一个成交单位的证券交易所形成的市场。第三市场是已在证券交易所上市的证券在证券交易所之外进行交易时所形成的市场。第四市场是大户通过电话、电脑等现代通讯手段直接进行证券买卖所形成的市场。

2. 股票行市。**股票行市是指在股票流通市场上买卖股票的价格**。在股票流通市场上买卖的股票都有其券面价值，它是股票的名义价值。但在流通市场上进行买卖时，实际成交价格往往高于或者低于票面金额。这种买卖时的实际交易价格就是股票行市。股票行市取决于两个基本因素：一是证券收益；二是当时的市场利率。股票行市的计算公式为：

股票行市 = 股票预期收益 ÷ 市场利息率

上述公式只是确定股票行市的基本公式，实际上影响股票行市的因素是相当复杂的。

3. 股票价格指数。**股票价格指数（简称股价指数）是由证券交易所或金融服务机构编制的反映股票行市变动的统计指标**。通常用计算期的股份相对于基期股价增减的百分率来表示。由于经济、政治等多方面的原因，股票价格经常处于变动之中。为了能综合反映这种变化，世界各国金融市场都编制了股票价格指数。股票价格指数的具体编制方法基本上有两种，即简单平均法和加权平均法。目前世界上比较著名的股票价格指数有美国道·琼斯股价指数、标准普尔股价指数、纽约股票价格指数、英国的《金融时报》股价指数、日本的日经股价指数、东证股价指数、香港的恒生股价指数等。随着世界经济信息化的来临，发达国家为了支持和发展高新技术产业，开设了二板市场，同时编制反映高新技术产业上市公司股价变动情况的股价指数，如美国的纳斯达克指数、香港的创业板市场等。

讨论一下：如何科学地分析股票价格指数？

4. 股票交易方式。股票在流通市场上的交易方式主要有四种：（1）现货交易。指交易双方在成交后马上（或在极短的期限内）进行清算交割的交易方式。（2）期货交易。又称期货合约交易，是指交易双方在成交后按照协议规定条件远期清算交割的交易方式。（3）期权交易。又称主选择权交易，是投资者在交纳一定期权费后，取得的一种在未来某一时期内按协议价格买进或卖出一定数量金融资产权利的交易方式。（4）信用交易。又叫垫头交易，是指股票买方或卖方通过交付保证金以获得经纪人借款或股票的交易。股票信用交易有两种情形：一是在购买股票时，只支付保证金，其余资金由经纪人支付；二是在出售股票时，出售方只拿出一部分股票，其余股票则由经纪人垫付。无论是哪一种情形，股票经纪人都可获得融资或融券的利息收入。

三、债券市场

债券市场是债券发行和交易的场所。债券市场是政府、企业和金融机构筹集长期资金的主要场所，以债券作为交易的对象。债券市场分为债券发行市场和债券流通市场。

（一）债券发行市场

债券发行市场主体包括发行人、投资人和中介机构。发行人是指为筹措资金而发行债券的企业、政府及其公共机构、银行及其主要非银行金融机构。投资人包括政府及其公共机构、企业、银行或非银行金融机构以及个人。中介机构与股票发行市场上的中介人相同，即证券承销商。

1. 债券发行的目的。一般来说，政府发行公债的目的，主要是为了弥补财政赤字和调节经济运行。金融机构发行债券的目的，主要是为了获得比较稳定的长期资金来源，扩大资产业务；公司或企业发行债券的目的则是多方面的，如扩大资金来源、降低资金成本、减少税收支出、保证股东对公司的控制权等。

2. 债券发行条件。为了防止发行人因举债过多而影响其财务的健全性、安全性，防止债权人蒙受意外损失，各国对债券发行人都有一定的条件规定。由于公债和金融债的信誉较好，一般无违约风险，所以，对公债和金融债的发行限制较少。各国对公司债发行的资格和条件规定较为具体和严格。无论发行何种债券，发行人都必须有足够的偿债能力的证明及其偿债措施。

3. 债券发行程序。债券发行程序与股票发行程序基本相同，大体包括以下几步：决议、审批、公示、认购以及款项划拨等。

4. 债券发行方式。一般来说，债券发行方式与上述股票发行方式类似，不外乎公募发行，或私募发行，或直接发行，或间接发行。公募间接发行是世界各国通常采用的方式，尤其是与股票发行相比，债券绝大部分采用公募间接发行。因为债券的发行人不限于股份公司，发行对象也不必限于公司股东或少数特定的第三者。到目前为止，在我国发行的债券中，也以公募间接方式发行的较多。世界各国的国债和金融债基本上都是公募间接发行的，只有少量企业内部集资债券属于私募直接发行。

5. 债券发行价格。**债券的发行价格是发行者发行债券时所确定的债券发售价格。**与股票发行价格相比，债券发行价格较为简单，习惯上以对券面金额的百分比来表示。这样，债券的发行价格就有三种可能，即高于券面金额的溢价发行方式（升水发行）、等于券面金额的平价发行方式（面额发行）和低于券面金额的折价发行方式（贴水发行）。发行价格可以与票面利率相配合来调整债券购买者的实际收益率。在实际操作中，发行债券通常先确定债券期限和票面利率，然后再根据当时的市场利率水平进行微调，确定实际发行价格。一般说来，当市场利率水平有较大幅度浮动时，可以调整债券的票面利率，也可以微调发行价格与之相适应。

（二）债券的流通市场

债券流通市场是已发行债券进行买卖转让的市场。上市债券流通既可以在证券交易所进行，也可以在场外市场进行，而非上市债券则只能在场外市场进行交易流通。

1. 债券行市。**债券行市是指在债券流通市场上买卖债券的价格。**决定债券行市的基本因素有两个：一是债券收益；二是当时的市场利率。债券行市的计算公式为：

债券行市 = 债券到期收入的本利和 ÷（1 + 市场利率 × 到期期限）

2. 债券收益率。**债券收益率是指购买债券所能带来的收益额与本金之间的比率。**由于债券收益率能在购买时预先确切地计算出来，可以说是固定的收益率。决定债券收益率的因素主要有三个，即利率、期限和购买价格。衡量收益率的指数有名义收益率、持有期收益率和实际收益率。

名义收益率。是按既定利率计算的年利息收入与本金的比率，计算公式为：

名义收益率 =（年利息 ÷ 认购价格）×100%

持有期收益率。是指在持有债券期间所获得的收益率，计算公式为：

持有期收益率 =［（卖价 − 买价）÷ 持有年数］÷ 买价 ×100%

讨论一下： 债券收益率与利率、期限和购买价格之间的关系如何？

实际收益率。即名义收益率扣除通货膨胀率之后的收益率，计算公式为：

实际收益率 = 名义收益率 − 通货膨胀率

四、投资基金市场

投资基金市场是进行证券投资基金认购、申购和赎回的市场。即进行投资基金发售和交易的市场。

（一）证券投资基金发行市场

1. 证券投资基金设立与发行方式。证券投资基金的设立有两种基本方式，即注册制和核准制。基金注册制是指基金只要具备法规规定的条件，便可以申请并获得注册。目前发达国家和地区一般采用注册制，如美国、英国和我国的台湾、香港地区。基金核准制是指基金不仅要具备法规规定的条件，还要通过基金主管机关的实质审查才能设立。在基金核准制下，基金主管机关有权对基金发行人及其所发行的基金作出审查和决定。我国实行的是基金核准制，基金的设立必须经过中国证监会的核准。

2. 基金的设立程序。包括申请、核准和募集。设立基金须由基金管理人向中国证监会提出申请，提交按《基金法》规定制作的募集申请材料。国务院证券监督管理机构应当自受理基金募集申请之日起六个月内依照法律、行政法规及国务院证券监督管理机构的规定和审慎监管原则进行审查，作出核准或者不予核准的决定，并通知申请人；不予核准的，应当说明理由。基金的募集是指基金管理人在募集申请经核准后，发售基金份额。基金的募集和股票及债券的发行一样，有两种基本方式，即公募和私募。目前，我国批准设立的基金均为公募发行。基金份额的发售，由基金管理人负责办理；基金管理人可以委托经国务院证券监督管理机构认定的其他机构代为办理。封闭式基金借鉴股票的发行办法，采用上网定价发行办法。开放式基金主要委托商业银行系统代为发售。

3. 基金的种类。证券投资基金可按照不同的标准进行各种分类。按照基金的组织形式不同，基金可分为契约型基金和公司型基金；按照基金在存续期内基金份额是否可以变动为标准，基金可分为封闭式和开放式基金；根据投资目标和风险差异，基金可分为三种：成长型基金、收入型基金和平衡型基金；根据投资标的不同，基金可分为国债基金、股票基金、货币市场基金、黄金基金、衍生证券投资基金、指数基金和对冲基金等。

想一想： 我国目前的基金有哪几种？

（二）证券投资基金流通市场

1. 证券投资基金的交易方式与场所。国际上的通行做法是，证券投资基金在发行结束一段时间后（一般为 3 ~ 4 个月），就应该安排基金的交易。其中，封闭式证券投资基金的交易与股票、债券类似，投资者可以通过自营商或经纪人在二级市场（如证券交易所）上自由买卖。开放式证券投资基金的交易则不同，投资者需等到该基金首次发行结束一段时间（通常为 3 个月）后，才可以到该基金专门开设的柜台上进行自由买卖。因此，开放式证券投资基金的交易实际上都是在投资者和基金管理公司之间进行的。

2. 证券投资基金的交易价格。由于封闭式基金和开放式基金在买卖价格决定原理和买卖方式上的巨大差异，导致两者在流通市场上的交易价格有很大的不同。

封闭式基金在发行后，在二级市场上的交易价格主要由市场供求决定，存在着很大的波动性，其价格既可以高于也可以低于基金净资产。如果供大于求，则该基金的交易价格就会下降；相反，交易价格则会上升。

开放式基金的基金单位交易价格则取决于申购、赎回行为发生时尚未确知（但当日收市后即可计算并于下一交易日公告）的单位基金资产净值。所谓基金净资产是指基金投资组合的总市值减去总负债后，再除以基金发行总份额数。当投资者购买时，开放式基金的交易价格（即申购价格）等于基金净资产加上手续费。而当投资者出售时，开放式基金的交易价格等于基金净资产减去手续费。

（三）基金的收益与分配

基金持有人投资于基金的收益分为两部分：一是投资基金的分红派息；二是买卖投资基金单位的价差收益。无论是开放式基金还是封闭式基金，其价格都是随着证券市场的波动而不断变动的。基金的收益主要来自以下三个方面：利息、股利、资本利得。基金的收入减去应扣除的费用后构成基金的净收益，也就是可供基金持有人分配的收益。基金投资取得利润后要按照分配方案（项目、时间和方式）进行分配。

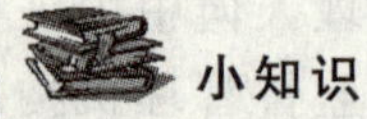
小知识

我国的股票指数

我国最知名的股票指数包括上海证券综合指数、深圳证券成份指数以及沪深 300 指数。上海证券综合指数简称“上证综指”，深圳证券成份指数简称“深证成指”，前者属于综合指数，后者属于成份指数。

上证综指是由上海证券交易所编制，以上海证券交易所挂牌上市的全部股票为计算范围，以发行量为权数综合，反映了上海证券交易市场的总体走势。

深证成指是由深圳证券交易所编制，它是按一定标准选出 40 家有代表性的上市公司作为成份股，用成份股的可流通数作为权数，采用综合法进行编制而成的股价指数，综合反映深交所上市 A、B 股的股价走势。为保证成份股样本的客观性和公正性，成份股不搞终身制，深交所定期考察成份股的代表性，及时更换代表性降低的公司，选入更有代表性的公司。

沪深 300 指数是在上海和深圳证券市场中选取规模大、流通性好的 300 只 A 股作为样本，其中沪市 179 只，深市 121 只，以 2004 年 12 月 31 日为基日，采用市值加权平均计算的股价指数，于 2005 年 4 月 8 日正式发布。

第五节　外汇市场和黄金市场

一、外汇市场

（一）外汇市场的概念

外汇市场是指从事外汇交易活动的场所。包括有形市场和无形市场。

按照外汇交易参与者的不同，外汇市场可分为广义外汇市场和狭义外汇市场。狭义外汇市场又称为外汇批发市场，它特指银行同业间的外汇市场，交易金额巨大。广义外汇市场，除上述狭义的外汇市场外，还包括银行与一般客户之间的外汇交易。本节所述的外汇市场是广义的外汇市场。

（二）外汇市场的参与者和交易方式

在外汇市场上，外汇交易的参与者主要有以下几类：

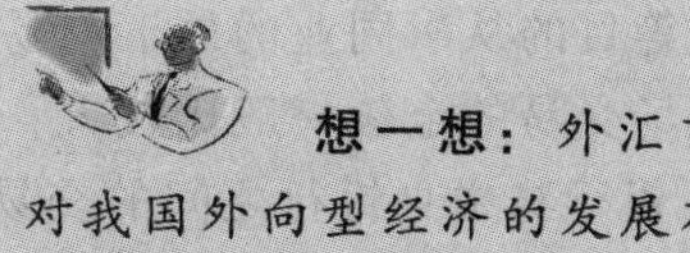

想一想：外汇市场对我国外向型经济的发展有什么益处？

1. 外汇银行。它是经中央银行批准可以经营外汇业务的商业银行和其他金融机构。外汇银行是外汇市场上首要的参与者，主要包括专营或兼营外汇业务的本国商业银行、在本国的外国商业银行分行及本国与外国的合资银行、其他经营外汇买卖业务的本国金融机构，如信托投资公司、财务公司等。

2. 外汇经纪人。外汇经纪人是外汇市场上介绍客户进行外汇交易的中间人。他们一般自己不买卖外汇，不能直接报出自己的汇率，而是凭借与外汇银行的密切联系和自己所掌握的外汇信息，促成双方交易，从中赚取手续费。外汇经纪人须经有关部门的批准才能取得经营资格，其收入主要以佣金的方式获得。外汇经纪人在降低交易成本、保持外汇市场的连续性等方面发挥了重要作用。

3. 中央银行。中央银行参与外汇交易的主要目的是管理和调控外汇市场，以保持本国货币汇率的稳定、维护市场正常的运行秩序，进而实现本国货币政策的意图。中央银行干预外汇市场的形式是多种多样的，既可以在即期市场或远期市场上直接买进或卖出外汇，又可以通过调整利率来影响国际资本流动和汇率变化，还可以通过行政或法律手段直接管制外汇市场。

4. 顾客。顾客统指与外汇银行有外汇交易关系的所有公司或个人，他们是外汇市场上作用与地位仅次于外汇银行的又一市场主体。顾客包括：交易性的外汇买卖者，如进出口商、国际投资者、旅游者等；保值性的外汇买卖者，如套期保值者；投机性的外汇买卖者，即外汇投机商。顾客从事外汇交易的主要目的或是为了清算国际资金，或是为了规避外汇风险，或是为了获取投机利润。

外汇市场的交易方式与其他金融市场一样，主要有以下几种：即期交易、远期交易、期货交易、衍生工具交易等。其中衍生工具交易包括掉期交易及套汇交易等方式。掉期交易是指对不同期限，但金额相等的同种外汇作两笔反方向的买卖行为，其主要目的是管理资金头寸，规避汇率风险；套汇交易是指套汇者同一时间点利用两个或两个以上的地区性外汇市场上某些货币在即期汇率上的差异进行外汇买卖的行为。

（三）外汇市场交易的三个层次

根据上述对外汇市场参与者的分类，外汇市场的交易可以分为三个层次的交易，即银行与顾客之间，银行同业之间，银行与中央银行之间的交易。在这些交易中，外汇经纪人往往起着中介作用。

1. 银行与客户之间的外汇交易。这一交易往往是在银行的柜台上进行。银行在与客户的交易中，对不同的客户分别买入或卖出不同种类的外汇，实际上是在外汇的最终供给者与最终需求者之间起中介作用，赚取买卖的差价。这一市场又被称为“零售市场”。

2. 银行同业间的外汇交易市场。银行在每个营业日，根据顾客的需要与其进行外汇交易，难免产生各种外汇头寸的多头或空头，统称敞口头寸。多头表示银行该种外汇的购入额大于出售额，空头表示银行该种外汇的出售额多于购入额。当银行外汇头寸处于敞口头寸状态时，银行就将承担外汇风险。若要避免外汇风险，就需通过银行间外汇市场的交易“轧平”头寸，即将多头抛出，空头补进。此外，银行还出于投机、套利、套期保值等目的从事同业的外汇交易。外汇市场交易总额的绝大部分是银行同业间的交易，这一市场交易的金额一般比较大，因此被称为“批发市场”。

3. 银行与中央银行之间的交易。中央银行为了使外汇市场上自发形成的供求关系所决定的汇率能相对地稳定在某一期望的水平上，可通过其与外汇银行之间的交易对外汇市场进行干预。如果某种外币兑换本币的汇率低于期望值，中央银行就会向外汇银行购入该种外币，增加市场对该种外币的需求量，促使银行调高其汇率；反之，如果中央银行认为该种外币的汇率偏高，就向银行出售该种外汇储备，促使其汇率下降。

二、黄金市场

黄金在20世纪70年代被国际货币基金组织宣布非货币化，至此，黄金作为货币继退出国内流通之后，也退出了国际流通。但由于黄金在货币史上的重要地位、黄金的增值法力以及业已存在的完备的市场体系，许多国家还把黄金作为国际储备资产之一，黄金市场仍是金融市场的组成部分。

（一）黄金市场的种类

黄金市场是集中进行黄金买卖的场所。黄金市场的参与者主要包括黄金的卖方、买方和黄金经纪人三部分。黄金卖方有产金国的采金企业、藏有黄金待售的私人或集团、做金价看跌空头的投机者以及各国的中央银行等；黄金买方有各国的中央银行、为保值或投资的购买者、做金价看涨多头的投机者及以黄金作为工业原料的工商企业等。黄金市场上的交易活动，一般都通过黄金经纪人成交。国际黄金市场上的黄金供应有三个渠道：一是金矿开采；二是各种金融机构、企业、公司和私人出售黄金；三是一些国家在黄金市场上出售金币或发行黄金证券。

黄金市场可以根据其性质、作用、交易类型、交易管制程度等作不同的分类。

1. 按交易类型和交易方式划分，可将黄金市场划分为现货交易市场和期货交易市场。目前世界上存在两大黄金集团：伦敦—苏黎世集团是国际黄金现货交易的中心；纽约（包括芝加哥）—香港集团是国际黄金期货交易中心。其中，伦敦黄金市场的作用尤其突出，该市场的黄金交易和报价仍然是反映世界黄金行市的“晴雨表”。

2. 按性质划分，可以分为主导性市场和区域性市场。目前主导性市场有伦敦、苏黎世、纽约、香港、芝加哥，这些主导性市场是国际性交易集中的市场，其交易量的变化及价格的形成对其他市场有很大影响。区域性市场的交易规模有限，且市场的价格、交易量以及市场的参与者只涉及某一地区或某一国家，对国际上其他黄金市场影响不大，主要有迪拜、巴黎、法兰克福、新加坡、东京、布鲁塞尔等黄金市场。

3. 按交易管制的程度不同，黄金市场可分为自由交易黄金市场和限制交易市场。自由交易市场内黄金可以自由输出入，居民和非居民可以自由买卖黄金，如苏黎世。而在限制交易市场，黄金的输出和输入，一般要受到管制，只允许非居民自由买卖黄金。还有一些实行严格管制的黄金市场，对黄金输出、输入实行严格管制，只准居民自由买卖，实际上只是国内黄金市场。

（二）黄金市场工具

当今的黄金分为商品性黄金和金融性黄金。商品实物黄金交易额不足总交易额的3%，90%以上的市场份额是黄金金融衍生物。目前，在国际市场上比较常见的黄金投资工具主要有以下8种：

1. 标金。标金是标准金条的简称，标金是黄金投资的基础工具，是按照统一标准而浇铸成条块状黄金的简称，也称为实金、金条。标金是黄金市场为使场内的买卖交易行为规范化、计价结算国际化、清算交收标准化而要求进场的交易标的物。

2. 金币。金币是黄金投资的传统工具之一，主要投资目的是为了收藏、保值。目前在国际黄金市场上参与交易的金币主要分为四大类：流通金币、纯金币、纪念金币、贸易金币。

3. 黄金账户。黄金账户是黄金投资的创新工具，是指黄金经纪商为黄金投资者提供的一种专作黄金转账交易而又无需实物交割支付的黄金投资工具，又称为黄金请求账户。

4. 纸黄金。这是为想拥有黄金又不愿承担黄金运输保管负担者而设计的，又称为黄金凭证，就是在黄金市场上买卖双方交易的标的物是一张黄金所有权的凭证而不是实物黄金，常见的类型有黄金储蓄存单、黄金交收订单、黄金证券、黄金账户单据、黄金现货交易中当天尚未交收的成交单、国际货币基金组织的特别提款权等，均属纸黄金的范畴。

5. 金饰品。金饰品是黄金投资的传统工具之一，主要投资目的是为了收藏、保值及装饰。金饰品的种类繁多，按其用途不同，一般可分为用于人体装饰的金首饰，用于表彰激励的金杯、金牌、金质奖章等。

6. 黄金股票。黄金股票是黄金投资的延伸产品，是黄金公司向社会公开发行的上市或不上市的股票，所以又可称为金矿公司股票。

7. 磐泥黄金股票。投资者买卖已购置了大批可能含有沙金成分的河床或矿金成分的山地，但还未被开发证实的股份公司所发行的股票就被称为磐泥股票。

8. 黄金基金。黄金基金是黄金投资的衍生工具，是指专门以黄金、黄金股票、黄金债券或黄金类衍生交易品种作为投资对象以获取投资收益的基金。

（三）我国的黄金市场

建国初期，我国黄金储备只有六千多两，黄金成了新中国绝对重要的战略物资和紧缺的国家储备。国内黄金白银买卖统一由中国人民银行经营管理，冻结一切民间金银买卖活动，严厉打击银元投机及黄金走私活动。改革开放之后，外汇储备不断增加，拉开了黄金管理体制改革的序幕。1979 年国务院授权中国人民银行公开发行纪念金币，1982 年中国人民银行发出《关于在国内恢复销售黄金饰品的通知》，黄金饰品允许进入商品零售市场。此后，国家又颁布了一系列有关放松黄金管理的条例。2002 年 10 月，上海黄金交易所的正式成立，标志着我国黄金市场的产生，至此，我国完整的金融市场体系已经筑就。

虽然我国的黄金市场才刚刚起步，但却在不长的时间内取得了长足的进步：市场规模明显扩大，投资比例增长较快，定价机制逐步形成，投资品种不断丰富，市场参与者数量增加，黄金市场显示出了良好的前景。

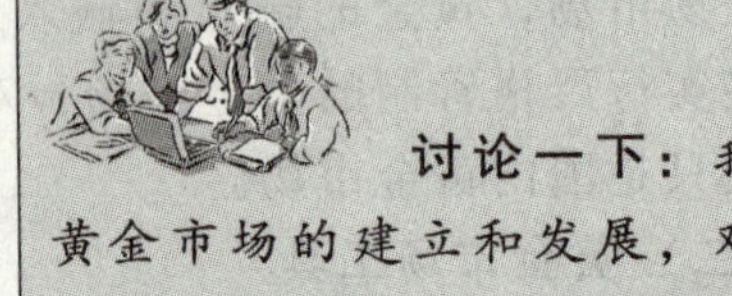

讨论一下：我国黄金市场的建立和发展，对我国的金融市场有什么意义？

中国黄金市场的建立和发展，标志着包括货币市场、证券市场、保险市场、外汇市场在内的中国主要金融产品交易市场基本建成，中国金融市场体系更加完整，而一个完整的金融市场体系将为中国的宏观经济调控提供更加坚实有效的微观基础。

小资料 

世界官方黄金储备（2009 年 4 月，单位：吨）

1. 美国 8133.5； 2. 德国 3412.6； 3. 国际货币基金组织 3217.3；
4. 法国 2508.8； 5. 意大利 2451.8； 6. 中国（大陆）1054；
7. 瑞士 1041.1； 8. SPDR 黄金信托（ETF 基金）1024； 9. 日本 765.2；
10. 荷兰 621.4； 11. 欧洲央行 641.7； 12. 中国台湾 423.3；
13. 西班牙 416.8； 14. 俄罗斯 402.8； 15. 葡萄牙 382.6；
16. 印度 357.7； 17. 委内瑞拉 357.1； 18. 英国 310.2；
19. 奥地利 288.7； 20. 黎巴嫩 286.8。

【重要概念】

金融市场 金融工具 商业票据 衍生工具 投资基金 货币市场 票据市场
资本市场 股票价格指数 黄金市场

【思考与实训】

1. 查找资料和调研，思考我国金融市场的发展状况及存在的主要问题。
2. 查看当天的股票行情，并思考其特点。
3. 查找资料，思考我国黄金储备的特点和问题。

【分析与讨论】

查找最近的上证综指和深证成指，结合我国经济形势和所学知识，分析、讨论我国股票市场的走势。

第九章

货币供求

学习要点

- 货币供应的层次
- 货币供应机制
- 通货膨胀的类型
- 通货紧缩的成因

第一节 货币供应

一、货币层次

中央银行对货币供应量通常是分层次控制的。世界各国对货币层次的划分有多种标准，但普遍遵循的原则是金融资产流动性的大小。**流动性是指金融资产转化为现金或活期存款的能力，也就是金融资产变为现实的流通手段和支付手段的能力**。其转换为现金和活期存款的成本越低、时间越短，则流动性越强，货币层次也就越高；反之，则货币层次越低。

国际货币基金组织关于货币层次的划分为：

M_0 = 银行体系以外的现钞和铸币

$M_1 = M_0$ + 商业银行的活期存款 + 其他活期存款

$M_2 = M_1$ + 准货币（定期存款和政府债券）

从 1994 年第三季度起，中国人民银行正式推出我国的货币供给量统计指标，并按季度向社会公布。《中国人民银行货币供应量统计和公布暂行办法》规定：货币供应量，即货币存量，是指一国在某一时点流通手段和支付手段的总和，一般表现为金融机构的存款、流通中的现金等负债，亦即金融机构和财政之外，企业、居民、机关团体等经济主体的金融资产。

根据国际通用的按货币流动性的强弱进行货币层次划分的原则，结合我国的国情，我国的货币供应量划分为以下四个层次：

M_0 = 流通中现金

M_1 = M_0 + 企业活期存款 + 机关团体部队活期存款 + 信用卡类存款（个人持有）

M_2 = M_1 + 城乡居民储蓄存款 + 企业存款中具有定期性质的存款 + 外币存款 + 信托类存款

M_3 = M_2 + 金融债券 + 商业票据 + 大额可转让定期存单

其中，M_1 是通常所说的狭义货币供应量；M_2 是广义货币供应量；M_2 与 M_1 之差是准货币；M_3 是考虑到金融不断创新的现状而增设的，目前暂不编制这一层次货币供应量。由于城乡居民的活期存款必须到有关的金融机构兑现，不能据以签发支票直接支付，也不能计入狭义货币 M_1，但信用卡活期账户上的活期存款是例外。

不同层次的货币供给量，其活动和影响的经济范围也不同，它们的变化往往反映了不同的商品市场供求关系的变化。如 M_0 的变化主要影响并反映了我国基本消费品供求的变化，而 M_1 和 M_2 的变化还反映了投资的各个环节。M_1 对经济的影响比 M_2 的影响更直接，也更迅速，而 M_2 的影响又超过 M_3 的影响。因为 M_1 是现实的购买力，它的变化将直接引起市场供求和物价的变化，而对于 M_2 和 M_3 来说，只有当它们转变为 M_1 后才会产生这种影响。所以，当局总是非常注重对于狭义货币供给量的控制。

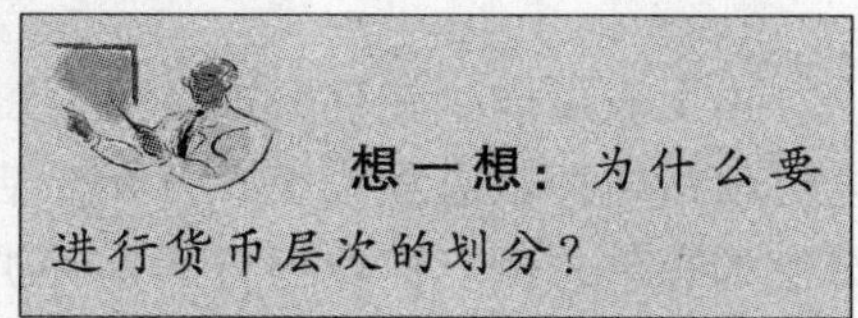

想一想：为什么要进行货币层次的划分？

二、货币创造

现代经济生活中的货币都是由银行体系创造和提供的。现代银行体系是二级银行体制，整个银行系统分为中央银行和商业银行两个层次。我们分别从中央银行和商业银行的角度考察整个经济生活中的货币供给是怎样创造出来的。

（一）商业银行存款货币的创造过程

商业银行是存款货币创造的主体。商业银行创造的货币是派生存款，派生存款和原始存款共同构成了商业银行的活期存款总额。**原始存款是指客户以现金存入银行形成的存款**。银行在经营活动中，只须保留一小部分现金作为付现准备，可以将大部分存款用于放款。客户在取得银行贷款后，一般并不立即提取现金，而是转入其在银行的活期存款账户，这样整个银行系统一方面增加了放款，一方面增加了活期存款。**银行用转账方式发放贷款时创造的存款称为派生存款**。派生存款，又会被银行贷出，同样派生出另一笔存款。这样的存贷、贷存的反复进行，自然会派生出大量的存款来增加流通中的货币供应。

为了简要说明商业银行创造存款货币的过程，先做几个假定：商业银行只持有法定准备金，其余部分全部运用出去，超额准备金为零；客户的资金全部通过银行结算，没有提现的行为；法定存款准备金比率为20%。

假设现在A企业将1万元销售所得存入第一家银行，该行增加原始存款1万元，按20%提留2000元法定准备金，其余8000元全部贷给B企业，B企业用来支付C企业货款，C企业将款项存入第二家银行，使其存款增加8000元。该行提留1600元法定准备金后，又将6400元贷给D企业，D企业又用来向E企业支付货款，E企业将存款存入第三家银行，该行又用来继续贷款，如此循环下去，则存款货币的派生过程如表9－1所示。

表9－1　存款派生过程

银行名称	存款增加金额	准备金	贷款增加金额
第一家银行	10000	2000	8000
第二家银行	8000	1600	6400
第三家银行	6400	1280	5120
第四家银行	5120	1024	4096
⋮	⋮	⋮	⋮
第十家银行	1342.18	268.44	1073.74
合　计	50000	10000	40000

由上表可知，在部分准备金制度下，1万元的原始存款，可使银行共发放贷款4万元，并可使活期存款总额增至5万元。活期存款总额超过原始存款的数额，便是该笔原始存款所派生的存款总额。商业银行的这种扩张信用的能力决定于两大因素：一是原始存款。原始存款越大，则往下派生数额也越大，两者成正比。二是上交中央银行的法定存款准备率。如果存款准备率高，往下派生数额相对减少；反之，派生数额相对增加，两者成反比。用公式表示：

$$存款总额 = 原始存款 \times \frac{1}{存款准备率} \tag{9-1}$$

需要补充说明的是，在现实经济生活中，存在以下事实：

（1）在银行存款中，客户会提取部分现金，从而使一部分现金流出银行系统，出现现金漏损。**现金漏损与存款总额之比称为现金漏损率**。显然，当出现现金漏损时，银行系统的存款准备金会减少，也即银行由吸收存款而可扩大贷款的资金相应减少，由此也就减小了银行创造派生存款的能力。

（2）商业银行在上交存款准备金外，为了随时应付支付的需要，往往还需保留部分存款备付金，即超额准备金。显然，这也相应地减小了银行创造派生存款的能力。**银行超过法定要求保留的准备金与存款总额之比称为超额准备率。**

如果考虑到这两个事实，当现金漏损率提高，银行本身超额准备率提高，则银行可发放贷款的资金要相应减少，派生存款能力减弱；反之，则派生能力相应增大。因此，现金漏损率与超额准备率也与商业银行存款派生能力成反比。将这个因素补充加入上式，则可得下列式：

$$存款总额 = 原始存款 \times \frac{1}{存款准备率 + 现金漏损率 + 超额准备率} \tag{9-2}$$

由上可知，商业银行吸收一笔原始存款能够创造多少存款货币，要受到法定存款准备率、现金漏损率、超额准备率等诸多因素的影响。分母的数值越大，则派生倍数的数值越小，商业银行创造货币的能力也越小。反之，则商业银行创造货币的能力也越大。

经过商业银行的信用货币创造过程，可以看到，原始存款实现了多倍的扩张，得到了多倍的货币供应量。

（二）中央银行的货币创造

基础货币（又叫高能货币或强力货币），通常指创造存款货币的商业银行在中央银行的存款准备金与流通于银行体系之外的现金之和。前者包括商业银行持有的库存现金和在中央银行的法定存款准备金以及超额存款准备金。用公式表示：

基础货币 = 法定准备金 + 超额准备金 + 银行系统的库存现金 + 社会公众手持现金

概括地说，中央银行提供的基础货币与商业银行创造的存款货币的关系，实际是一种源与流的关系。如前所述，影响商业银行创造派生存款货币能力的一个非常重要的因素，是商业银行所能获得的原始存款的数量。而这些原始存款正是来源于中央银行创造和提供的基础货币。如果中央银行缩减或收回对商业银行等机构的信用支持，从而减少基础货币的供给，则必将导致商业银行体系对贷款乃至存款的多倍收缩。所以，基础货币及其量的增减变化直接决定着商业银行贷款的增减，从而决定着商业银行创造存款货币的能量。

实际上，随着社会扩大再生产的不断发展，新的基础货币不断被中央银行创造出来，为商业银行提供派生的“原动力”，又经商业银行体系不断创造出满足经济需要的追加货币供给。

讨论一下：银行是否可无限地创造货币？

综上所述，在货币供应中，中央银行和商业银行相互联系，共同操作，以调节货币供应量。

三、影响货币供给量的其他因素

货币供给的主体是银行，银行不能单方面地决定货币供给，实际上银行主要是从外在的、技术的方面施加影响。从根本上说，影响和决定货币供给的还有社会再生产中的其他因素。

（一）商业银行存款准备金的保留情况

商业银行如果将保留的准备金维持在规定的最低法定存款准备金水平上，则会使存款派生能力达到最大限度。但在某些情况下，商业银行宁愿牺牲一部分贷款利息，而保持较多的超额准备金，特别是在经济状况不稳定时，银行希望扩大超额准备，以防客户集中提取现金。经济萧条时，暗淡的前景预期使银行不愿扩大放款。这样都会削弱存款派生的能力，从而减少货币供应量。

（二）社会对信贷资金的需求程度

商业银行扩大超额准备金，并且愿意运用超额准备扩大贷款规模，并不等于货币供应量必然扩大。社会对信贷资金的需求程度，直接影响商业银行可以放款的数量。而社会对信贷资金需求程度受商品供求状况、价格稳定状况、市场利润率等因素的影响。

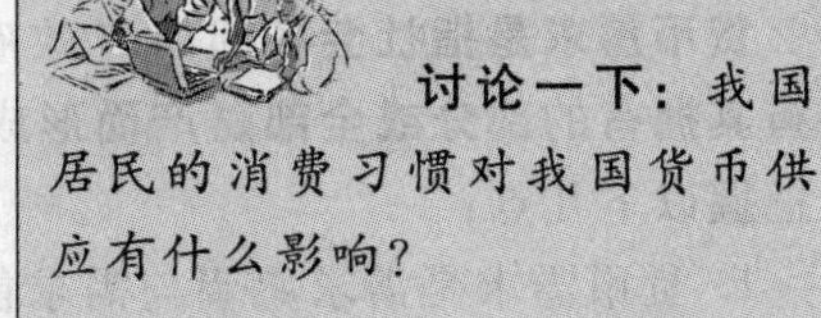

讨论一下：我国居民的消费习惯对我国货币供应有什么影响？

（三）社会持有现金的愿望对货币供应量的影响

现金漏损率是影响商业银行派生能力的一项因素，其数值的大小，主要取决于社会持有现金的愿望。如果社会公众愿意更多地持有现金，则提现率提高，货币乘数减小，银行扩张能力收缩；如果社会公众愿意较少地持有现金，则提现率降低，银行扩张能力增强。而社会公众愿意持有现金的多少，是由许多客观经济因素决定的，如社会公众收入水平的变化、社会支付习惯以及对通货膨胀预期等因素。这些都不是中央银行所能直接控制的。

以上我们从三个方面分析了各种因素对货币供应量的影响，从中可以得出结论：尽管流通中的货币是由银行体系创造和供应的，但社会并不是简单地接受这个量。货币供应量的最终形成，从根本上说，是社会各部门共同作用的结果。

小知识

美国次贷危机

次贷即次级住房抵押贷款，是指贷款机构向信用程度较差和收入不高的借款人提供的贷款。近些年美国放松购房信贷标准（不用付首期，不用收入证明等），形成次级房贷市场。次级房屋信贷经过贷款机构及华尔街用财务工程方法加以估算、组合、包装，就以票据或证券产品形式在抵押二级市场上出卖，供其他金融机构和对冲基金等购买。

但美国的房地产市场在2006年开始转差，房价下降，同时美元利率多次加息，使次级房屋信贷的拖欠以及坏账增加，次级房屋信贷产品的价格大跌，不少金融机构都出现财政危机，甚至破产。美国次贷危机是从2006年春季开始逐步显现的，2007年8月席卷美国、欧盟和日本等世界主要金融市场，导致全球金融危机。

第二节 货币需求

一、货币需求的概念

在经济生活中，个人购买消费品需要一定量的货币；企业购买原材料、设备或支付职工工资等需要一定量的货币；政府机关和事业单位购买办公用品、安排业务等需要一定量的货币；投机者购买有价证券、外汇等需要一定量的货币……如此等等，综合起来就是一个社会的货币需求。可以说，无论是政府财政活动还是企业生产经营、居民个人生活都离不开货币，社会各部门的经济活动都会形成对货币的需求。

（一）货币需求

货币需求是指社会各部门（政府、企事业单位和居民个人）愿意并且能够以货币形式持有其拥有的部分或全部财产而形成的对货币的需求。为了全面理解货币需求的概念，应注意把握以下几点：

1. 货币需求是需求愿望与需求能力的统一。货币需求不是一种纯主观的或心理上的占有欲望，只有同时满足两个基本条件才能形成货币需求：一是有能力获得或持有货币，二是必须愿意以货币形式保有其资产。

2. 现实经济生活中的货币需求是对现金货币和存款货币的共同需求。现金和存款是货币的两种不同的存在形式。在商品流通过程中，不仅现金可以媒介商品交易，而且存款同样可以发挥流通手段和支付手段职能，现金和存款都是作为一般等价物，为统一的商品流通服务的。

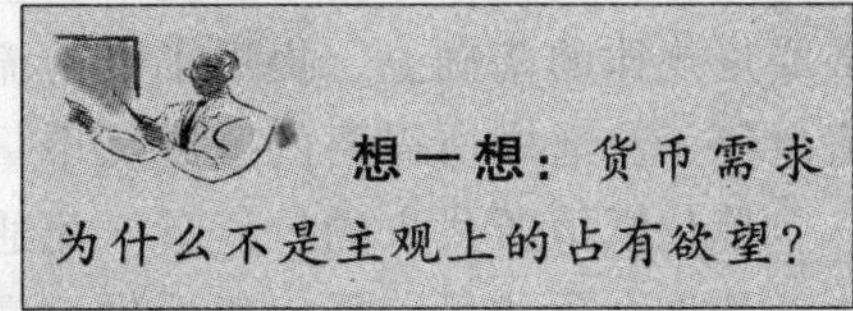

3. 货币需求是货币的交易需求与资产需求的综合。货币的交易需求是基于商品流通而产生的货币需求，是经济活动对货币流通手段和支付手段的数量要求。在实际生活中，货币除了作为交易媒介，其本身也具备保值的价值。随着信用制度的完善和金融市场业务的发展，人们将货币视为一种资产，并进行各种金融资产交易，以谋求货币资产的保值增值。这种为取得资产收益而形成的货币需求，称为货币的资产需求。

（二）货币需求量

货币需求量是指在一定时期因经济发展水平、经济结构以及经济周期形成的对货币的需求数量的总和。它是一个重要的货币理论概念，对其含义的正确把握应注意以下几组概念的区别。

1. 微观货币需求量和宏观货币需求量。微观货币需求量是指个人、家庭或企业在一定时间内，因生活或生产经营活动的需要而应该保有一定量的货币数量；宏观货币需求量是指一个国家在一定时期内因经济发展和商品流通需要的货币数量。

2. 名义货币需求量和实际货币需求量。名义货币需求量是指各经济单位或整个国家没有考虑物价变动情况下的货币需求量；实际货币需求是指扣除了通货膨胀因素后的实际货币数量，这种货币需求所对应的主要是商品和劳务的实际产量或供应的变化。

3. 货币存量和货币流量。货币需求的存量是指在一定经济运行条件下的某一确定时刻的货币需求量；货币需求的流量则是在某一确定时期内经济运行过程中发生的货币需求量。通常情况下，研究货币需求量主要是研究货币需求存量，分析经济主体在特定条件下可能持有的货币的数量，或者在某一特定时点上，货币需求量与货币供应量达到均衡时的数量。但由于货币需求的存量和流量是互相联系的，存量与周转次数的乘积构成流量，而货币需求流量可以反映一段时期内货币需求的变动趋势。

二、货币需求量的测定

（一）马克思的货币需求理论

马克思的货币需求理论是通过货币流通规律展示出来的。马克思在分析了商品流通与货币流通的关系之后，揭示了著名的货币流通规律。货币流通规律是决定商品流通过程中货币需要量的规律。其公式为：

$$M = PQ/V \tag{9-3}$$

式中 M 为流通中的货币需要量；P 为价格水平；Q 为待售商品数量；V 为货币流通速度。

这一公式表明：在一定时期内，执行流通手段的货币需要量主要取决于商品价格总额和货币流通速度两个因素，流通中的货币需要量与商品价格总额成正比，与货币流通速度成反比。

以上就是建立在金属货币流通基础之上的马克思的货币流通规律。这一规律阐述了商品流通决定货币流通这个基本原理。但是，当不兑现的信用货币流通取代金属货币流通以后，则必须考虑货币供给对货币需求的反作用。

针对不兑现信用货币制度下货币供给量不能自动适应货币需求量的特点，马克思在货币必要量规律的基础上，提出了纸币流通规律。在纸币流通条件下，单位纸币实际所代表的价值量等于流通中所需要的金属货币量除以流通中的纸币总量。用公式表示为：

单位纸币所代表的价值量 = 流通中金属货币需要量/流通中的纸币总量　　(9－4)

从这个公式可以看出货币供给量对于币值和物价的影响。在货币需求不变的前提下，如果货币供给量增加，则会出现币值下降和物价上涨的结果。

（二）货币数量论的货币需求理论

1. 费雪的现金交易方程式。美国经济学家欧文·费雪于1911年出版了《货币的购买力》一书，提出了著名的“交易方程式”。他的现金交易方程式是从货币和商品实际交易的数量关系入手来探讨货币需求理论。它着眼于货币的流通手段职能，认为货币是纯粹的交易工具。所谓货币数量是在一定时期内流通的货币量，因而称为现金交易数量，其理论称为现金交易数量论。费雪的交易方程式为：

$$MV = PT \qquad (9-5)$$

式中：M 为流通中的货币量；V 为货币流通速度；P 为一般物价水平；T 为商品劳务的实际交易总量。

从表面上看，费雪的交易方程式只是一个恒等式，表示一定时期内商品劳务的交易总值等于交换过程中的货币总值。但是费雪认为，如果 V 与 T 不变，则 P 随 M 正比例地变动；如果 M 与 T 不变，则 P 也随 V 正比例地变动；如果 M 与 V 不变，则 P 随 T 反比例地变动。因此，在一定状态下价格水平 P 与货币数量 M 成正比例变动；与货币流通速度 V 成正比例变动；与商品劳务交易量 T 成反比例变动。在这三个关系中，第一个关系特别重要，它是构成货币数量说的基础。

2. 剑桥学派的剑桥方程式。英国剑桥学派的代表人物马歇尔和庇古从研究人们为何保有货币，以及保有多少货币才适度为出发点，提出了剑桥学派的货币需求理论——现金余额数量说。剑桥方程式是着眼于货币的贮藏手段职能，认为货币是购买力的暂时贮藏手段。所谓货币数量，乃是一定时点的货币量，因而称为现金余额数量。剑桥方程式：

$$M = KPY \qquad (9-6)$$

式中：M 为货币需求量；K 为以货币形式持有的资产占总收入的比率；P 为一般价格水平；Y 为实际收入水平。

方程式表明，一国公众对名义货币的需求取决于影响 Y、P 和 K 的各种因素。就 Y 来说，它主要是由人类所能控制的经济资源数量、生产技术水平与生产要素供给等外生因素控制的。而短期内这些因素不易变化，因而 Y 是稳定的。就 K 而言，有三个重要影响因素：第一，持有货币所带来的便利和所能避免的风险，持有货币的便利越大，K 值就越大；第二，把以货币形式所持有的资产用于投资所能获得的实际收入水平，投资收益越小，K 值就越大；第三，把货币用于消费所能得到的效用满足程度，消费满足程度越低，K 值就越大。而这三个因素短期内也不易变化，因而 K 值也可看成是既定的。最后剩下的就是货币量 M 与价格 P 的关系。剑桥方程式用不同的方法对货币需求进行了分析，但是在货币量与价格水平的关系上，最终还是与现金交易说殊途同归。

（三）凯恩斯的货币需求分析

凯恩斯于1936年在《就业、利息和货币通论》一书中，系统地提出了他的货币需求理论。其最显著的特点是注重对货币需求的各种动机的分析。凯恩斯认为，人们对货币的需求出于三个动机，即交易动机、预防动机和投机动机。

交易动机是指人们为了日常交易的方便而在手头保留一部分货币。因交易动机而产生的货币需求与收入同方向变动；预防动机也叫谨慎动机，是人们为了防备意外或为了应付不可预料的紧急需要，必须持有一定数量的货币，因预防动机而产生的货币需求也与收入同方向变动；投机动机是指由于未来利息率的不确定，人们为避免资本损失或增加资本收益，及时调整资产结构而形成的对货币的需求。投机性货币需求同利率的高低呈反方向变化，是利率的递减函数。

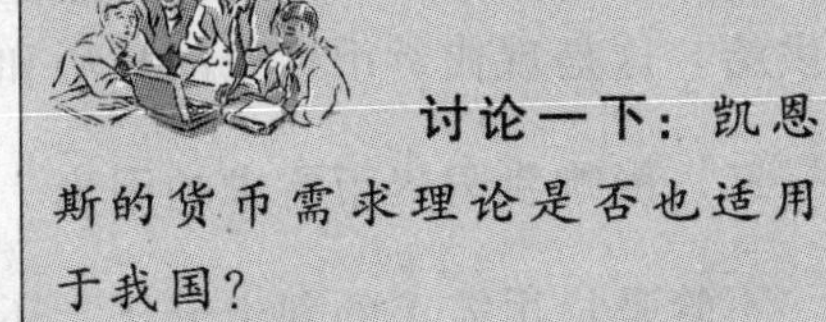

讨论一下： 凯恩斯的货币需求理论是否也适用于我国？

概括上述三个动机，凯恩斯认为，为了满足交易动机和预防动机而保持的货币需求的大小，取决于收入水平，收入越多，此一项需求越大，因此，它是收入的递增函数。

由交易动机和预防动机而产生的货币需求一般用于商品或劳务交易，称为交易性货币需求，用 L_1 表示，是收入 Y 的递增函数，即 $L_1 = L_1(Y)$；投机性货币需求 L_2 则与利率有关，是利率的递减函数，即 $L_2 = L_2(r)$；货币总需求 L 由交易性货币需求和投机性货币需求构成，即

$$L = L_1(Y) + L_2(r) \qquad (9-7)$$

式中，L 为货币需求总量，Y 表示国民收入，r 表示市场利率。L_1 随 Y 正向变化；L_2 随 r 反向变化。

凯恩斯货币需求理论具有两大特色：一是将货币需求看作一种函数；二是将货币的投机性需求列入货币需求范围之内。这样不仅商品交易的规模与价格总额影响货币需求，而且利率变动也影响货币需求。由于利率是货币市场供求关系的反映，货币供给量的变动能够迅速影响利率。所以，货币供给可以通过利率的变化调节货币的需求，使货币供求均衡。根据这一思想，凯恩斯提出了一个重要的经济理论，即国家可以在有效需求不足的情况下采用赤字财政政策和膨胀性货币政策增加货币供给量，通过实行低利率政策来增加货币需求，鼓励投资，以促进经济的增长。

（四）弗里德曼的货币需求函数

以美国经济学家弗里德曼为首的货币学派的货币需求理论也称为现代货币数量论。与凯恩斯不同，弗里德曼在研究货币需求时是把注意力从持有货币的动机上引开，承认人们持有货币的事实。他认为，与消费者对商品的选择一样，人们对货币的需求同样受以下三类因素的影响：第一为财富或收入的变化；第二为持有货币的机会成本；第三为持有货币给人们带来的效用。由此，弗里德曼得出的货币需求函数为：

$$\frac{Md}{p} = f\left(Y, w, r_m, r_b, r_e, \frac{1}{p}\cdot\frac{dp}{dt}, u\right) \qquad (9-8)$$

式中，$\frac{Md}{p}$ 表示实际货币需求；f 表示函数关系；Y 表示恒久性收入；W 代表非人力财富占个人总财富的比率；r_m 代表预期的名义收益率；r_b 表示固定收益的债券收益率；r_e 表示非固定收益的证券收益率；$\frac{1}{p}\cdot\frac{dp}{dt}$ 表示预期物价变动率；u 是反映主观偏好与风尚以及客观

技术与制度等因素的综合变数。

弗里德曼货币需求理论的特色，是把古典货币数量论改写成为货币需求函数，基本上肯定了货币数量论的长期结论，即货币量的变动反映于物价变动上。但他又在一定程度上对古典货币数量论进行了改建。一是将货币视为一种资产；二是在货币需求函数中，引入了预期物价变动这一独立变量，确立了预期因素在货币需求理论中的地位；三是交易方程式中的v或剑桥方程式中的K在函数公式中不再被当作一个由制度决定的常量，而是一个多种变数的函数。弗里德曼却认为，从长期看，v（或K）依旧是一个稳定的函数；四是强调恒久性收入对货币需求的重要影响作用。由于恒久性收入的波动幅度较小，且货币流通速度也相对稳定，因而货币需求函数是较为稳定的函数。从而明确指出货币对于经济总体的影响来自货币供给。这是现代货币理论的核心和理论基础。

三、影响我国货币需求的因素

不管是货币需求的理论分析，还是货币需求的实践研究，核心内容都是考察影响货币需求量的经济因素。由于不同国家在经济制度、金融发展水平、文化和社会背景以及所处经济发展阶段的不同，影响货币需求的因素也会有所差别。如果把现阶段的货币需求也视为个人、企业等部门的货币需求之和的话，那么，影响我国现阶段货币需求的主要因素有以下几点。

（一）收入因素

在市场经济中，各微观经济主体的收入最初都是以货币形式获得的，其支出也都要以货币支付。一般来说，收入提高，说明社会财富增多，支出也会相应扩大，因而需要更多的货币量来满足商品交易。所以，收入与货币需求呈同方向变动关系。

（二）价格因素

从本质上看，货币需求是在一定价格水平上人们从事经济活动所需要的货币量。在商品和劳务量既定的条件下，价格越高，用于商品和劳务交易的货币需求也必然增多。因此，价格和货币需求尤其是交易性货币需求之间，是同方向变动关系。在现实生活中，由商品价值或供求关系引起的正常物价变动对货币需求的影响是相对稳定的。而由通货膨胀造成的非正常物价变动对货币需求的影响则极不稳定。建国后我国几次通货膨胀期间都曾不同程度地出现了提款抢购、持币待购的行为，造成了这些时期货币需求的超常增长。

（三）利率因素

由于利率的高低决定了人们持币机会成本的大小，利率越高，持币成本越大，人们就不愿持有货币而愿意购买生息资产以获得高额利息收益，因而人们的货币需求会减少；利率越低，持币成本越小，人们则愿意手持货币而减少了购买生息资产的欲望，货币需求就会增加。利率的变动与货币需求量的变动是反方向的。随着我国利率市场化改革进程的加快，利率在货币需求中的作用会不断变大。

（四）货币流通速度

货币流通速度是指一定时期内货币的转手次数。动态地考察，一定时期的货币总需求就是货币的总流量，而货币总流量是货币平均存量与速度的乘积。在用来交易的商品与劳务总量不变的情况下，货币速度的加快会减少现实的货币需求量。反之，货币速度的减慢则必然增加现实的货币需求量。因此，货币流通速度与货币总需求呈反方向变动关系。

（五）金融资产选择

各种金融资产与货币需求之间有替代性。在金融制度较发达的国家或地区，人们往往有投资性货币需求，即以盈利为目的、以资产选择为内容的货币需求。当金融资产收益率明显高于存款利率时，人们会购买有价证券，这便会增加投资性货币需求。所以各金融资产的收益率、安全性、流动性、以及公众的资产多样化选择，对货币需求量的增减都有作用。我国金融市场发展迅速，金融资产不断增多，金融资产对货币需求的影响也越来越明显。

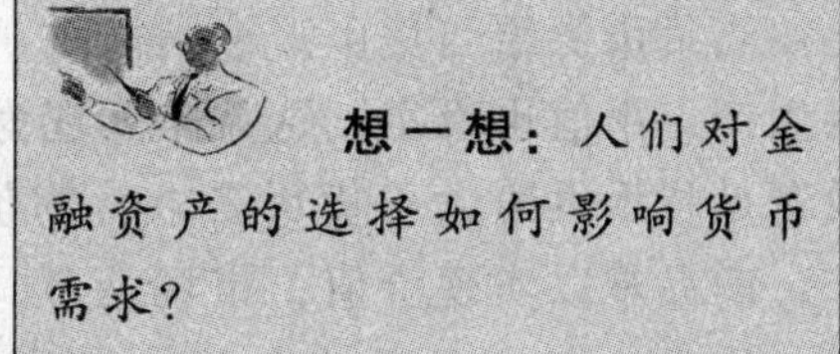

想一想：人们对金融资产的选择如何影响货币需求？

（六）其他因素

如体制变化、对利润与价格的预期变化、财政收支引起的政府货币需求的变化、信用发展状况、金融服务技术与水平，甚至民族特性、生活习惯等都影响我国的货币需求。

第三节 货币均衡

一、货币均衡

（一）货币均衡的含义

货币均衡是指货币供给与货币需求在动态上大致相等的一种状态。

1. 货币均衡表示货币供给量与货币需求量的大体相等。货币均衡不能机械地理解为货币供给与货币需求绝对相等。因为货币供给量与货币需求量具有一定的容纳弹性，即货币容纳量弹性。通货、金融资产、实物资产之间存在相互替代效应和货币流通速度具备自动调节功能，这样使货币供给量可以在一定幅度内偏离货币需求量，而不会引起两者的不适应。

2. 货币均衡不仅表示货币供求总量的均衡，而且包括货币供求结构的均衡。供求结构均衡是指社会各部门的产品基本能顺利地转化为货币；而且各持币者能顺利地按设定的价格将货币转化为商品。

3. 货币均衡还表示货币供给与货币需求的动态适应。社会再生产是一个不断扩大的过程，货币供给量与货币需求量自然也是不断增长的，但二者不可能时刻同步变化。因此，尽管货币供给量与货币需求量都是存量概念，但货币均衡只能是二者“均衡——不均衡——均衡”的波动过程，是二者不断扩张的动态均衡。货币供求永远相等是不可能的和没有意义的，永远相等只能意味着量上停滞不前和过程简单重复。

（二）货币均衡与社会总供求平衡

货币均衡也不能简单地理解为货币供给量与货币需求量自身相适应，还必须联系社会总供给与社会总需求来分析。货币市场中货币供给与货币需求的对等只是浅层次的货币均衡，而社会总供求平衡下的货币均衡是深层次的货币均衡。社会总需求是指有现实购买力的需求，即一定时期内整个社会实际发生的有支付能力的需求总和。而社会总供给则是指一定时期内整个社会实际提供的可供销售的商品和劳务的总和。

从理论上讲，货币供求与社会总供求之间有着某种对应的关系。一定时期的货币需求是由一定时期的社会总供给决定的，也就是说，一定时期的社会全部商品、劳务总量决定了相对需要的货币量，因而社会商品、劳务及规模、价格、期限等方面制约着货币需求量，一定时期的货币供给形成了一定时期的有支付能力的社会总需求。

当货币供给与货币需求均衡时，可以保证社会可供的商品、劳务实现其价值，顺利进行再生产，币值也稳定，这具体体现为社会总供求的平衡。当货币供给与货币需求非均衡时，或者是货币供给大于货币需求，物价将上涨，经济极不稳定；或者是货币供给小于货币需求，商品难以实现价值，市场疲软，经济停滞。两者都会表现为社会总供求的不平衡。可见，货币均衡是实现社会总供求平衡的前提条件，而社会总供求平衡是货币均衡的现象形态。

（三）货币均衡的标志

为保持社会总供求的协调，需要力求货币供求的基本均衡。这就要求政府通过银行根据货币需求量向流通领域供给货币，但是在现实生活中不可能精确地测定出货币的需求量，因此，单靠直接通过比较货币供应与货币需求量的适应状况来衡量货币是否均衡是不够的。这就需要寻求运用其他方法和标志来衡量货币流通的状况，作为补充和验证。

1. 物价水平变动。在物价可以自由浮动的条件下，可用市场的物价水平作为衡量货币均衡与否的标志。根据纸币流通规律，在一定时期内，一定商品流通量的条件下，货币流通量越多，单位币值越低。由于币值是物价的倒数，因此币值越低，则物价越高。所以可以利用物价与币值的关系，通过物价的变化，来反映货币均衡状态。

2. 货币供应增长与生产和商品流通增长是否相适应。在一定的生产规模和商品销售规模下，总需要一定量的货币为之服务。在货币流通速度变化不大的情况下，随着生产总值和商品流通销售额的增大，两者的增长率应大致接近。如果货币供应量增长过快，远远超过生产的增长速度，就可能意味着货币供应存在偏多的问题。需要说明的是，用货币供应量增长速度与商品生产和商品流通增长速度的适应程度来衡量货币供求的均衡，是以承认基期货币供应量和商品生产与商品流通基本适应为前提的。如果基期货币实际供应量偏多，尽管报告期增长比例适当，对本期的货币均衡也会产生一定影响。

3. 商品市场供求状况。在物价水平不能灵敏地反映市场货币均衡状况的时候，可以直接从市场商品供应是否平衡去观察。如果出现大多数商品供应紧张，说明市场货币供应量偏多，如果出现大多数商品积压，则说明市场货币供应量偏少。

> **想一想：**为什么货币均衡不能简单地理解为货币供给量与货币需求量自身的相适应？

总之，前述各种衡量标志都是从某一个侧面说明货币均衡的状况，为了较准确地判断货币是否均衡，实际上需要用多种指标相互比较印证。

（四）货币均衡的实现条件

1. 利率。在市场经济条件下，货币均衡主要是通过货币供求的内在机制，即资金价格——利率的杠杆作用来实现的。

利率的升降变化不断地调节货币的供给量和需求量，使之趋向均衡。从货币供给方面来看，贷款利率升高，商业银行贷款收益增加，银行将减少超额准备金以扩大贷款或投资业务，结果导致了货币供给量的增加；存款利率的升高，有利于扩大储蓄存款，降低现金漏损率，商业银行利用新增存款发放贷款，也扩大了货币供给量。在一般情况下利率越高，货币供应量就越多；反之，则越少。另一方面，从货币需求来看，利率越高，社会公众持币的机会成本越大，对货币的需求相应减少；反之，利率越低，货币的需求越高，两者呈反方向变化。

2. 发达的金融市场。发达的金融市场有各种各样可供投资者选择的金融工具，各种金融工具和货币之间可以便利而有效地迅速互相转化，既有众多的金融工具和金融资产可供投资者选择，又可通过与货币之间的互相转化而调节货币供求。由于不同形式的货币流动性不同，转化为现实货币购买力的速度也不一样。中央银行可以通过公开市场业务，调节货币供给的总量和构成，促进货币供求的均衡。

3. 中央银行对货币供求的调控。一般来说，在上述两个条件完全具备时，货币供给与需求之间就存在着自动实现均衡的可能性。然而可能性并不等于现实性。在不兑现信用货币制度下，货币不能自动退出流通领域，故不具有实现货币均衡的自动调节机制。因此，必须发挥中央银行的调控机能以使货币流通达到新的均衡，而不能坐等市场机制自动调节。

此外，财政收支是否平衡、国际收支是否平衡、国民经济结构是否合理也是影响货币均衡的重要因素。

二、通货膨胀

（一）通货膨胀的定义

通货膨胀是指在纸币流通条件下，流通中货币的供应量超过了客观需要量，导致单位货币贬值，物价普遍上涨的经济现象。全面理解通货膨胀的概念，必须把握以下几点：

1. 通货膨胀是指一般物价水平的持续上涨。所谓一般物价水平是指包括所有商品和劳务价格在内的总物价水平，而不是指个别物价或部分物价的上涨。

2. 通货膨胀所引起的物价上涨是一个持续的过程。季节性的、偶然的或暂时的物价上涨均不能称之为通货膨胀。

3. 通货膨胀是一般物价水平的明显上升。而轻微的物价上涨，比如说0.5%，就很难说是通货膨胀。

（二）通货膨胀的测量

通货膨胀的程度多以物价上涨的幅度表示出来，而物价上涨的幅度又通过物价指数反映出来。物价指数是指本期物价水平对基期物价水平的比率，用以反映物价涨跌的幅度。通常人们将基期物价水平定为100%，在此基础上计算本期物价涨跌的幅度。如果本期物价指数为108%（大于100%），则表示本期物价水平相对于基期物价水平上涨了8个百分点，即物价上涨率（或通货膨胀率）为8%。

1. 居民消费价格指数（CPI）。**居民消费价格指数是反映居民购买并用于消费的商品和服务项目价格水平变动程度的指数**。这种指数是由各国政府根据本国的主要食品、衣物和其他日用消费品的零售价格以及水、电、居住、交通、医疗、娱乐等服务费用加权平均计算出来的。由于CPI能够灵敏地反映居民日常生活成本的变化，而且资料容易搜集，所以在衡量通货膨胀时被多数国家所采用。但是，消费价格指数也有其缺点，不能反映生产资料价格变化情况。从2001年起，我国采用国际通用做法，逐月编制并公布以2000年价格水平为基期的居民消费价格定基指数，作为反映我国通货膨胀程度的主要指标。

2. 生产者价格指数（PPI）。**生产者价格指数是衡量工业企业产品出厂价格变动程度的指数**。它是反映某一时期生产领域价格变动情况的重要经济指标，也是制定有关经济政策和国民经济核算的重要依据。

3. 批发物价指数（WPI）。**批发物价指数是反应不同时期生产资料和消费品批发价格变动程度的指数**。批发价格是在商品进入零售，形成零售价格之前，由中间商或批发企业所定，其水平决定于出厂价格或收购价格。批发物价指数的优点是，对商品流通较为敏感，能在最终产品价格变动之前获得工业投入品及非零售消费品的价格变动信号，进而能够判断其对最终进入流通的零售商品价格可能带来的影响。但缺点是，其统计范围比消费价格指数更为狭窄，劳务的价格未包括在内，所以许多国家没有将批发物价指数列为测定通货膨胀的代表性指标。我国尚未公开发布批发物价指数。

4. 国民生产总值平减价格指数。**国民生产总值平减价格指数是按当年价格计算的国民生产总值与按固定价格计算的国民生产总值的比率**。比如，某一国家国民生产总值按当年价格计算为10000亿元，而按上年度的固定价格计算为8000亿元，则该年度的国民生产总值平减价格指数是120%（即10000÷8000×100%）。换言之，该年度与上年度相比，物价上涨了20%。

国民生产总值平减价格指数的优点是计算范围广泛，既包括消费资料，又包括生产资料；既包括商品，又包括劳务。因而能够比较准确地反映物价总水平的变化情况。但其编制资料不易搜集，因而难以迅速反映通货膨胀的程度和动向。

由于以上几种物价指数各有利弊，因此，目前世界上大多数国家在测量通货膨胀的程度时，往往同时采用两种物价指数，使用较多的是消费价格指数和国民生产总值平减物价指数。

（三）通货膨胀的类型

在现代经济社会中，各国的经济情况复杂多变，通货膨胀也是形形色色。根据不同的标准对通货膨胀进行分类，有助于我们进一步掌握通货膨胀的定义。

1. 按照通货膨胀的表现形式可分为隐蔽性和公开性通货膨胀。隐蔽性通货膨胀，又称压制性通货膨胀或被遏制的通货膨胀。这一类型通货膨胀的特点是国家为了保持物价平稳，对物价进行管制或冻结，对某些商品进行补贴。在价格不变的情况下，国家采取定量供应的办法，限制消费。表面上看物价变动不大，但实际上市场商品供应紧张，黑市活跃，通货膨胀仍然存在，国家一旦将价格放开，商品价格将大幅度上涨。

公开性通货膨胀，又称开放式通货膨胀。这类通货膨胀的特点是商品价格是开放性的，随市场供求自由涨落，只要出现通货膨胀，其价格水平明显上升。因此物价指数的变化能反映通货膨胀的程度。

2. 按通货膨胀的程度可分为温和式、步行式、跑步式和奔腾式通货膨胀。温和式通货膨胀，又称爬行的通货膨胀。这一类型的通货膨胀发展缓慢，短期内不易觉察，但持续的时间较长。西方经济学家认为，物价上涨率在3%以下的，不能称为通货膨胀，达到3%，称为温和性通货膨胀。

步行式的通货膨胀。即指物价上涨的幅度比爬行式通货膨胀要高，但又不是很快，平均物价上涨率约在3%—10%之间。步行式的通货膨胀有可能是通货膨胀即将加速的危险信号。

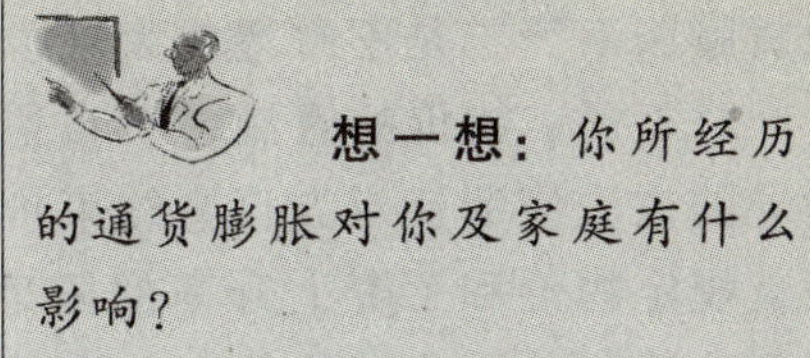

想一想：你所经历的通货膨胀对你及家庭有什么影响？

跑步式的通货膨胀。即物价总水平上涨的速度比前两种更为迅速，大体上说，平均每年的物价上涨水平大约为10%以上，且发展速度很快。

奔腾式的通货膨胀。也称之为恶性通货膨胀或超级通货膨胀，它是指一国的物价水平无限制地迅速上升。其主要特征是：物价水平急剧上涨，正常的经济关系遭到破坏，货币大幅度贬值乃至货币体系崩溃。这种情况多发生于战争等非常时期。

3. 按通货膨胀的原因可分为需求拉上型、成本推进型、供求混合推进型的结构型通货膨胀。需求拉上型通货膨胀是指商品和劳务的总需求量超过商品和劳务的总供给量所造成的过剩需求拉动了物价的普遍上升，是一种最常见的通货膨胀。

成本推进型通货膨胀是指在总需求不变的情况下，由于生产要素价格（包括工资、租金、利润以及利息）上涨，致使生产成本上升，从而导致物价总水平持续上涨的现象。

供求混合推进型通货膨胀是指由需求拉动和成本推进共同作用而导致的通货膨胀。一些经济学家认为，任何实际的通货膨胀过程极少只是由需求拉动的，或者只是由成本推进的，而大多数是包含了需求和成本两个方面因素的共同作用。这两种通货膨胀常常同时彼此依存地一起作用，也就是说，需求拉上型通货膨胀和成本推动型通货膨胀是交织在一起提高物价水平的。

结构型通货膨胀是在总需求和总供给大体处于平衡状态时，由于经济结构不适应变化了的需求结构而引起的物价持续上涨。在经济发展中，产业结构需要不断进行调整。一些部门日渐兴起，另一些部门则逐渐衰落，于是一部分社会需求将由一个部门转到另一个部门。需求增加的部门，产品价格和工资上涨；而需求减少的部门，则由于工资和价格的刚性，其工资和商品价格并没有相应下跌，或者下跌幅度很小，从而最终引起物价总水平的上升。

（四）通货膨胀的治理

稳定通货就是要治理通货膨胀，应根据通货膨胀的不同成因采取不同的对策。对需求拉上型通货膨胀应采取紧缩性的经济政策；对成本推动型通货膨胀则采取冻结工资和物价等措施。

1. 实行紧缩的经济政策。紧缩总需求的措施有两条：一是紧缩性的货币政策；二是紧缩性的财政政策。

（1）紧缩性货币政策。其主要措施有：中央银行提高法定存款准备金率、再贴现率，在公开市场上向公众或商业银行出售持有的有价证券。通过这三大传统政策工具的运用，以达到紧缩商业银行贷款规模，减少投资，压缩市场货币供应量，抑制总需求的目的。

（2）紧缩性财政政策。其主要措施一是削减政府开支，压缩公共工程支出；二是提高个人所得税税率，或扩大征税范围，使消费者的可支配收入减少，降低其消费支出。通过减少政府和个人支出，可以紧缩其对市场商品和劳务的需求。

货币政策是通过影响信贷，影响投资，从而影响市场货币供应量，以压缩总需求。而财政政策则是直接影响政府和个人的消费支出，以缩减需求。

2. 管制物价和工资。针对成本推动型通货膨胀，应该采取以管制物价和工资为内容的收入政策，也就是由政府拟定物价和工资标准，劳资双方共同遵守，其目的一是降低通货膨胀率，二是不致造成大规模的失业。

对工资、物价的管制，有自愿性的和强迫性的两种做法。自愿性的做法是，政府用劝导的方法使劳资双方自愿约束价格和工资的变动。强迫的做法是，由政府通过立法程序，规定物价和工资上升率的限度，或将物价和工资冻结在一个既定水平上，违反者将受到法律制裁，冻结物价和工资的做法有较大的副作用，所以一般只在非常时期才采用。

3. 改善供应。对于需求过度引起的通货膨胀，紧缩政策是从压缩总需求来实现总需求与总供给的平衡。而改善供应的经济政策则是在抑制总需求的同时，又运用刺激生产增长的方法来增加供应。这样，一方面可以解决总需求与总供给的不平衡，以平抑物价；另一方面则不致引起失业率的增长，甚至还可以降低失业率。在抑制总需求的同时刺激生产增长的方法主要是降低公司（企业）所得税；提高机器设备折旧率；鼓励企业采用新技术等，借以促进生产，提高投入产出比例，增加供给。

4. 货币改革。如果物价上涨率已达到不可扼制的状态，整个货币制度已处于或接近于崩溃的边缘，也就是说通货膨胀已达到恶性通货膨胀的程度，采取的对策应该是实行货币改革。货币改革一般的做法是废除旧币，发行新币，并对新币制订一些保证币值稳定的措施。例如阿根廷，1965 年全年物价上涨率达 1000%，就采取了更换货币的措施。

三、通货紧缩

（一）通货紧缩的概念

通货紧缩作为与通货膨胀相反的经济现象，也是货币供求失衡的表现形式。**通货紧缩是指流通中的货币供应量少于实际需求量，引起货币升值、价格水平持续下降的一种经济现象。**

西方经济学界主流的观点，把通货紧缩定义为物价总水平的持续下跌，或是指一般价格水平持续下降。非主流的观点则认为，通货紧缩不只是一般价格水平持续下降，还包括货币数量减少以及经济萧条。

目前国际上对通货紧缩普遍理解为“与货币和信贷供应紧缩同时发生的一般物价水平的下降”。巴塞尔国际清算银行提出的标准是：一国消费品价格连续两年下降可被视为通货紧缩。与通货膨胀一样，通货紧缩归根结底也是一种货币现象。当货币供应量过多，超过商品流通量需要，较多的货币追逐较少的商品，就会引起物价上涨，出现通货膨胀；当货币供应量过少，不能满足商品流通量的需要，较多的商品追逐较少的货币，就会导致物价下跌，出现通货紧缩。

（二）通货紧缩的成因

1. 有效需求不足。当预期实际利率进一步降低和经济走势不佳时，消费和投资会出现有效需求不足，导致物价下跌，形成需求拉下型通货紧缩；紧缩性的货币财政政策可能导致有效需求不足。政府在治理通货膨胀的过程中，由于大量减少货币供应或削减政府开支，也会导致总需求不足，从而走向通货膨胀的反面，引起物价下跌，出现政策紧缩型的通货紧缩。

2. 生产力水平的提高和生产成本的降低。技术进步提高了生产力水平，放松管制和改进管理降低了生产成本，因而会出现成本压低型的通货紧缩。日益激烈的全球竞争和降低成本的科技创新是导致生产率出现增长趋势、供给增加和物价下降的重要的结构性因素。

3. 结构性因素。由于产业结构不合理或投资、消费需求结构的变化，出现结构性的生产过剩，从而造成了过多的无效供给，当积累到一定程度时必然会加剧供求之间的矛盾，使许多商品价格下跌，导致结构型通货紧缩。

4. 本币汇率高估和其他外部因素的冲击。一国实行盯住强势货币的汇率制度时，本币汇率高估，会减少出口，扩大进口，加剧国内企业经营困难，促使消费需求相对不足，导致物价持续下跌，出现外部冲击型的通货紧缩。克鲁格曼认为，当一个国家“希望”其货币贬值，但又由于联系汇率制的约束不能贬值的时候，通货紧缩就发生了。国际市场的动荡也会引起国际收支逆差或资本外流，形成外部冲击型的通货紧缩压力。

5. 金融体系的效率降低或出现大量不良资产和坏账时，信用的紧缩，也会减少社会总需求，导致通货紧缩。例如，在日本，银行业存在严重不良贷款问题，需要重新增加资本金以防止银行倒闭，因而导致日本银行业不愿发放贷款，提高信贷标准，从而出现“信贷紧缩”，抑制了社会总需求，形成通货紧缩，并最终产生经济衰退。

讨论一下：谈谈你对通货紧缩的理解。

（三）通货紧缩的效应

通货紧缩的影响有正、反两方面。一方面，它对经济发展具有积极影响。一定的通货紧缩与经济发展并不总是矛盾的，价格总水平的下降对经济发展也可以有一定的积极意义，如价格下降对新兴产业和技术进步有促进作用。同时，价格下降使害怕通货膨胀、物价上涨的消费者松了一口气，它使居民的货币储蓄和当前购买力增强。

另一方面，它导致市场银根趋紧，造成居民惜购、企业惜投、银行惜贷，负面效应很大。对经济生活的各个方面造成不利的影响。

1. 在流通领域中，表现为企业和居民的有效需求不足，造成产品的大量积压，使商品流通受阻，资金周转不灵，从而使整个社会再生产无法顺利进行。

2. 从生产领域来看，通货一旦紧缩，一方面企业因商品积压不得不降价销售致使利润减少，资金周转困难；另一方面企业因资金周转困难不得不互相拖欠货款，产生支付障碍，进而影响整个社会的资金运行。

3. 就消费领域而言，不仅会使居民产生预期降价心理，推迟消费，而且企业的减员增效使大批职工下岗，收入减少，消费萎缩，容易产生滞销→降价→惜购的恶性循环。

4. 在企业发生资金周转困难时，银行等金融机构的流动性风险也随之增大，致使资产质量下降，为金融业的不稳定埋下祸根。

（四）通货紧缩的治理

治理通货紧缩的措施犹如治理通货膨胀一样是综合性的，并且要根据各国的具体情况选择最适宜可行的对策。

1. 扩大总需求的财政政策、货币政策。通货紧缩的一个重要原因是有效需求不足，因此治理通货紧缩应主要从增加需求着手，主要运用财政政策与货币政策两大需求管理政策。实施扩张性财政政策，主要是扩大财政开支，增加财政赤字，减免税收，扩大需求。扩张性的货币政策，主要是通过法定存款准备率、再贴现率、公开市场业务等手段，增加商业银行提供贷款的能力，扩大货币供应量。

2. 鼓励消费。通货紧缩从根本上来说，是由消费需求不足所产生。因此，要治理通货紧缩，就必须努力提高消费需求，其中个人收入和消费支出的稳定上升是防止物价持续下跌的重要条件。鼓励消费的政策应该是综合的，要充分利用各种政策组合，从财政政策、货币政策、产业政策等方面，创造增加社会消费的条件，引导社会消费的稳定增长。一方面要取消各种不利于增加消费的政策措施和制度约束，另一方面要使居民收入能够稳定增加，增强居民对未来收入的预期和信心，以增加居民的消费需求。

3. 改革汇率制度或实施汇率调节。通货紧缩可能由僵化的汇率制度所导致，这种汇率制度容易使本币过高估值，产生输入型通货紧缩。如果是这样，就需要对汇率制度进行改革，采取灵活的汇率制度，使汇率自由浮动或者扩大浮动范围，减轻外部冲击对通货紧缩的压力。

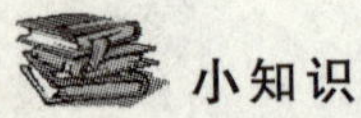
小知识

我国CPI的构成和权重

消费者物价指数（Consumer Price Index），英文缩写为CPI，是反映与居民生活有关的商品及劳务价格统计出来的物价变动指标，以百分比变化为表达形式，通常作为观察通货膨胀水平的重要指标。我国CPI的构成和权重如下：

1. 食品34%；
2. 娱乐教育文化用品及服务14%；
3. 居住13%；
4. 交通通讯10%；
5. 医疗保健个人用品10%；
6. 衣着9%；
7. 家庭设备及维修服务6%；
8. 烟酒及用品4%。

【重要概念】

原始存款　派生存款　基础货币　超额准备金　货币需求　货币层次
通货膨胀　通货紧缩　居民消费物价指数

【思考与实训】

1. 查找最近一个季度我国货币供应量资料，据此思考我国货币政策的特点。
2. 根据本章所学的原理分析我国商业银行的行为对我国货币供给的影响。
3. 查找最近一个季度我国CPI资料，思考从货币角度如何防范和应对通货膨胀（通货紧缩）？

【分析与讨论】

为什么我国在刺激经济增长的同时又不能放弃防范通货膨胀？联系我国经济实际，结合本章所学内容进行分析与讨论。

第十章

国际金融

学习要点

- 国际收支平衡的含义
- 国际收支失衡的调节
- 人民币汇率制度
- 汇率的决定及其对经济的影响

第一节 国际收支

一、国际收支的概念

国与国之间的交流必然会产生国际收支，国际收支的概念有狭义和广义之分。

狭义的国际收支是指一国居民在一定时期（通常为一年）内与其他国家（地区）经济交往所发生的外汇收支总和。它仅包括各种收支中必须立即结算和支付的那一部分款项，强调的是以支付为基础。各种国际经济交易，只要涉及外汇收支就都属于国际收支范围。这一概念对分析一国的外汇变动和外汇市场的走势具有重要作用。

第二次世界大战以后，国际政治、经济、文化交流日趋增多，国际经济交易的内容也日益丰富，出现了许多不引起外汇收支的交易活动，这便产生了广义的国际收支概念。**广义的国际收支是指在一定时期（通常为一年）内一国居民与非居民之间全部经济交易的系统记录。**它是该国对外政治、经济、文化交往关系的缩影。无论其是否涉及外汇收支，只要涉及商品和劳务、有形资产和无形资产、实物资产和金融资产等具有经济价值的资源在国际间的转移流动，全部纳入国际收支的统计范畴，强调的是以交易为基础。

目前一般是根据广义的国际收支概念来分析本国及世界各国的国际收支情况。国际收支的内涵非常丰富，理解上应注重以下几点：

第一，国际收支是一个流量概念。是针对一定时期内的发生额，通常以一年为报告期。

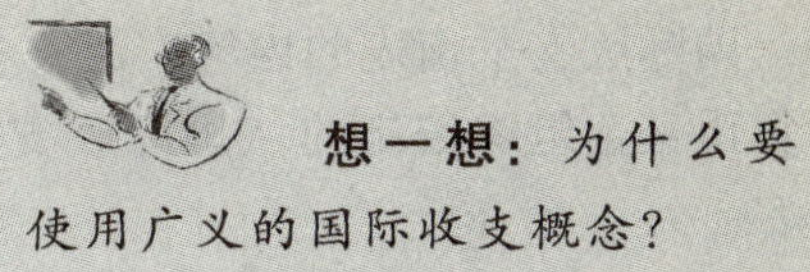

想一想：为什么要使用广义的国际收支概念？

第二，国际收支所反映的内容是经济交易，必须以货币计量。经济交易是指经济价值从一个单位向另一个单位转移。货币计量是指经济交易即使是以不同的货币进行，甚至可能不涉及货币支付，也须折算成同一种货币记录。

第三，强调的是本国居民与非居民之间发生的交易。居民与非居民的划分是以居住地为标准进行的。长期居住本国的自然人属于本国居民，它包括长期居住本国的外国公民、所有政府机构（无论是国内还是派驻国外，无论时间长短，都属于本国居民）、企业和非盈利机构（作为法人组织，它们在哪国成立、注册就属于哪国居民，其国外分支机构属于外国居民）。而国际性机构（联合国、世贸组织、国际货币基金组织、世界银行等）则是任何国家的非居民。

国际收支集中反映了一国在一定时期对外经济交易的状况，不但表明一国对外开放的程度，还直接影响一国国际经济地位和汇率状况；国际收支客观反映了一国经济实力的强弱，也是国内经济状况和经济趋势的指示器；国际收支还是一国制定经济政策尤其是贸易政策的重要依据。

二、国际收支平衡表

（一）国际收支平衡表的含义

国际收支平衡表是系统记录一定时期内一国对外国的全部经济交易的统计报表。它集中反映了一个国家的国际收支状况。

从动态讲，国际收支是一种经济现象的描述，反映了一国或一个地区在一定时期内全部对外往来的货币收付活动；就静态而言，把国际收支所指的居民与非居民之间的货币收付现象，以统计报表的形式利用复式记账的原理，有系统地予以记录，就构成了国际收支平衡表。

（二）国际收支平衡表的编制方法

国际收支平衡表是按复式记账原理编制，采用借贷记账法。每笔交易分别在借贷双方同时登录，有借必有贷，借贷必相等。一切资产减少、负债增加和收入的发生，导致外汇流入，记贷方，用“+”表示（通常省略）；一切资产增加、负债减少、损失的发生，导致外汇流出，记借方，用“-”表示。

这一记账规则首先要判断各类经济交易的性质，是属于资产类，还是负债类或损益类，再明确这些资产、负债、损益是增加还是减少；其次，根据记账规则记上相应的借方或贷方。

1. 凡是本国从国外获得货币收入、引起外汇供给，导致外汇流入的经济交易记录贷方。商品及服务出口、资本流入、获取的外援及侨民汇款均应记录贷方。

2. 凡是引起本国对国外的货币支出、外汇需求，导致外汇流出的经济交易记录借方。一切商品及服务的进口、资本的流出、对外捐赠等则应记录借方。

3. 记录时间采用国际上通用的权责发生制，即不管有无实际收付，只要债权债务发生变动即刻记账。记录时间以所有权的变更日期为准。

（三）国际收支平衡表的内容

国际收支平衡表的内容广泛，各国根据各自不同的需要，编制了不同的项目。下面以国际货币基金组织编制的《国际收支手册》（修改版）为依据，介绍国际收支平衡表的基本内容。

1. 经常账户，或称往来项目。反映国与国之间实际资源的转移，包括货物和服务账户、收益账户、经常转移账户三个二级账户。

（1）货物和服务。货物是指通过海关的进出口货物，其反映的是对外贸易收支，也称有形收支，借方记录进口总额，贷方记录出口总额，商品进出口额均按离岸价格计算，即只包括装船前费用，而国际运费和保险费都列入服务开支。服务包括运输、保险、邮电、旅行、银行、工程承包、计算机与信息服务、咨询、设计、专利权使用等内容，其所发生的外汇收支，也称无形贸易收支。

（2）收益。记录因生产因素在国际间流动引起的报酬收支，包括职工报酬、投资收益两个细目。职工报酬，主要登录在国外工作期限不超过一年的季节工、边境工人和在外国领使馆及国际组织驻本国机构工作人员的外汇工薪收支；投资收益，主要登录由于借贷、货币或商品直接投资、证券投资而产生的利息、利润、股利等外汇收支。

（3）经常转移。记录本国与外国之间单向价值转移的项目，包括各政府间的无偿转移（如债务豁免、经济和军事援助、战争赔款、捐款等）；私人无偿转移（如侨民汇款、赠予、退休金、抚恤金、资助性汇款、罚款和商业损失赔偿等）。

2. 资本账户和金融账户。反映居民和非居民间资本或金融资产的转移。

（1）资本账户。下设两个项目：一为资本转移。主要登录投资捐赠和债务注销的外汇收支。注意资本账户下的资本转移和经常账户下的经常转移不同，前者不经常发生，规模相对较大；而后者一般经常发生，规模相对较小。二为非生产、非金融资产的收买或出售。主要登录那些非生产就已存在的资产和某些无形资产收买或出售而发生的外汇收支，如：土地、矿藏、专利权、商标权、版权、经销权和其他可转让合同的交易等。注意经常账户下服务项目所登录的是对无形资产使用所发生的外汇收支，而本项目登录的是无形资产所有权转让或出卖而发生的外汇收支。

（2）金融账户。登录经济体对外资产和负债所有权变更的各种交易。

一是直接投资。一般通过在国外收购原有企业或开办新企业及投资利润再投资方式进行，从而获得对被投资企业经营活动的管理控制权。包括股本投资（最低限度为10%—25%之间）、利润收益再投资等。

二是证券投资。一般包括一国居民对外国债券和股票的购买和售卖（包括资本的到期偿还）。具体有股票、债券、各种货币市场工具、衍生金融工具等。注意不包括在直接投资和储备类中的长期债券和公司股票在某一类经济体内进行的投资。

三是其他资本。凡不包括在直接投资、证券投资和储备资产等项目的资本交易均在此记录，如：与进出口贸易结合的各种存贷款、预付款、融资租赁等。

四是储备资产，是指一国货币当局所拥有的可用于满足国际收支平衡支付需要的全部资产。包括黄金储备、特别提款权、在基金组织的储备头寸、外汇储备和其他债权。现在世界大多数国家考虑到储备资产的重要性，仍把储备资产单独列为一个账户，称之为平衡账户。

储备资产借贷记录的方向与其他账户不同。储备资产增加记“-”号，减少记“+”号，它是平衡账户的一种，其数字增减正好同其他账户的数字相互对冲，从而起到平衡作用。

3. 净差错和遗漏，也叫平衡项目。由于现实中的国际收支平衡表的统计工作存在客观上的误差和人为因素，难于做到平衡，基于会计上的需要，人为设计了这个科目，以抵消统计上的误差。

为了全面反映对外交往关系的发展情况，适应宏观经济管理的需要，我国于1981年8月建立国际收支统计制度，并开始我国国际收支平衡表的编制工作。

我国国际收支平衡表包括的主要项目有四项：经常项目、资本和金融项目、储备资产、净误差与遗漏。与《国际收支手册》（修改版）国际收支平衡表内容相比，我国采用的是国际上通行的原有国际收支账户分类办法。把储备资产单独列为一个项目，而没有放入金融账户之中。

2008年8月1日颁布的新修订的《中华人民共和国外汇管理条例》，并没有改变原有的国际收支平衡表项目，只是强化经常项目和资本项目外汇收支的“真实背景”以及统计信息检测和紧急时期的国际收支应急保障，以实现从以往积累外汇的单边管理转向国际收支的均衡管理的目标。

（四）国际收支平衡表的分析

分析本国的国际收支平衡状况可以及时了解本国国际收支情况，找出顺差和逆差的原因，采取正确的调节政策；可以充分掌握本国的外汇资金来源和运用方面的资料，特别是官方储备的增减情况，据以编制切实可行的外汇预算；可以全面了解本国的国际经济地位，从而制定出与本国经济相适应的对外经济政策。

对其他国家来说，了解编表国家的国际收支顺差和逆差及储备资产增减情况，可以预测该国货币汇率的动向；了解该国的经济实力，可以预测该国国际收支的大致趋势及其可能采取的经济政策；也可以大致了解世界各国对外贸易情况及各国国际发展状况，作为制定对外贸易政策和货币汇率的重要参考依据。

下面从两个角度对国际收支平衡表的主要内容进行简要分析。

1. 自主性交易和调节性交易。国际收支平衡表中所有的交易都可归结为自主性交易和调节性交易两大类。

自主性交易（也称事前交易）是指交易当事人自主地为了某项经济动机而进行的交易，如商品输出入、捐赠、长期投资等。一般经常项目和资本金融项目中的长期资本部分属自主性交易。自主性交易是制造缺口的交易，是对国际收支状况的真实反映，国际收支均衡与否是指自主性交易是否平衡。

调节性交易（也称事后交易）是指为了弥补自主性交易形成的缺口而进行的交易，如短期资本流动、储备资产变动等。一般资本项目中的短期资本部分和平衡项目的全部属调节性交易，这类交易并无任何经济动机，只是对其他交易活动的一种反映。但它是对国际收支状况的虚假反映，即通过调节性交易达到的平衡，只是一种形式上的平衡。

2. 国际收支差额。国际收支平衡表是按照会计上的复式记账原理编制的，其借方总额与贷方总额总是平衡的。但就每一个具体项目来说，借方和贷方总是不相等的，双方互相冲抵后，总会出现一定的差额。国际收支差额包括各种局部差额和总差额。

局部差额主要有贸易差额、劳务差额、经常项目差额、基本差额。**贸易差额是指进出口**

收支相抵后的净额。若出口大于进口，则为贸易顺差；反之，则为逆差。贸易差额反映一国与他国之间实物资源交易的净额，体现一国的产业结构、产品质量和劳动生产状况，它是一国对外经济关系的基础。经常项目差额是贸易差额加上净劳务收支、净投资收益和净转移收支之和，是国际收支资本和金融项目变动的相对体现，从更广泛的意义上体现一国的经济实力与地位，也被各国当作制定国际收支政策和产业政策的重要依据。基本差额由经常项目差额与长期资本差额之和构成。由于长期资本流动不具有投机性，与经常收支一起能反映出一国国际收支的基本状况，是那些长期资本进出规模较大的国家观察和判断其国际收支状况的重要指标。

所谓国际收支的平衡或不平衡是指这些局部差额而言的。对于一定的局部差额来说，如果收入大于支出（贷方大于借方），出现盈余时，称为顺差；如果支出大于收入（借方大于贷方），出现亏损时，称为逆差。

国际收支总差额是经常项目差额与资本和金融账户差额之和，也称官方结算差额，反映一个国家在长、短期资本流动情况下国际收支综合平衡情况，与储备资产项目的增减相对应。若是顺差，则储备资产相应增加，反之，则减少。

一般认为，一国国际收支主要项目为顺差，表示国际收支状况良好；若为逆差，则表示国际收支恶化。但具体问题要具体分析，才能准确理解差额的意义。

事实上并非所有项目的逆差都有害，也并非所有项目的顺差都有益。例如，若贸易收支为逆差，只要能由劳务收支和转移收支的顺差来抵补，从而使基本差额保持顺差或平衡，则贸易逆差并非有害；若经常项目为逆差，只要有资本流入来抵补，从而使基本差额保持顺差或平衡，也不一定是有害的。

至于综合收支持续出现逆差，因其会耗尽外汇储备，一般认为是有害的，但持续出现顺差，也未必是好事。因为大量增加的外汇储备，会增加本国货币的投放量，产生通货膨胀压力；在浮动汇率条件下，可能使一国蒙受外币贬值的损失；况且储备资产的收益率低于长期投资的收益率，也对本国经济发展不利，因此，外汇储备水平要适度。

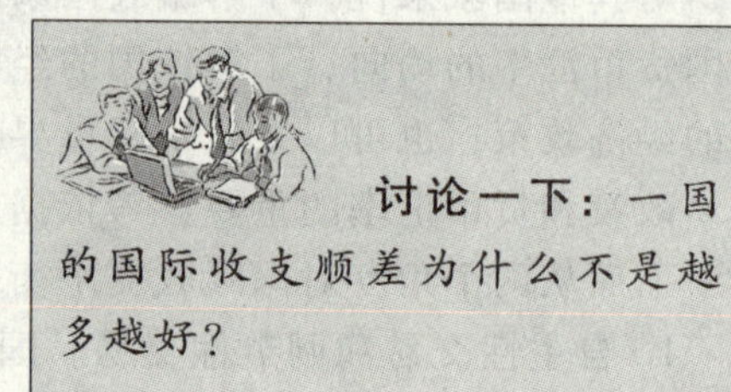

一般认为，维持相当于一国 3 ~4 个月的进口额的外汇储备水平是适度的，或最后清偿率不超过 130%（外债余额与国际储备之比）。但这类指标只具有限的参考价值。一国外汇储备是否适度，必须结合各自的国情特点而定。

总差额与局部差额的关系有两种类型：一是国际收支总差额和经常项目都为顺差，其结果是储备增加，国际收支状况良好；若为逆差，需进一步分析经常项目中各个子项目的差额。二是当国际收支总差额为顺差，经常项目为逆差时，说明总差额是靠资本输入维持的；当国际收支总差额为逆差，经常项目是顺差时，说明资本大量输出，资本项目逆差额大于经常项目顺差额。

分析国际收支平衡表的方法很多，一般分为静态分析、动态分析、比较分析和个案分析等。

三、国际收支的调节

（一）国际收支失衡的原因

国际收支失衡的原因很多，一般有以下四个方面。

1. 经济周期。繁荣、衰退、萧条、复苏是经济周期的四个阶段，并反复不断地交替，从而引起国际收支失衡。当一国经济处于衰退期时社会需求下降，进口需求也相应下降，国际收支发生盈余；反之，国际收支出现逆差。在当今世界经济一体化的形势下，一国特别是经济大国的经济状况会影响到其他国家，从而造成更多国家的国际收支发生变化。

2. 经济结构。结构性失衡有两层含义，一是因经济和产业结构变动的滞后所引起的国际收支失衡；二是出口商品收入、价格弹性格局导致的国际收支失衡。结构性失衡通常反映在贸易账户或经常账户上，具有长期持久的性质，改变起来相当困难。

3. 收入变化。指由于国民收入的变化，使一国的进出口贸易发生变动，从而造成国际收支不平衡。国民收入增加，贸易支出和非贸易支出会增加，国际收支会出现逆差；反之，则出现顺差。

4. 货币币值。由于货币价值的变动而使一国国际收支出现不平衡。在一定的汇率水平下，由于通货膨胀，物价水平相对地高于其他国家，商品出口必受抑制，而进口则受鼓励，国际收支发生逆差；反之，国际收支则发生顺差。

（二）国际收支失衡的调节

国际收支调节，就是根据本国经济发展的需要调节国际收支各个项目的差额和总差额，从而达到与本国经济发展相适应的目标。

1. 国际收支的自动调节。在市场经济条件下，一国的国际收支不平衡，许多经济变量都会作出相关反应，使其自动趋于平衡。亦即通过市场机制的自发作用来实现对国际收支的调节。在金本位制下，国际收支失衡的自动调节是通过黄金输出和汇率下浮达到自动矫正。

在信用货币制度下，国际收支可以通过国民收入、物价和资本的国际流动等实现一定程度的自动调节。

2. 国际收支的主动调节。除市场自动调节外，各国还主动采取各种手段与措施来调节国际收支的不平衡。

（1）财政调节措施。主要是采取扩大或缩减财政支出和调整税率的方式调节国际收支的顺差和逆差。如在国际收支大量顺差，外汇储备较多的情况下，可扩大财政开支，降低税率刺激投资，提高消费水平，促使物价上涨，增加进口，以减少顺差。在国际收支大量逆差的情况下，财政可采取相反措施。

（2）金融调节措施。一是货币政策。主要是通过货币政策工具（存款准备金、再贴现率、公开市场操作等）的运用，调整货币供给量和利率水平，实现国际收支平衡。二是汇率手段。即通过货币法定升值或贬值的方法，提高或降低本国货币对外币的兑换，使国际收支的失衡得到改善。如当国际收支发生逆差时，可采取的措施是实行本币贬值。但这项政策能否奏效还要视具体情况而定。三是外汇管制。是一国对外汇自由买卖和国际结算所采取的限制性措施或采取复汇率。当一国面临国际收支逆差时，该国会采取外汇管制，如限制外汇支出或规定不同的结汇汇率和条件。

（3）贸易调节措施。主要是贸易管制，即通过对商品输出入的管制来平衡国际收支。

商品输入管制即限制商品的进口，方法为关税和非关税壁垒，包括进口许可证制、进口配额制、提高关税等；商品输出管制即限制或鼓励本国商品出口，包括给予出口商补贴、允许出口退税、出口信贷等。

想一想：当国际收支发生逆差时，是否只要采取本币贬值的措施就可以？

（4）其他调节措施。上述调节方法，是针对一个国家来说的，每个国家为解决逆差问题，可以选择适合自己的对策。但由于自身利益问题，采取的对策可能会招致其他国家的抵制。这就可能扰乱国际经济合作的正常秩序，使各国蒙受损失。为解决这一矛盾，目前世界上许多国家都试图采取国际经济合作的办法。主要表现在以下三个方面：一是谋求恢复贸易自由。如通过建立 WTO，成立区域性的共同市场、自由贸易区，其主要目的就是为了促进经济一体化，使各国充分享受国际分工的好处。二是促使生产要素自由转移。这也是一项解决国际收支失衡的重要措施。三是协调经济政策，如西方主要工业国家每年召开七国财长会议，磋商和协调各国的财政政策、货币政策，并对市场汇率进行联合干预。

小知识

我国的外汇储备

我国外汇储备（不含港澳台）的主要组成部分是美元资产，其主要持有形式是美国国债和机构债券。2009 年 6 月末，我国国家外汇储备余额为 21316 亿美元，位居全球第一。

我国外汇储备作为国家资产，由中国人民银行下属的中国国家外汇管理局管理，部分实际业务操作由中国银行进行。

我国外汇储备的结构没有对外明确公布过，目前属于国家金融机密。据估计，美元资产占 70% 左右，日元约为 10%，欧元和英镑约为 20%，依据来自于国际清算银行的报告、路透社报道以及中国外贸收支中各币种的比例。

第二节 外 汇

一、外汇概述

（一）外汇概念

我国的外汇定义是在 1996 年 4 月 1 日实施、2008 年 8 月 1 日第二次修订通过的《中华人民共和国外汇管理条例》中所界定的：**外汇是指以外币表示的可以用作国际清偿的支付手段和资产**。包括：

1. 外币现钞，包括纸币、铸币；

2. 外币支付凭证或者支付工具，包括票据、银行存款凭证、银行卡等；

3. 外币有价证券，包括债券、股票等；

4. 特别提款权；

5. 其他外汇资产。

从以上外汇定义可知，作为外汇必须同时符合三个条件：一是外币性，即外汇首先必须是以外币表示的国外资产；二是可兑换性，即外汇必须能够自由兑换成其他形式的资产或支付手段；三是可接受性，即外汇必须得到国际承认和普遍接受。

（二）外汇种类

1. 按照来源可分为贸易外汇和非贸易外汇。**贸易外汇是指同商品的进出口及其从属费用的收付相关的外汇。**从属费用主要包括与商品进出口直接有关的运费、保险费、广告宣传费和推销费等。贸易外汇收入是一国最主要的外汇来源，贸易外汇支出则是一国外汇的主要用途，因而，贸易外汇收支是一国外汇的主体收支。**非贸易外汇是指商品进出口以外的其他对外往来相关的外汇。**包括劳务外汇、旅游外汇、侨汇、捐赠和援助外汇及属于资本流动性质的外汇。

2. 按照可否自由兑换可分为自由外汇和记账外汇。**自由外汇是指不需要经过货币发行国的货币当局批准，可以自由兑换成其他国家的货币或者可以向第三国进行支付的外汇。记账外汇是指不经货币发行国批准，不能自由兑换成其他货币或者对第三国进行支付的外汇，**又称协定外汇或双边外汇，仅限于两国之间使用的国际债权。

讨论一下：一国居民持有的外汇在本国境内是否具有货币的各种职能？

3. 按照外汇买卖交割期可分为即期外汇和远期外汇。**即期外汇是指外汇买卖成交后在很短时间内交割完毕的外汇。远期外汇是指在签订外汇买卖合约时，约定在将来某一日期办理交割的外汇。**

二、汇率

汇率是指一个国家的货币折算成另一个国家货币的比率。或者说是两国货币之间的相对比价，也就是以本国货币表示的外国货币的价格。外汇作为一种金融资产可以在金融市场进行买卖，所以汇率也称汇价。

（一）汇率的标价方法

折算两个国家的货币，首先要确定以哪一国货币作为标准，这称为汇率的标价方法。

1. 直接标价法。**直接标价法是指以一定单位的外国货币为标准，折算为若干单位本国货币的表示方法。**它也叫应付标价法，也即以本国货币表示的单位外国货币的价格。在直接标价法下，等式左边的外国货币数额固定不变，外汇汇率涨落均以等式右边相对的本国货币数额的变化来表示。如：1 美元 =7.9 元人民币。若需要比原定更多的本国货币才能兑换原定数额的外币，说明外币价值上升，本国货币对外国货币的比值下降，通常可称为外汇汇率上升或本币汇率下跌。若以比原定数额较少的本国货币就能兑换原定数额的外国货币，这就说明本币币值上升，外币对本币的比值下降，通常称之为外汇汇率下跌，或本币汇率上升。我国和世界大多数国家都采用直接标价法。

2. 间接标价法。**间接标价法是指以一定单位的本国货币为标准，折算为若干单位外国货币的表示方法。**它也叫应收标价法，也即以外国货币表示的单位本国货币的价格。在间接标价法下，等式左边的本国货币数额固定不变，外汇汇率涨落均以等式右边相对的外国货币数额的变化来表示。若一定单位的本国货币折算的外国货币增多，即等式右边的外国货币数额增大，说明外汇汇率下跌，本币汇率上升。英国最早采用间接标价法并延续至今，美国目前除对英磅等个别货币以外全部采用间接标价法。

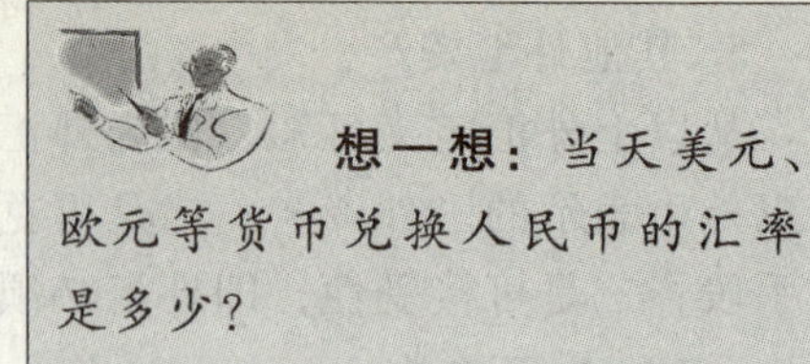

想一想：当天美元、欧元等货币兑换人民币的汇率是多少？

（二）汇率种类

1. 按制定汇率的不同方法来区分，可分为基础汇率和套算汇率。**基础汇率是指本国货币与国际上某一关键货币的比率。**关键货币是指该国国际收支中使用最多、外汇储备中所占比率最大、国际上普遍接受的自由兑换货币。由于它是根据两种货币所代表的价值量直接得出，也叫直接汇率，它一般作为确定与其他各种外币汇率的基础。第二次世界大战以后，大多数国家把美元当作关键货币。

套算汇率，是指两种货币通过第三种货币（即某一关键货币）为中介而间接套算出来的汇率，也叫交叉汇率。例如：US$1 = HK$7，£1 = US$1.6，则套算出港元对英磅的汇率为：£1 = 7 × 1.6 = HK$11.2。

2. 按银行买卖外汇的不同角度区分，可分为买入汇率和卖出汇率。**买入汇率是银行向同业或客户买入外汇时所使用的汇率。**由于出口商是最主要的外汇提供者，因此买入价又称为出口汇率。**卖出汇率是银行向同业或客户卖出外汇时所使用的汇率。**由于进口商是最主要的外汇需求者，因此卖出价又称为进口汇率。

采用直接标价法时，外币折合本币数较少的那个汇率是买入价，外币折合本币数较多的那个汇率是卖出价。例如：2006 年 8 月 7 日中国外汇市场上人民币和美元的汇率为（直接标价法）：US$1 = RMB ¥7.9528 - 7.9699，则前一个数字是买入汇率，后一个数字是卖出汇率。若上述汇率是纽约市场汇率，则变为间接标价法，上述汇率中前一个数字是卖出价，后一个数字是买入价。

买卖价的算术平均数是中间汇率，又称中间价，即（买价 + 卖价）÷2。

银行买进外汇时，还使用一种特殊的汇率，即现钞价。一般现钞价低于银行买入价，是由扣除一定费用（运费、保险费等）所致，当银行卖出现钞时，则采用银行卖出价。

3. 按银行汇兑方式不同，可分为电汇汇率、信汇汇率和票汇汇率。**电汇汇率是指银行以电讯方式通知付款时使用的汇率。信汇汇率是指银行卖出外汇后，用信函方式通知付款人付款时采用的汇率。票汇汇率是指银行买卖外汇汇票时所用的汇率。**票汇汇率又分为即期票汇汇率和远期票汇汇率两种，远期票汇汇率较即期票汇汇率要低。

4. 按汇率制度划分，分为固定汇率和浮动汇率。**固定汇率是指货币的汇率基本固定、波动幅度限制在一定范围内的汇率。**在金本位制下和二次世界大战后的布雷顿森林体系下世界各国基本上都采用这种汇率。**浮动汇率指不是由货币当局规定、而是听任外汇市场供求关系自由决定的两国货币之间的汇率。**1973 年布雷顿森林体系崩溃后，主要工业国家都采用这种汇率。

此外，按外汇资金性质和用途划分，有贸易汇率和金融汇率；按外汇市场营业时间划分，有开盘汇率和收盘汇率；按外汇交易方式划分，有即期汇率和远期汇率等。

（三）影响汇率变动的因素

金本位制崩溃以后，各国实行了信用货币制度。在信用货币制度下，现实的汇率是由两国货币在外汇市场上的供求状况确定的，但外汇供求背后的决定因素有哪些？这是个比较错综复杂的问题。从实际情形看，一国汇率的变动既有经济因素，又有政治因素及心理因素，且各因素之间又相互联系，相互制约。下面仅列举一些影响汇率变动的基本因素。

1. 国际收支。一国国际收支的好坏直接决定着该国外汇供求状况。国际收支的收入项目形成了该国的外汇供给；国际收支的支出项目形成了该国的外汇需求。当国际收支出现顺差时，外汇储备增加，使外汇的供给大于需求；当国际收支出现逆差时，外汇储备减少，使外汇的需求大于供给。一般来说，在没有政府干预和其他因素影响的情况下，一国国际收支处于逆差，必然增加对外汇的需求，外汇汇率上升，本币汇率下降；反之，本币汇率上升。因此各国国际收支的不平衡成为影响汇率变动的直接因素。

2. 通货膨胀。通货膨胀在经常账户收支上的反映是出口商品减少，进口商品增加，引起外汇市场供求关系发生变化，导致外汇汇率上升，本币汇率下跌。同时，还会通过影响人们对汇率的预期，作用于资本账户收支。即人们预期该国货币汇率趋于疲软，把手中持有的该国货币转化为其他货币，削弱该国货币在国际市场上的信用地位，导致该国货币汇率下跌。因此币值稳定是影响汇率变动的主要因素。

3. 利率水平变动。利率水平及其变动，是通过作用于国内货币供应量和国际间资本流动的方向而影响汇率变动的。通常情况下，利率上升，银根抽紧，货币供应量缩减，本币汇率上升；反之，本币汇率下降。另外，一国利率提高，国际游资就会投向该国，追求较高的利息收入，该国外汇收入就会增加，外币供大于求，从而促使该国本币汇率上升，外币汇率下降；若降低该国利率，其结果则相反。

上述基本因素对汇率的影响是根本性和持续性的。若基本经济因素发生恶变，本币汇率将会发生剧烈波动，只有当基本经济因素真正好转，才能使汇率出现相应的改善。此外，影响汇率变动的因素还有政策性因素、心理预期等。

三、汇率制度

汇率制度是一国货币当局对本国货币汇率变动的基本方式所作的一系列安排或规定。传统上，按照汇率变动的幅度，汇率制度被分为两大类型：固定汇率制和浮动汇率制。

（一）固定汇率制度

固定汇率制度是指现实汇率受铸币平价的制约，在很小的范围内围绕铸币平价上下波动的汇率制度。从历史发展看，固定汇率制度经历了两个阶段，一是金本位体制下的固定汇率制（1816—1945 年）；二是布雷顿森林体系的固定汇率制（1945—1973 年）。

1. 金本位体制下的固定汇率制。金本位制下（典型金本位）的汇率是自发形成的。汇率的决定基础是铸币平价，汇率的波动范围是黄金输送点。黄金输出点是外汇汇率变动的上限，输入点是外汇汇率变动的下限。因此，金本位制下各国货币的金平价是不会变动的，各国之间的汇率能保持真正的稳定，是典型的固定汇率制。

2. 布雷顿森林体系下的固定汇率制。第二次世界大战结束后，在英美两国的推动下，建立了布雷顿森林体系，实行固定汇率制。布雷顿森林体系下的固定汇率制是纸币本位下以美元为中心，以黄金为基础的固定汇率制。该汇率制的特点有：一固定（固定货币平价）、双挂钩（美元与黄金挂钩，其他国家货币与美元挂钩）、上下限（汇率波动以货币平价为基础，在 ±1% 的幅度内进行）、允许调整（调整货币法定平价）、政府干预（汇率波动超过规定的上下限幅度后，可以进行干预）。由于上述五个特点，布雷顿森林体系下的固定汇率制度是相对稳定的。

（二）浮动汇率制度

浮动汇率制度是指现实汇率随外汇市场供求状况的变动而波动的汇率制度。

1973 年之后，西方各国先后都实行了浮动汇率制度，有自由浮动和管理浮动两种。自由浮动指货币当局对外汇市场不加任何干预，完全听任汇率随市场供求状况的变动而自由涨落。当然绝对的自由浮动只是理论上的假设而已。管理的浮动汇率制度是指货币当局对本国货币虽然不钉住浮动，但随时干预外汇市场，以便市场汇率朝有利于自己的方向浮动。目前各主要工业国实行的都是管理浮动汇率制度。

（三）人民币汇率制度

自从新中国成立以来，我国由计划经济逐渐过渡到市场经济，人民币汇率制度也经历了朝向市场化发展的漫长过程。

1994 年之前，我国的人民币汇率是由政府根据经济发展的需要来制定、调整和公布的，而不是在外汇市场上由供求状况来自发决定。1994 年 1 月 1 日起，我国实行人民币汇率并轨，由外汇指定银行自行确定和调整。

2005 年 7 月 21 日起，我国开始实行以市场供求为基础、参考一篮子货币进行调节、有管理的浮动汇率制度。

讨论一下：如何理解我国以市场供求为基础的、有管理的浮动汇率制度？

2008 年 8 月 1 日，为了巩固外汇改革的成果，应对中国国际收支形势发生的根本性变化及国际资金流动加快的情况，国务院颁布了再次修订的《中华人民共和国外汇管理条例》。新条例强调“均衡管理”代替“宽进严出”的外汇管理思路，发挥市场在汇率形成中的基础性作用。明确规定“人民币汇率实行以市场供求为基础的、有管理的浮动汇率制度”。

经过多年的改革，我国人民币汇率制度有了实质性的变化。今后，我国还将会依照我国经济发展的需要及国际形势的变化，坚持主动性原则，使人民币汇率更加灵敏地反映市场供求关系，对中国和世界经济金融的长期稳定发展做出贡献。

小知识

经常项目外汇管理

《中华人民共和国外汇管理条例》第二章：

第十二条　经常项目外汇收支应当具有真实、合法的交易基础。经营结汇、售汇业务的金融机构应当按照国务院外汇管理部门的规定，对交易单证的真实性及其与外汇收支的一致性进行合理审查。外汇管理机关有权对前款规定事项进行监督检查。

第十三条　经常项目外汇收入，可以按照国家有关规定保留或者卖给经营结汇、售汇业务的金融机构。

第十四条 经常项目外汇支出，应当按照国务院外汇管理部门关于付汇与购汇的管理规定，凭有效单证以自有外汇支付或者向经营结汇、售汇业务的金融机构购汇支付。

第十五条 携带、申报外币现钞出入境的限额，由国务院外汇管理部门规定。

第三节 国际货币体系

一、国际货币体系的概念

国际货币体系是指为适应国际贸易和国际支付的需要，各国政府对货币在国际范围内发挥世界货币职能所确定的原则、采取的措施和建立的组织形式。它一般包括以下内容：

一是汇率制度的确定。一国货币与其他货币之间的汇率应如何确定和维持？能否自由兑换成其他可支付货币？采取何种汇率制度（固定汇率制、浮动汇率制）？

二是国际储备资产的确定。即国际交往中使用什么样的货币作为支付货币？一国政府应持有多少数量的国际储备资产？

三是国际收支调节方式的确定。当出现国际收支失衡时，各国政府应采取什么方法来解决？各国之间的政策措施又如何互相协调？

四是国际结算的原则。即实行自由的多边结算还是实行限制性的双边结算等。

五是国际货币合作的形式与机构。包括一些区域性货币联盟、国际性金融组织、地区性的多边官方金融机构等。

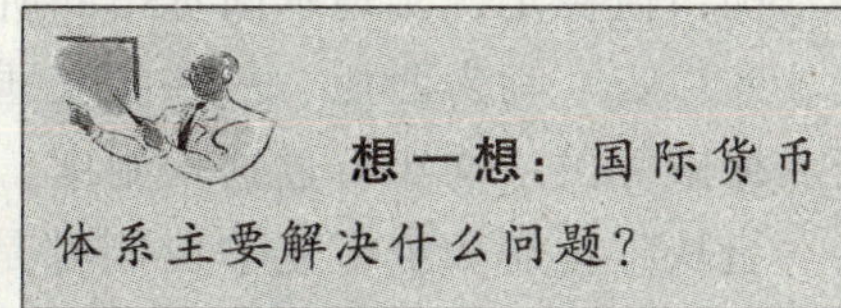

想一想：国际货币体系主要解决什么问题？

其中，国际储备资产的确定、汇率制度的确定和国际收支调节方式是主要内容。

二、国际货币体系的演变

在历史的各个不同时期，国际货币制度在不断地演变。在演进的过程中始终围绕着三个方面的重要问题：一是以什么作为国际货币；二是各国货币之间的汇率、各国货币与国际货币之间的汇率问题；三是当国际收支发生不平衡时，如何进行调节的问题。一百多年来国际货币体系大体经历了国际金本位制货币体系、布雷顿森林货币体系、牙买加货币体系的演变过程。

（一）国际金本位制货币体系

金本位制是以黄金作为国际本位货币的制度。广义指以一定重量和成色的黄金来表示一国本位货币的制度，包括金币本位制、金块本位制、金汇兑本位制。狭义仅指金币本位制。从 1816 年金本位制在英国形成到 20 世纪 30 年代金本位制崩溃，金本位制先后经历了金币本位制（典型金本位制）、金块本位制、金汇兑本位制（虚金本位制）三种制度。

1. 金币本位制。这是典型的金本位制货币制度，盛行于 19 世纪 70 年代至 1914 年第一次世界大战爆发期间，是历史上第一个国际货币制度。它的特点是黄金在国际交往中充当世界货币，并作为主要的国际储备资产为各国中央银行所持有；金币可以自由铸造和熔化，银行券可以自由兑换黄金；各国货币都规定有含金量，两国货币的汇率以铸币平价为基础，市场汇率围绕铸币平价波动，但波动幅度不超过黄金输送点；国际收支因为有黄金的自由输出输入而具有自动调节机制。

典型金币本位制正是因为上述特点为国际贸易和国际资本流动创造了有利条件，对资本主义生产的发展和世界经济的发展起了重要作用。但黄金供应不稳定、在国与国之间分配不合理以及金币本位制的自动调节机制存在严重缺陷等原因，这种缺乏弹性的金币本位制在第一次世界大战中崩溃。

第一次世界大战以后，一些资本主义国家经济受到通货膨胀、物价上涨的影响，加之黄金分配的极不均衡，已经难以恢复金币本位制。1922 年在意大利热那亚城召开的世界货币会议上决定采用“节约黄金”的原则，实行金块本位制和金汇兑本位制。

2. 金块本位制。20 世纪 20 年代，英、法等国改行金块本位制，其他多数国家则实行金汇兑本位制。金块本位制下，货币单位仍然规定含金量，但黄金只作为货币发行的准备金集中于中央银行，并不铸造金币，而是发行代表一定金量的银行券来流通，银行券并不能自由兑换黄金或金币，只能按一定条件向发行银行兑换金块。例如，1925 年英国规定，纸币一次至少兑换净重 400 盎司的金块，这就大大限制了纸币兑换黄金的范围。

3. 金汇兑本位制。又称虚金本位制，其特点是：国内不流通金币，只流通银行券，银行券不能直接兑换黄金，只能兑换外汇；实行这种制度的国家的货币，同另一个实行金本位制国家的货币保持固定比价，并在该国存放外汇和黄金作储备金；通过无限制买卖外汇，维持本国币值稳定，实现本国货币同所依附的金本位国家货币的联系。第一次世界大战前的印度、菲律宾、马来西亚、一些拉美国家和地区，以及 20 世纪 20 年代的德国、意大利、丹麦、挪威等国，均实行过这种制度。

金块本位制和金汇兑本位制都是被削弱了的国际金本位制。1929—1933 年世界性经济危机的爆发，迫使各国放弃金块本位制和金汇兑本位制，从此资本主义世界分裂成为相互对立的货币集团和货币区，国际金本位制退出了历史舞台。

（二）布雷顿森林货币体系

为了消除金本位制崩溃后国际货币的混乱局面，第二次世界大战尚未结束，英、美两国即着手设计新的国际货币秩序，促进世界经济的发展。1943 年 3 月和 4 月，英、美两国政府从本国利益出发，发表了代表各自利益的“凯恩斯计划”及“怀特计划”。由于美国在政治和经济上的实力大大超过英国，英国被迫放弃“凯恩斯计划”而接受美国方案。

1944 年 7 月，44 个国家参加了在美国新罕布什尔州的布雷顿森林召开的“联合与联盟国际货币金融会议”，通过了以美国“怀特方案”为基础的《国际货币基金协定》和《国际复兴开发银行协定》，总称《布雷顿森林协定》，从而形成以黄金为基础、以美元为中心的国际货币体系，即布雷顿森林体系。

布雷顿森林货币体系的主要内容有以下几方面：

1. 国际金融机构。设立“国际货币基金组织（简称 IMF）”和“国际复兴开发银行（世界银行）”。前者的宗旨在于稳定汇率，协助成员国改善国际收支，后者的宗旨在于以低利长期贷款，协助推动成员国的经济发展。两机构自 1947 年 11 月 15 日起成为联合国的常设专门机构。中国是这两个机构的创始国，1980 年，中华人民共和国在这两个机构中的合法席位先后恢复。

2. 国际储备体系。布雷顿森林体系确定了以黄金为基础，以美元为国际主要储备货币，即所谓的美元与黄金挂钩，其他国家货币与美元挂钩的原则。“双挂钩”通常被视作布雷顿森林体系的两支柱。

3. 固定汇率制。IMF规定成员国的货币含金量一经确定，就不得随意变动。成员国在进行即期外汇交易及黄金买卖时，汇率和金价的波动幅度不得超过法定汇率和金价的上下各1%（超过该界限，有关政府有义务进行干预），使汇率始终保持在一个较为稳定的水平上。只有当国际收支发生根本性不平衡时，才允许贬值或升值，亦即平价经IMF同意后才能加以改变。这种体系下的固定汇率制度，亦称可调整的钉住汇率制度。

4. 国际收支调节。当成员国国际收支发生困难时，IMF通过三种方式帮助成员国度过难关：一是敦促成员国广泛协商，促进国际货币合作。二是为成员国提供融通资金的便利。三是规定各成员国实行多边支付与清算，不得限制经常项目的支付，亦不许采取歧视性的货币措施，由此创造平衡国际收支的外在条件。

布雷顿森林货币体系是国际货币合作的产物，它消除了战前国际金融秩序的混乱状况，在一定时期内稳定了资本主义国家的货币汇率，营造了一个相对稳定的国际金融环境，促进了国际贸易和世界经济的增长。

布雷顿森林体系也暴露了不可克服的矛盾。布雷顿森林体系的运行要求储备货币发行国——美国按固定官价兑换黄金，以维持各国对美元的信心，又要求美国提供足够的国际清偿力即美元。信心和清偿力存在着不可克服的矛盾，美元供给太多就会有不能兑换的危险，从而发生信心问题；要维持各国对美元的信心，美国就必须纠正逆差，而这又会使美元供给减少，处于“特里芬两难”境地。20世纪四五十年代的“美元荒”和六十年代美元灾的发生使这一矛盾越发突出。即使后来采取创设特别提款权，复合货币也已无法修补，从而最终使布雷顿森林体系无法维持，到1973年布雷顿森林体系彻底瓦解。

（三）牙买加货币体系

布雷顿森林货币体系崩溃之后，国际金融形势更加动荡不安，各国都在探寻货币制度改革的新方案。1976年1月，国际货币基金组织的“国际货币制度改革临时委员会”在牙买加首都金斯敦召开会议，并达成《牙买加协定》。同年4月，国际货币基金组织理事会通过了国际货币基金组织协定的第二次修正案，形成了国际货币关系的新格局，产生了牙买加货币体系。

牙买加货币体系的主要内容有以下几个方面。

1. 浮动汇率合法化。各会员国可以自由选择适合本国经济情况的汇率制度。在制度上，基金组织承认固定汇率制与浮动汇率制可以同时并存；在管理上，会员国的汇率政策应受国际货币基金的监督，并与国际货币基金协商；在未来安排上，等世界经济稳定后，经总投票权的85%多数票做出决定，恢复固定汇率制度。

2. 黄金非货币化。废除黄金条款，取消黄金官价，黄金与货币完全脱离联系；取消会员国相互之间以及会员国与IMF之间须用黄金清算债权债务的义务；逐步处理掉IMF所持有的黄金（IMF将持有黄金总额的1/3或用于成立信托基金，或用于归还成员国，其余的2/3经总投票权的85%多数通过后，向市场出售或由成员国买回）。

3. 扩大特别提款权的作用。通过修订特别提款权的有关条款，以使其逐步取代美元和黄金而成为主要的国际储备资产。根据规定，各会员国可以自由交易特别提款权，而不必征得 IMF 的同意，IMF 与会员国之间的交易以特别提款权代替黄金，IMF 一般账户中持有的资产一律以特别提款权表示。

4. 扩大基金组织份额。各会员国对基金组织所缴基金份额，由原来的 292 亿特别提款权增至 390 亿。各会员国的份额比例也有所调整，主要石油输出国的比例由 5% 上升到 10%；主要工业国家除原联邦德国和日本略有增加外，其余略有减少。

5. 扩大对发展中国家资金融通。以出售黄金所得收益设立“信托基金”，以优惠条件向最贫穷的发展中国家提供贷款或援助，帮助他们改善国际收支；扩大基金组织信贷部分贷款的额度。普通贷款额度，由相当于会员国基金份额的 100% 增至 145%，补偿性贷款则由 50% 提高至 70%。

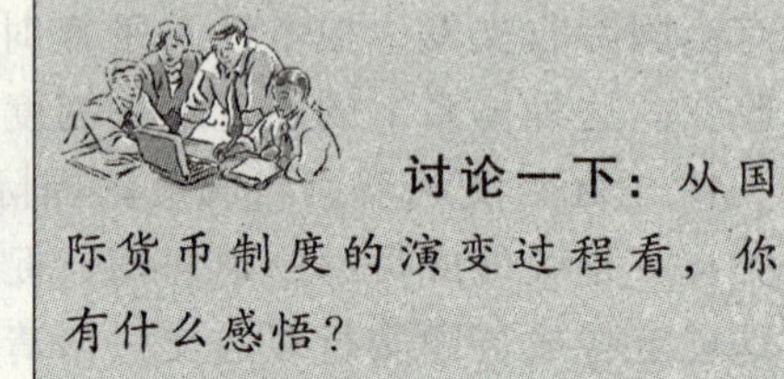

讨论一下：从国际货币制度的演变过程看，你有什么感悟？

牙买加货币体系起到了积极作用。一是多元化的储备结构摆脱了布雷顿森林体系下各国货币间的僵硬关系，为国际经济提供了多种清偿货币，在较大程度上解决了储备货币供不应求的矛盾。二是多样化的汇率安排适应了多样化的、不同发展水平的各国经济，为各国维持经济发展与稳定提供了灵活性与独立性，同时有助于保持国内经济政策的连续性与稳定性。三是多种国际收支调节机制并存，克服了布雷顿森林货币体系下单一的调节手段限制，适应了世界经济格局多元化的特点，也使国际收支的调节更为有效与及时。

虽然牙买加货币体系有许多积极作用，但它也存在着一定的弊端。一是储备货币多元化与国际清偿力不协调。在国际储备多元化的条件下，各储备货币发行国的国际收支变动，必然导致世界外汇储备的变动，从而直接影响着国际清偿力的稳定；同时增大的汇率风险又增加了各国储备资产管理的复杂性，也使国际清偿力总量供应的调控更加困难。二是浮动汇率长期化加剧了货币汇率波动。使进出口商很难避免外汇风险损失，不利于国际贸易的发展；使国际借贷关系也要承担汇率风险，甚至引发债务危机或者加重债务危机；会导致各国物价和国际物价的波动；会助长外汇市场的投机活动，导致银行倒闭，金融市场混乱。三是国际收支调节机制仍不健全。主要是汇率机制运转失灵，利率机制有副作用，同时货币基金组织的贷款能力有限，也无力指导和监督顺差国和逆差国双方对称地调节国际收支。所以，国际收支失衡的问题一直没有得到很好的解决。

总之，牙买加货币体系在一定程度上反映了布雷顿森林体系崩溃后的世界经济格局，适应了当时国际金融关系的变化，但它在储备货币、汇率机制、国际收支调节机制等方面存在着不可忽视的缺陷。近几年，国际金融变动趋势增强，并愈来愈制约着国际贸易和世界经济的发展，表明牙买加货币体系也难以适应当前世界经济的发展需要。因此，必须进一步改革国际货币制度，建立合理稳定的国际货币新秩序。

三、国际货币体系的改革

2008 年全球性的金融危机将关于国际货币体系的改革推向一个新的高度。这次发起于美国的金融危机，使得一些新兴市场对西方国家所倡导的金融架构和运作模式产生了不少的怀疑，并引发了对国际货币体系的反思。

理论上讲，一个完备和稳定的国际货币体系应该具备三个方面的功能：国际储备货币、国际收支平衡与国际资本流动及管理。从这几个角度看，当前的国际货币体系均存在一些缺陷。

从历史经验看，以一国主权信用货币作为国际储备货币具有无法克服的困境：储备货币发行国在实现国内目标和履行本国货币的国际职能之间往往面临艰难抉择。为了应对金融危机和经济衰退，美国通过大量发行美元以刺激国内需求，这必然威胁到美元的价值稳定，并直接影响它作为国际储备货币和价值储藏工具的吸引力。相反，如果美元专注于履行其国际储备货币职能，那么美国的国内目标将无法实现。“特里芬难题”仍然是储备货币发行的重要约束之一，同时在储备货币国和使用储备的国家之间存在着显著的利益转移，最终还是由相对单一的国别货币来承担国际储备货币的职能。这种格局不仅对发展中国家不利，实际上也不利于发达国家的经济平衡。因为这种几乎唯一的储备货币地位，使得国际剩余储蓄自然会选择流入这种货币，就会促使该国的国际收支持续失衡。综合各个方面的研究看，未来的国际储备货币演变主要存在三种备选建议：

第一，重新修复以美元为主导的国际储备体系。综合考虑各个方面的因素，这种可能性大概也具有最大的现实可行性。然而从根本讲，美元能否长期维持其地位则取决于美国国际收支赤字的减少和未来通货膨胀的控制，以及由此形成的全球金融市场对美元的信心。同时，这种格局并没有改变此次金融危机中所呈现出来的一系列国际货币体系的缺陷。

第二，美元逐步失去中心地位，国际储备货币多元化。短期内，虽然美元仍是主导性的国际储备货币，欧元、英镑、日元等只能是潜在的“同类竞争者”。然而根据 IMF 的测算，到 2020 年，北美、“欧元区 + 英国”、“金砖四国 + 日本”三大区域经济在全球 GDP 总量的份额将分别为：20%、21%、31%，这意味着届时世界将演变成大致均衡的三极。理论上，区域经济多极化是国际储备多元化最有力的促进因素。因此，从中长期来看，随着美元的不断衰落，国际储备货币格局将走向多元化和分散化。

第三，创造一种新的超主权国际储备货币。这个建议对于改进当前国际货币体系中存在的一系列缺陷具有积极的效果。但是，在实际的金融制度调整中，创造一个新的超主权货币，更需要的往往是不同国家和地区的利益平衡，以及一些原来占据有利地位的国家的智慧和勇气。从目前的情况看，权宜之计是逐步扩大特别提款权的作用，逐步使之发挥超主权国际储备货币的一些职能。

一个运转有效的国际货币体系必须能够调整国际收支不平衡。当前美元信用本位下的国际货币体系在国际收支失衡的调整机制方面存在明显的缺陷，美国对经济失衡的汇率调整的效率并不高。这样一来，国际收支不平衡成为当前国际货币体系的常态和典型特征。然而，2008 年国际金融危机的一个最重要的教训就是国际收支不平衡不可能长期持续。因此，改革国际货币体系的一个关键环节就是要从根本上纠正国际失衡。

讨论一下：对创造一种新的超主权国际储备货币的看法。

国际货币体系的一项重要功能就是在国际金融系统遭遇破坏性冲击时提供流动性资金支持。布雷顿森林体系的两大机构即国际货币基金组织和世界银行正是为实现这个目标而设立的。IMF 负责向成员国提供短期国际资金借贷，保障国际货币体系的稳定；世界银行通过提供中长期信贷促进成员国经济复苏。然而，简单考察一下金融危机的历史，从1980年的阿根廷银行业危机、1994年墨西哥国际收支危机到1997—1998年东南亚金融危机再到2008年全球性的金融危机，金融危机发生的次数更加频繁、传播的范围更加广泛，危机的破坏性也更加严重。尽管IMF并没有引起危机，但是危机本身却显示了IMF应对能力还需要进一步提高。2009年，面对全球性金融危机，虽然G20通过决议将IMF的资本金增加到1万亿美元，但是，这对于拯救整个银行系统这一使命而言，任务还相当艰巨。更何况，IMF的资本金主要控制在几个大股东手里，而这些大股东才是全球金融稳定的关键。因此，已经高度全球化的金融市场，客观上需要一个更能够同时体现发达国家和发展中国家利益、更公平、更合理的治理结构。

目前的国际货币体系既是多年来全球经济金融发展的产物，也是各国相对实力消长和利益磨合的结果。对改革国际货币体系的期望和策略均应切合实际，任何可能大大改变现有利益分配格局的方案，在近期都是不现实的。

小资料 

人民币走向国际结算

2007年5月，东盟10国以及日本、中国和韩国的财长达成协议，建设区域性的外汇储备一揽子货币体系协议。

2008年年底，国务院正式确定“对广东和长江三角洲地区与港澳地区、广西和云南与东盟的货物贸易进行人民币结算试点”。人民币用于国际结算迈出关键一步。

2008年12月12日，央行和韩国银行宣布签署了双边货币互换协议，互换规模为1800亿元人民币/38万亿韩元（合28.29亿美元）。此举令人民币首次以官方的姿态走出国门，历史意义非凡。

2009年1月13日，央行上海总部表示，2009年上海将在适当时机推出人民币国际结算试点。

2009年1月20日，央行与香港金管局签署2000亿元人民币货币互换协议。这是央行第二次与其他国家或地区签署本币互换协议。

2009年2月8日，央行和马来西亚国民银行宣布签署双边货币互换协议，互换规模为800亿元人民币/400亿林吉特。

2009年3月11日，央行和白俄罗斯共和国国家银行宣布签署双边货币互换协议，互换规模为200亿元人民币/8万亿白俄罗斯卢布。

2009年3月23日，央行和印度尼西亚银行宣布签署双边货币互换协议，互换规模为1000亿元人民币/175万亿印尼卢比。

3月29日，中国人民银行和阿根廷中央银行签署了700亿元等值人民币的货币互换框架协议。

2009年3月31日，央行宣布，截至目前已先后与其他央行及货币当局签署了总计6500亿元人民币的六份双边本币互换协议。

【重要概念】

国际收支 国际收支平衡表 外汇 贸易外汇 自由外汇 即期外汇
汇率直接标价法 汇率制度 国际货币体系

【思考与实训】

1. 查看最近的人民币汇率，思考我国人民币汇率的走势。
2. 结合我国外汇储备情况，思考其利与弊。
3. 查找资料，思考我国近些年国际贸易收支的特点。
4. 根据资料和调查，思考我国人民币国际化问题。

【分析与讨论】

查找我国最近年度的国际收支平衡表，分析与讨论我国国际收支的主要内容和特点。

第十一章

财政政策与货币政策

学习要点

- 财政政策手段
- 财政政策目标
- 货币政策目标
- 货币政策手段
- 财政政策与货币政策的配合方式

第一节　财政政策

一、财政政策概述

（一）财政政策的概念

广义地说，财政政策是政府根据客观经济规律的要求，为达到一定目标而制定的指导财政工作的基本准则和措施的总和。狭义地说，**财政政策是政府为了实现社会总供给与社会总需求均衡的目标，对财政收支总量和结构进行调整的准则和措施的总和**。本书所阐述的财政政策是狭义的财政政策。

财政政策是政府宏观经济政策的重要组成部分，其制定和实施的过程也就是政府实施宏观调控的过程。其调控的机理是借助于财政收支与社会总供求的内在联系，通过调整财政收支的总量和结构来实现社会供求总量和结构平衡的宏观调控目标。

财政政策作用的直接对象是社会总需求，尽管财政政策也可以影响社会总供给，但这种影响是通过制约社会总需求间接地实现的。所以，财政政策是政府控制社会总需求的主要手段，它属于政府的需求政策。

（二）财政政策的调控方式

财政政策的调控方式是指财政政策发挥作用的形式，主要有两种：

1. 自动稳定器。财政政策仅需依靠财政收支本身具有的内在机制，自动调节社会需求、减轻经济波动进而达到稳定经济的效果，不需要政府预先做出判断和采取措施。财政政策的这种自动发挥稳定作用的模式称为“自动稳定器”，主要通过税收和财政支出来实现。

一是所得税的自动稳定作用。政府对个人所得和企业（公司）所得征收所得税，一般实行累进税率，并规定起征点和免征额。在经济萧条时期，个人所得、企业所得都会下降，符合纳税规定的人数和企业数就会减少，税基相对缩小，适用的累进税率也相对下降，税收收入就会自动减少。由于税收减少幅度大于个人和企业收入的减少幅度，减轻了个人和企业的经济压力，有利于个人和企业进行消费和投资，从而减缓经济萎缩程度，发挥反经济衰退的调节作用。在经济繁荣时期，情况则相反，累进所得税可以防止个人和企业需求过度膨胀，发挥反通货膨胀的调节作用。

二是社会保障支出的自动稳定作用。财政的社会保障支出主要用于个人。在经济萧条时期，个人收入会下降，失业人数会增加，财政的失业救济金、各项福利支出会自动增加。由于增加了个人收入，有利于个人消费支出的增加，从而防止经济的进一步衰退，发挥反经济衰退的调节作用。在经济繁荣时期，就业机会增多，个人收入增加，财政的失业救济金、各项福利支出会自动减少，有利于抑制私人消费支出的持续增加，发挥反通货膨胀的调节作用。

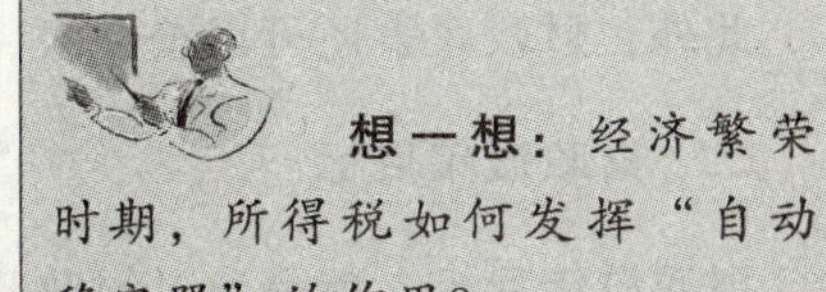

想一想：经济繁荣时期，所得税如何发挥“自动稳定器”的作用？

2. 相机抉择。由政府根据宏观经济形势，相应调整财政收支总量和结构，以实现经济稳定的目标。这种有意识地利用财政收支变化来调节经济运行的方式称为“相机抉择”模式。主要通过三种不同的财政政策来实现。

一是紧缩性财政政策。在社会总需求大于社会总供给时实行。社会总需求大于社会总供给，即出现通货膨胀（经济过热）。这时存在过度需求和物价高涨问题，要减轻或消除通货膨胀，必须实行紧缩性财政政策。紧缩性财政政策的主要措施是减少政府支出和增加政府税收。减少政府支出可以使社会总需求中的政府支出部分减少，从而直接减少社会总需求，而且由于政府支出乘数作用，会带动更多的需求减少。增加政府税收可减少个人和企业的收入或降低其可支配收入的实际价值，抑制消费和投资，其结果使社会总需求减少。

二是扩张性财政政策。在社会总需求小于社会总供给时实行。社会总需求小于社会总供给，即出现通货紧缩。这时存在社会总需求不足和失业率高等问题，要减轻或消除通货紧缩，必须实行扩张性财政政策。扩张性财政政策的主要措施是增加政府支出和减少政府税收。增加政府支出可使社会总需求中的政府支出部分增加，从而直接增加社会总需求，而且由于政府支出乘数作用，会带动更多的需求增加。减少政府税收可增加个人和企业的收入或提高其可支配收入的实际价值，刺激消费和投资，其结果使社会总需求增加。

三是中性财政政策。在社会总需求与社会总供给基本平衡时实行。一种情况是社会供求总量基本平衡、结构比较合理。这时实行的中性财政政策应保持财政收支总量的大体平衡和结构的基本稳定，以实现社会总需求与总供给同步增长，从而维持社会供求总量的结构的基本平衡。另一种情况是社会供求总量基本平衡，但结构不尽合理。这时实行的中性财政政策着力点是在结构上有保有压，即加强薄弱环节，压缩过热环节，从而实现经济平衡发展。

财政政策无论采取哪种调控方式，最终都是通过具体的税收政策、预算政策、补贴政策、公债政策、投资政策等财政手段来实施的。

（三）财政政策的分类

从上面财政政策调控方式可以看出，财政政策可以按照不同的标准和依据进行多种分类。

按政策手段，财政政策可分为税收政策、预算政策、国债政策、补贴政策、投资政策等等。这种分类便于更好地发挥财政各调控手段的职能，使财政政策更广泛、更全面地实施。

按调控方式，财政政策可分为自动稳定政策和相机抉择政策。这种分类便于政府有针对性地选择政策手段，使调控效果更加符合政策目标。

按政策功能，财政政策可分为扩张性财政政策、紧缩性财政政策、中性财政政策三种。这种分类有利于政府针对不同社会总供求关系选择不同的政策，也有利于财政政策与货币政策的合理配合。

此外，财政政策还可以按期限、按范围等进行分类。

二、财政政策目标

财政政策目标，就是通过财政政策的实施所要达到的目的或期望。它使财政政策具有正确的方向和指导，能反映政府制定和实施财政政策的意图，是选择财政政策手段的基本依据，也是构成财政政策的核心内容。

财政政策目标与政府宏观经济总目标应该是一致的，都是谋求社会总需求与社会总供给的基本平衡，这一总目标可以分解为以下几个具体目标。

（一）充分就业

充分就业是指在一定的货币工资水平下所有有能力工作、愿意工作的人都能就业。当然，充分就业并不是说所有的劳动者都有固定职业。由于各国的社会经济情况不同，民族文化和传统习惯各异，加上自愿性失业、周期性失业、季节性失业、结构性失业、摩擦性失业的存在，可容纳的失业率也是不相同的。自愿性失业是指不愿意接受现行工资水平而形成的失业。周期性失业是指周期性爆发的经济衰退而形成的失业。季节性失业是指某些行业生产中由于气候变化和季节变化所形成的失业。结构性失业是指经济结构变化而形成的失业。摩擦性失业是指由于劳动力市场的双向选择活动而造成的失业。根据西方主要发达国家经验，失业率即失业人数占劳动力人数的比例控制在3%～5%之内是正常和自然的。目前我国政府公布的是城镇登记失业率，如2008年我国城镇登记失业率为4.2%。

需要指出的是，我国传统的财经理论对失业问题是缺乏研究的，“失业率”这一指标也只是改革开放许多年后才在政府文件中出现。实际上，失业不仅是个经济问题，也是个十分敏感的社会问题，它会对社会经济的运行构成巨大的威胁，对财政状况产生严重影响。市场经济的发展，失业问题已越来越明显地摆在我们面前，我们必须十分重视对失业问题的研究，并把充分就业作为财政政策的重要目标。

（二）物价稳定

物价稳定就是把物价上涨幅度（通货膨胀率）控制在一定水平上，使物价在短期内没有显著或剧烈的波动。也就是一般物价水平基本稳定，但不是说物价总水平静止不动。国际上一般将物价稳定的目标定位于物价水平控制在年上涨率3% ~5%之内。如果社会需求大大超过社会供应，物价水平持续上涨即发生通货膨胀，则分配格局将发生变化，贫富差距会拉大；投机增多，流通秩序混乱；影响再生产的顺利进行和社会和谐，也必然会影响财政分配。如果社会供应大大超过社会需求，价格水平不断地下降，则出现通货紧缩，也会影响到财政分配。

财政分配对社会总需求和社会总供应具有重大的反作用，因此，防止及消除通货膨胀和通货紧缩，实现物价稳定，应成为财政政策的目标之一。

（三）经济增长

经济增长指一个国家或地区在一定时期内的总产出与前期相比实现的增长。但并非是经济增长速度越快越好，而是谋求经济持续适度增长，避免经济发展中的大起大落。至于经济增长速度多大为合理，各国在不同的经济发展时期有不同的目标。衡量经济增长的指标有两个：一是该国实际国民生产总值的年增长率（衡量综合国力）；二是人均实际国民生产总值年增长率（衡量公民生活水平）。

在实现经济增长的过程中，财政可以通过财政政策手段来引导资本、劳动力、技术等生产要素的合理配置，对经济增长起到有力的促进和推动作用。因而，促进经济增长应成为财政政策的目标。

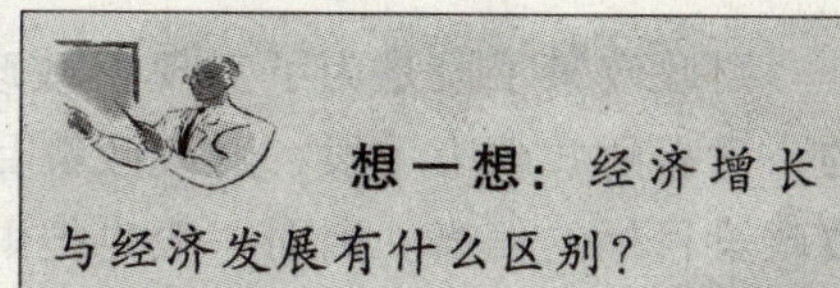

想一想：经济增长与经济发展有什么区别？

（四）国际收支平衡

国际收支平衡就是指一国一定时期（通常为一年）国际收支中的经常项目与资本项目收支保持基本平衡的状态。基本平衡即可略有顺差或略有逆差，从而使一国的外汇储备处于适度状态。在开放经济中，国际收支状况会影响国内的就业和物价及经济增长。所以，各国都会从本国情况出发，鼓励出口、限制进口，以维持国际收支平衡。

从长远看，以上四个指标是相互促进的。经济增长是充分就业、物价稳定、国际收支平衡的物质基础；物价稳定是经济增长的前提；国际收支平衡有利于国内物价稳定，也有利于利用国际资源扩大本国生产能力、加速经济增长；充分就业意味着充分利用经济，当然会促进经济增长。

从短期看，四个指标又是相互制约的，要同时实现是非常困难的，它们的矛盾性表现在：

1. 物价稳定与充分就业。一般说来，低于自然失业率的就业水平通常是以通货膨胀为代价的。为了增加就业人数和设备利用数量，中央银行会放松银根以扩大总需求，这往往会导致通货膨胀。同时，经济政策会有一定的时滞，一项原为促使有效需求增加和充分就业的政策，有时可能导致过度需求，造成通货膨胀。英国经济学家菲利普斯，研究了1861年至1975年英国的失业率与工资、物价变动之间的关系，得出结论：**在失业率和物价变动之间存在着此消彼长的置换关系，把这种现象概括为一条曲线，人们称之谓“菲利普斯曲线”。**

2. 物价稳定与经济增长。就现代市场经济的实践而言，经济增长往往伴随物价的上涨。特别在社会有效需求不足的情况下，采用扩张性的财政和货币政策，往往可以通过刺激需求增长来促进经济增长。一旦总需求超过总供给，还采取扩张政策则会引发通货膨胀。

3. 充分就业与国际收支平衡。就业人数增加和收入水平的提高会使进口的增加超过出口的增加，从而引起国际收支状况恶化。为了减少逆差，可采用紧缩性的财政和货币政策，但这又会导致失业率的上升。

4. 经济增长与国际收支平衡。高速的经济增长在短期内需要增加进口国外的机器设备、先进技术及原材料等。而扩大出口不可能在短期内达成，这会引起国际收支状况的恶化。

在短期内，一般而言，物价稳定与国际收支平衡、充分就业与经济增长之间的关系往往是一致的。

要说明的是，以上描述的是传统经济学理论的观点。从经济实践来看，也不排除有些国家在短期内会打破以上的一些经济关系，如进入 20 世纪 90 年代美国的低通胀率与低失业率双双保持低水平的现象。但从长远看，一般情况下，以上论述的经济关系是存在的。当宏观调控目标之间出现冲突时，使得社会总供给与社会总需求的平衡更为困难，也使许多国家在一定时期内往往有选择地采取对策。选择的方法主要有：相机抉择法、临界点原理抉择法、逆经济风向法等等。

三、财政政策手段

财政政策手段是为了实现财政政策目标而选择的各种操作工具。它是为财政政策服务的，没有财政政策手段，财政政策目标就无从实现。而财政政策手段选择不当，也会导致财政政策目标的偏离。因而一般也把财政政策理解为财政政策目标与财政政策手段的结合。

财政政策手段众多，主要包括税收、预算、公债、财政补贴、财政投资、政府采购等，这些政策手段的有关内容已在前面有关章节中有过论述，这里只从政策手段角度论述。

（一）税收

税收是政府组织财政收入的基本形式，也是政府实施宏观调控的重要财政政策手段。

1. 税率调控社会供求总量。政府可以通过提高或降低税率来减少或增加生产经营者和公民的税后可支配收入，在财政支出规模不变的情况下，一方面可以调节社会总需求，起到限制或刺激需求的作用；另一方面也可以影响生产经营者和公民的储蓄投资能力，从而对社会总供给产生效应，起到减少或增加社会总供给的作用。

2. 税种调控社会供求结构。可以通过税种的设置，如开征特定税种，来实施产业结构的调控，从而实现供求结构的调控。

3. 税收优惠与税收惩罚的特别调控。为了某些特别需要，税收可以灵活地运用鼓励性或惩罚性措施。如减税、免税、建立保税区等为鼓励性措施；报复性关税、双重征税、加成征收等为惩罚性措施。

为了正确有效地运用税收手段以实现财政政策目标，需要有完善的税收体系、良好的纳税意识、严密的征管制度和先进的征管手段。

（二）预算

政府预算作为政府的年度财政计划，也是财政政策的主要手段。

1. 预算规模调控社会供求总量。在国民生产总值一定的条件下，政府预算收入的增加意味着企业、个人或家庭可支配收入的减少，从而减少企业、个人或家庭的需求；预算支出则是直接构成社会总需求的重要部分，其规模大小直接影响社会总需求的大小。此外，政府还可以通过预算的追加或追减，相机实现经济的扩张或紧缩的调控目标。一般而言，当社会总需求大于社会总供给时，可通过增加预算收入、压缩预算支出来控制社会总需求；反之，可扩大社会总需求。

2. 预算结构调控社会供求结构。预算结构尤其是预算支出结构能有效地调控各项事业结构，从而实现社会供求结构的调整。如增加对教育、科学、文化等支出，则有利于教科文事业的快速发展。因为预算支出的是资金，增加对某事业的资金供应就会促使该事业更好地发展；反之操作则是对某些事业的限制。

政府预算作为财政政策的主要手段，其调控能力的大小与预算规模关系极大。要有效地发挥预算的调控能力，必须要有合理的预算收入占国民生产总值比重。

（三）公债

公债的运用使政府财政收入具有一定的弹性，同时也增强了政府运用财政进行宏观调控的能力。

由于公债的发行，使购买公债的单位和个人的投资或消费资金会减少，从而对这些单位和个人的投资或消费起调节作用。

讨论一下：公债如何调节财政收支本身？

公债可以调节财政收支本身，因为弥补赤字是公债的基本功能；公债还可以调节社会货币资金，因为公债的发行能把民间的货币转移到政府部门来，如是中央银行购买公债则会增加货币的投放；通过公债期限结构的调整，可以改变公债的流动性程度（因为期限越短则流动性越强，短期公债有“准货币”之称）来影响社会资金流动总量；通过调整公债的发行利率或实际利率来影响金融市场利率的变化，从而对经济实施扩张性或紧缩性的影响。

要有效地发挥公债的调控作用，必须要有合理的公债规模、优化的公债结构、科学的公债利率、完善的公债管理制度。

（四）财政投资

财政投资的项目主要是基础产业、公共设施等，它是克服某些领域“市场失灵”问题的必要手段。

财政投资规模的调整可以影响社会总需求和未来的社会总供给，从而影响社会供求总量。财政投资结构的调整可以对经济结构起重要的调节作用，从而促进经济结构的优化。具体地说，当经济萧条时期，政府可通过提高财政投资支出水平，拉动社会总需求，以缓解或消除经济衰退；当经济繁荣时期，政府可通过降低财政投资支出水平，抑制社会总需求，以缓解或消除经济过热；当社会供求总量基本平衡、结构存在矛盾时，政府可通过财政投资的有保有压政策，从而使社会供求结构合理。

要更好地发挥财政投资的调控作用，应保持合理的财政投资规模，注重财政投资结构，讲究财政投资效益。

（五）财政补贴

从宏观经济的调控效果来看，财政补贴支出的增减与税收的增减有着相反的作用。

经济萧条时期，政府增加补贴支出，企业、个人或家庭的可支配收入增加，从而刺激企业、个人或家庭扩大投资和消费需求，促进社会总需求的增加，推动经济增长。当经济繁荣时期，政府减少补贴支出，企业、个人或家庭的可支配收入就会减少，从而抑制企业、个人或家庭的投资和消费需求，导致社会总需求的减少，促使经济由过热到平稳发展。

（六）政府采购

政府采购作为财政政策手段，具体通过规模采购、储备采购（主要目的平抑物价）、示范采购（名牌产品采购、绿色产品采购和节能产品采购）和规定比例采购（要求一定幅度的价格优惠、将中标项目的一定比例分包给中小企业）等来体现。通过政府采购可实现购买国货以支持本国企业发展、支持中小企业发展、吸引外资和引进技术、促进就业、保护环境等目的。

为了实现财政政策目标，各种财政政策手段之间的协调配合是十分重要的。如果缺乏有效的协调配合，各种财政政策手段就会相互冲突，产生“分力”，从而抵消财政政策的效应。因而为达到财政政策目标，实现应有的财政政策效应，就必须站在全局的高度，灵活有效地配合运用各种财政政策手段，使其产生“合力”，显示出财政政策手段的整体效应。

小资料 

我国财政政策的实践

1. 1993—1997 年实行紧缩性财政政策，称为“适度从紧财政政策”。采取的主要措施：加强税收征管，建立新型税制；严控财政赤字，完善财政体制；控制社会集团购买力，抑制消费过快增长；压缩基建项目，控制固定资产投资过快增长。

2. 1998—2004 年实行扩张性财政政策，称为“积极财政政策”。采取的主要措施：增发长期建设国债；调整收入分配政策；调整税收政策；完善财政体制。

3. 2005—2008 年实行中性财政政策，称为“稳健财政政策”。采取的主要措施：控制赤字；调整结构；推进改革；增收节支。

4. 2008 年 11 月起，由稳健财政政策转向积极财政政策。采取的主要措施：扩大政府公共投资，着力加强重点建设；推进税费改革，实行结构性减税；提高低收入群体收入，大力促进消费需求；进一步优化财政支出结构，保障和改善民生；大力支持科技创新和节能减排，推动经济结构调整和发展方式转变。

第二节 货币政策

一、货币政策概念

货币政策是政府采用各种手段调节货币供求以实现宏观经济调控目标的方针和策略的总称，是国家宏观经济政策的重要组成部分。

货币政策可分为扩张性或膨胀性货币政策、紧缩性或收缩性货币政策、中性或均衡性货币政策。扩张性货币政策是通过增加货币供应量以扩大社会总需求的政策，其实施条件是社会有效需求不足而有效供给过剩。紧缩性货币政策是通过减少流通中的货币量以收缩社会总需求的政策，其实施条件是社会总需求过剩而社会总供给不足。中性货币政策是使货币供应量与经济增长大体一致以维持社会总供求均衡格局的政策，其实施条件是社会总供求处于基本平衡的状态。

改革开放以来，我国针对宏观经济运行状况，灵活采取宽松或紧缩的货币政策，运用多种货币政策工具，通过利率、汇率、公开市场业务等渠道，影响企业和居民的生产、投资、消费等行为，既成功地治理了通货膨胀，又有效地防止了通货紧缩，为国民经济的稳定健康发展创造了良好的宏观经济环境。

在现代市场经济条件下，国民经济商品化、货币化、信用化的程度不断加深，整个国民经济都必须借助于货币来运行。因而货币状况是国民经济的综合反映。基于这一点，要使国民经济正常运行，就必须制定一个能够符合客观经济规律的货币政策。

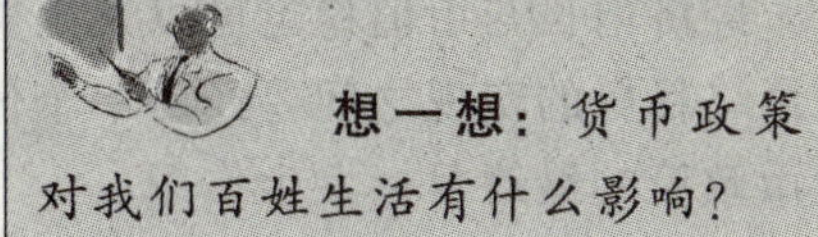

想一想：货币政策对我们百姓生活有什么影响？

二、货币政策目标

货币政策目标是中央银行的行动准则和奋斗方向，是中央银行采取各种政策措施和运用金融调控手段所要达到的目的。

货币政策与财政政策一样，都是为实现政府宏观经济管理服务的，其最终目标与宏观经济政策目标是一致的，都是实现社会总供求平衡。但货币政策有其自身的特殊性，它是从调节与控制货币供应量的角度来实现宏观经济目标的。作为中央银行货币政策的目标，应该明确地体现出中央银行一切工作的核心及目的，既不能完全等同于宏观经济政策的总体目标，又必须服从并服务于宏观经济政策的总体目标。因此我国的《中国人民银行法》规定，货币政策目标是保持货币币值稳定，并以此促进经济增长。

币值稳定与经济增长从根本上说是一致的，两者存在着内在的统一性。其一，经济增长是币值稳定的物质基础，而币值稳定又是经济增长的前提条件。经济发展了，日益增长的商品和劳务可供量就为币值稳定提供了坚实的基础；币值稳定了，就能为经济增长创造良好的环境和必要的条件。其二，两大目标的要求是一致的。从目的的一致性来看，经济增长和币值稳定都是为了保持社会总供给与社会总需求的平衡。从要求的一致性来看，经济增长和币值稳定都是宏观经济规律的共同要求。

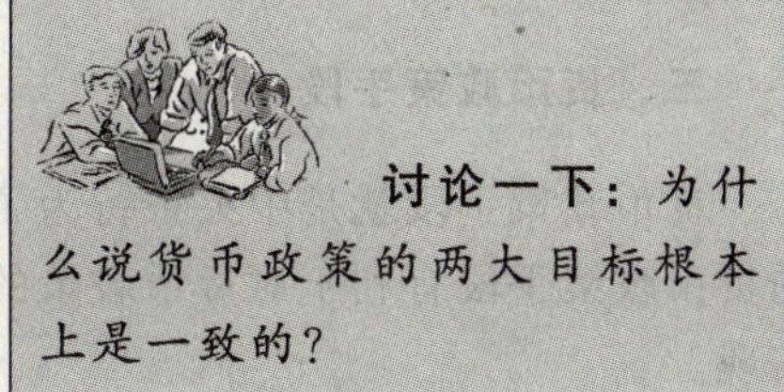

讨论一下：为什么说货币政策的两大目标根本上是一致的？

上述双重目标的统一性，是从全面和长远而言的。这种统一性并不是绝对的和无条件的，而是相对的和有条件的。只有在经济发展正常、货币基本稳定的条件下，在人们正确认识并自觉遵守宏观经济规律的情况下，两者才能实现其统一。任何一方出现偏差，其统一性就会遭到破坏。

由于经济增长与币值稳定的矛盾性，使得在具体实施双重政策目标时，经常会出现两者难以同时实现的问题。一般说来，在信用货币流通的条件下，要保持经济增长的一定速度，就需要不断地增加货币供应以刺激经济发展，如货币供应量把握不好，往往会导致通货膨胀，使币值稳定的目标难以实现；要稳定币值，就需要控制货币供应量，如货币供应过紧，国民经济就难以较快发展，使经济增长的目标难以实现。

可见，双重目标虽然存在内在统一性，但要将这种统一性付诸实施，既是困难的又是有一定条件的。首先，必须端正经济建设的指导思想，正确认识经济发展的宏观要求，把经济增长切实地建立在较高的国民经济运行质量基础之上。其次，中央银行应灵活而有效地把握货币供应量。当经济增长与币值稳定相一致时，实现币值稳定客观上就促进了经济增长；当两者不一致时，就应该视宏观经济情况而定：有时应舍经济增长而求币值稳定，以防通货膨胀的发生；有时应舍币值稳定而求经济增长，以防通货紧缩。

经济增长与币值稳定可以说是货币政策的最终目标。但从货币政策手段的运用到货币政策最终目标的实现之间要经历一个传导过程，也就是运用货币政策手段影响中介目标进而对货币政策的最终目标发生作用。

从人民银行执行中央银行职能以来至20世纪90年代初期止的一段时期内，我国实际上是以信贷总量和现金总量为中介目标的。根据现阶段我国社会经济金融情况和货币政策手段的可能，我国货币政策的中介目标宜选择以下几个。

第一，利率。利率是金融市场的一个最基本的影响因素，是理想的货币政策中介目标，在货币政策操作过程中发挥着巨大的作用。因为利率的变动对市场资金需求能起调节作用，更因为利率这一指标便于中央银行控制。

第二，货币供应量。就是在一定时期内为社会经济服务的货币总额。控制货币供应量的直接目的在于控制社会当期和近期的购买力，以保卫货币、稳定币值。根据货币流动性的差别和货币功能的强弱，货币供应量可划分为M_0、M_1、M_2等几个层次，要根据经济情况合理地选择货币层次进行监测和操作。

第三，基础货币。基础货币由流通中的现金和商业存款准备金等中央银行可支配的资金构成。通过货币乘数的作用，基础货币可以直接调节社会货币供应量。中央银行对基础货币的控制能力也很强，是可控性较强的指标。

三、货币政策手段

货币政策手段就是中央银行为了实现货币政策目标所运用的调控工具。显然，科学合理的货币政策手段有利于对货币政策的中介目标产生直接影响，进而促进货币政策最终目标的实现。

（一）一般性货币政策手段

存款准备金率、再贴现率和公开市场业务是货币政策的一般性手段，通常称为中央银行的三大货币政策手段或“三大法宝”。

1. 存款准备金率。存款准备金率是指商业银行等金融机构上缴中央银行的法定准备金占存款总额的比率。这项调控手段主要是中央银行通过提高或降低存款准备金率的办法，来增加或减少商业银行等金融机构向中央银行交存的存款准备金数额，从而影响商业银行等金融机构的贷款能力，促使信用收缩或扩张的一种措施。

根据货币供应的基本模式$M=K\cdot B$，货币供应量M的改变取决于货币乘数K与基础货币B的调整。而调整存款准备金率不仅影响基础货币，而且也影响货币乘数。以中央银行实行紧缩政策为例，当法定存款准备金率提高时，一方面使得货币乘数变小，另一方面使商业银行的应缴准备金增加，超额准备金则相应地减少，迫使商业银行减少贷款的投资，其结果是减少货币供应量，达到紧缩效果。同样道理，降低存款准备金率会使信贷规模和货币供应量得以扩张。

早期存款准备金的功能主要是防御性的，其原始目的是保障存户的安全。自1935年美国银行法规定中央银行享有调整存款准备金比率的权力后，这个制度逐渐为各国所采纳，已使准备金的早期功能发生了根本的改变。现在存款准备金制度的主要功能已转变为各国中央银行控制货币供应量的一个有力手段。

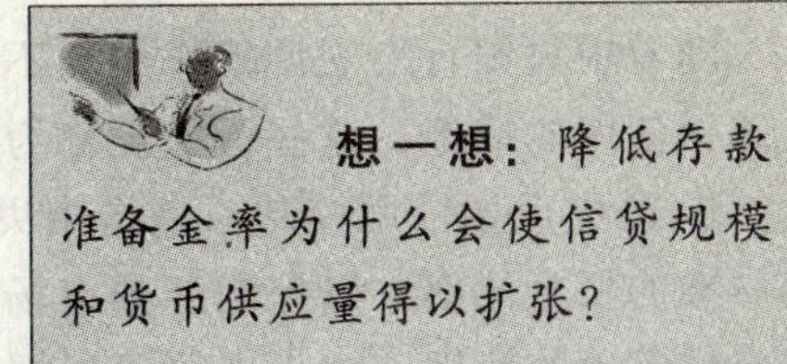

想一想：降低存款准备金率为什么会使信贷规模和货币供应量得以扩张？

法定存款准备金率被称为“猛烈而不常用的武器”。因为法定存款准备金率的升降会使银行存款量和贷款量产生数倍的收缩与扩张。如美国，只需把法定存款准备金率升降一个百分点，就会引起数十亿美元准备金的变动，并会进一步引起数倍于此的贷款额和存款额的升降变动。这种猛烈性使各国在运用这一手段时均持慎重态度。

我国从1984年开始实行存款准备金制度，开始时对不同性质的存款分别规定上缴比率，其后实行统一的存款准备金率。这一手段实施后，在增强中国人民银行的资金实力、巩固其中央银行的地位、调控信贷规模等方面起到了很好的作用。近几年中央银行较灵活地运用存款准备金率，对宏观经济的调控起到了积极作用。1984年至2006年11月，存款准备金率已调整10次，其中2006年三次。

2. 再贴现率。再贴现是指商业银行等金融机构以贴现所获得的未到期票据向中央银行所作的票据转让。对中央银行而言，再贴现是买进商业银行持有的票据；对商业银行而言，再贴现是出让已贴现的票据。再贴现率手段就是中央银行通过提高或降低再贴现率的办法，来影响商业银行的信贷量，促使信用扩张或收缩的一种措施。

再贴现率是调控货币供求的重要手段，比存款准备金率温和一些。但也有其局限性，一是与存款准备金率相比，它显得被动，力度不足，不能强制地发挥作用。二是再贴现手段的运用要以发达的金融市场的存在为前提，没有发达的金融市场，再贴现率便难以发挥调控作用。

3. 公开市场业务。也称公开市场活动或公开市场买卖。就是中央银行在金融市场上公开买卖有价证券（主要是政府债券），藉以改变商业银行的准备金，从而实现其货币政策目标的一种措施。市场经济较发达的国家，公开市场业务是中央银行最有力、最常用也是最重要的货币政策手段。

中央银行从事公开市场业务的另一个目的，是影响市场利率、辅助再贴现率手段的运用。若中央银行希望降低市场利率，而在采取降低再贴现率手段未达到预期效果时，中央银行就可购买有价证券。由于中央银行的购买数量巨大，因此必然会改变证券市场的供求对比，需求的增加会提高有价证券的价格，从而降低市场利率。利率的降低可促进生产经营者贷款的增加，从而起到扩大信用规模、刺激国民经济扩张的功效。反之则起紧缩作用。

当然，公开市场业务也有其局限性，运用这一手段必须具备一定的条件，诸如中央银行的领袖地位、雄厚资金力量、弹性操作权力、发达的金融市场和信用制度等。

1996年4月我国中央银行开始通过金融市场买卖国库券，标志着我国已尝试运用公开市场业务手段。前五年处于发展的初级阶段，作用还不是主要的。近五年来它发挥的作用越来越重要，尤其是在对冲由于外汇占款过多而投放的流动性方面。其中，前两年是以国债回购的方式对冲，2003年以来以每周两次直接发行央行票据的方式对冲。到2006年上半年，央行票据余额已超过 3 万亿元，大大缓解了流动性过剩的状况。

（二）选择性货币政策手段

随着中央银行宏观调控作用的不断加强，货币政策工具也趋向多元化，因而出现了一些供选择使用的措施，这些措施被称为“选择性货币政策手段”。

1. 证券市场信用控制。是指中央银行对有关证券交易的各种贷款，规定贷款额占证券交易额的百分比率，以控制证券市场的放款规模。如规定以信用方式购买证券时按保证金比率支付款项的额度，中央银行可根据金融市场状况调整法定保证金比率。

2. 消费者信用控制。是指中央银行对不动产以外的各种耐用消费品的销售融资予以控制。如在消费需求过旺和通货膨胀时，中央银行可以采取提高首次付款金额、缩短分期付款的期限、限制可用消费信贷购买的消费品种类并严格审查其付款能力等来抑制消费，促进市场供求平衡。

3. 不动产信用控制。是指中央银行对金融机构在房地产方面放款的限制措施。如规定商业银行对不动产放款的最高限额、放款期限、第一次付款的最低限额等。

（三）其他货币政策手段

其他货币政策手段有两类：直接信用控制和间接信用指导。

1. 直接信用控制。它是指中央银行以行政命令或其他方式，直接对金融机构尤其是商业银行的信用活动进行干预。其具体手段包括：规定利率限额、信用配额、流动性比率和直接干预等。

2. 间接信用指导。它是指中央银行通过道义劝告、窗口指导等办法来间接影响商业银行等金融机构信用活动的做法。

小知识

我国货币政策的实践

1984—1988 年，我国一直实行宽松的货币政策。1988—1993 年实施宏观调控，货币政策从紧。1994—1998 年，适应新一轮经济增长，强调要发挥货币政策作用，但已经是逐步趋稳。1998 年，稳健货币政策的操作是略微扩张的，中央银行通过调低存款准备金率、降息等手段，扩大了货币供应量，以确保经济增长 8% 目标的实现。2003 年以来，经济和金融运行态势发生了变化，中央银行运用了公开市场操作、提高存款准备金率等方式，采取了适度从紧的货币政策。2008 年 11 月由适度从紧货币政策转向适度宽松货币政策，主要强调合理扩大贷款规模、优化贷款结构、发挥债券融资功能、下调利率和存款准备金率、改进金融服务。

第三节　财政政策与货币政策的配合

一、财政政策与货币政策配合的必要性

为了实现经济宏观调控的目标，仅靠财政政策或仅靠货币政策都是难以奏效的，必须要财政政策与货币政策的密切配合。

（一）财政政策与货币政策的相互关系

财政政策与货币政策的关系表现在两者既相互联系又相互区别，既有一致性也有差异性。

1. 财政政策与货币政策的一致性。主要表现在三个方面：

一是政策实施主体的一致性。财政政策与货币政策都反映政府的经济政策，体现政府的意志，因而政策实施主体为政府。具体地说，财政政策的实施主体是财政部，通过财政部控制和引导预算、税收、国债、国有资产、财务等活动来实施财政政策。货币政策的实施主体是中国人民银行，通过中国人民银行控制和引导政策性银行、国有商业性银行和其他金融机构的活动来实施货币政策。从具体操作看，财政政策与货币政策分为两个不同的具体实施主体，但实际上都是政府的组成部分，主体都统一于政府。

二是政策调控最终目标的一致性。虽然财政政策与货币政策都有各自的政策目标，各有自身的手段来实现它。但从宏观经济角度来看，财政政策的充分就业、物价稳定、经济增长、国际收支平衡目标，货币政策的经济增长和币值稳定目标，最终都是为了社会总供应与社会总需求的平衡，使国民经济协调发展。

三是政策作用形式的一致性。财政政策与货币政策都是通过货币资金的运用形式来实施的，税收收入、国债筹措、财政支出、转移支付等等都是通过货币资金形式在流通中最后完成的。

2. 财政政策与货币政策的差异性。主要表现在三个方面：

一是侧重点不同。财政政策在刺激需求和调节经济结构方面具有较明显的效应，但在限制社会总需求方面的效应要弱一些。因为减税和增支都较易实现，效应也很明显；而增税和减支却十分困难。货币政策的调控范围覆盖全社会，尤其是社会需求总量，它通过调控货币供应量，在抑制（扩张）需求、控制通货膨胀（紧缩）方面具有较显著的效应。此外，财政政策侧重于经济增长及社会公平分配；货币政策侧重于物价稳定及经济运行效率。

二是时滞性不同。一般说，财政政策的制定时滞较长，而执行生效时滞较短。因为财政政策手段（预算、税收等）大多是具有法律效力的政策手段，其立法制定过程往往需要很长的时间。而财政政策在执行中，由于税收、财政支出等可直接影响经济单位，没有中间环节，从而可直接影响投资和消费需求，生效时滞较短。货币政策的制定时滞较短，执行生效时滞较长。因为货币政策一般可由中央银行根据经济状况自行决策，时滞较短；但货币政策从实施到产生效应要经过较复杂的传导过程，所需时间长，并且多变，不易把握。

三是透明度不同。财政政策的透明度高，财政的一收一支，是结余还是赤字等都非常清

楚，政府能较准确地判断财政状况并可根据财政状况有针对性地制定相应政策。银行信贷收支表现为一存一贷，而贷款来源于存款，贷款又可创造派生存款，在中央银行的资产负债表上是难以全面反映信贷收支平衡状况的，使得信贷投放的合理规模、货币发行的合理界限等都较难把握。

可见，财政政策与货币政策既有一致性，也存在差异性，这就需要将两者密切结合起来，相互补充，才能增加宏观调控的效应。

（二）财政政策与货币政策的优劣势

1. 财政政策的优势和劣势。财政政策的优势主要表现在：一是调节经济结构。可通过财政支出结构、税收优惠、转移支付等手段来实现，以促进经济结构包括产业结构、地区结构等的合理化；还可以通过财政收支总量和结构的变动来调节社会总需求及结构，刺激经济增长，更有效地治理通货紧缩。二是调节收入分配。可通过财政支出、税收等手段来实现，能在实现社会公平方面发挥更重要的作用。三是调节社会发展。可通过财政支出、财政补贴、转移支付等手段进行调控，弥补“市场失灵”的领域，满足社会公共需要，促进社会和谐地发展。

财政政策的劣势主要有：一是对社会需求的调节更多表现在比例和分布上，对需求总量调节不如货币政策直接；二是对物价调控的效果不如货币政策大；三是对提高资金的使用效率缺乏刺激力，因为它的作用过程主要不是靠市场机制。

2. 货币政策的优势和劣势。货币政策的优势主要表现在：一是调节社会供求总量。可通过货币供应量、利率等手段来实现，而财政政策在调节总量方面的效应要弱些。二是调节物价总水平。可通过利率水平和货币供应量来实现币值稳定，能更有效地治理通货膨胀。三是有利于提高资金的使用效率，因为它的操作是一种经济行为，能很好地发挥市场机制的作用。

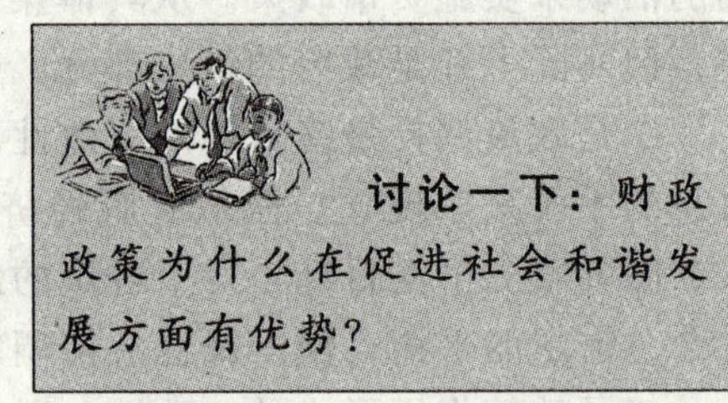

讨论一下：财政政策为什么在促进社会和谐发展方面有优势？

货币政策的劣势主要有：一是对市场缺陷的弥补显得乏力。二是难以很好地解决收入分配不公的问题。三是在调整经济结构方面难以直接有效地发挥作用。

可见，财政政策与货币政策各有优劣势，且两者的互补性很强，政府在实施宏观经济调控时不能相互代替，必须协调运用两种政策。

二、财政政策与货币政策的配合模式

财政政策与货币政策是政府实施宏观调控的两项主要政策，两者的协调配合问题是政府宏观调控目标能否实现的关键。

财政政策与货币政策都可以分为扩张性、中性和紧缩性三种，两者的组合就有九种模式，但在实践中的运用主要有五种模式。

想一想：扩张性财政政策与扩张性货币政策的配合模式为什么会引发通货膨胀？

（一）扩张性财政政策与扩张性货币政策的配合模式

扩张性财政政策是通过减少税收和扩大支出来增加社会总需求，它可以刺激投资，促进经济增长。扩张性货币政策是通过增加货币供应或降低存款准备金率、降低再贴现率，在公开业务市场购买有价证券等措施来扩大信贷规模，从而刺激投资，使社会总需求增加。

这种模式主要适用于社会总需求小于社会总供给，通货紧缩，经济陷入萧条的状况。它可以强有力地刺激社会总需求扩张，降低失业率，促进经济复苏。但若长期使用这种模式，将会出现大量财政赤字和货币供应过多，引发通货膨胀，影响经济稳定发展。

（二）紧缩性财政政策与紧缩性货币政策的配合模式

紧缩性财政政策主要通过增加税收、压缩支出等来限制消费与投资，抑制社会总需求。紧缩性货币政策主要通过提高存款准备金率、提高再贴现率等来增加储蓄，减少货币供给，抑制社会总需求。

这种模式适用于社会总需求大于社会总供给，通货膨胀，经济过热的状况。它可以有效压抑社会总需求，缓解通货膨胀。但若长期使用这种模式，将会产生经济增长减缓，社会总需求不足等问题。

（三）扩张性财政政策与紧缩性货币政策的配合模式

在这一模式中，财政政策主要采取减少税收或增加支出的措施，货币政策主要采取减少货币供应量或提高利率等措施。

一般而言，在经济增长减缓以至停滞而通货膨胀压力又很大，或者经济结构失调与严重通货膨胀并存的情况下，采用这种配合模式。因为扩张性财政政策具有同时刺激需求与供给能力的效应和通过加强重点建设与基础设施的财政投资达到调整产业结构的效应；而紧缩性货币政策具有控制通货膨胀的效应。两者搭配使用，能更好地发挥财政政策与货币政策各自的优势，既能调节经济结构、促进经济发展，又能有效地控制货币供应量、避免通货膨胀。但这种配合模式如长期使用，容易积累大量的财政赤字。

（四）紧缩性财政政策与扩张性货币政策的配合模式

在这一模式中，财政政策采取压缩财政支出或增加税收的措施，货币政策采取扩大货币供应量或降低利率的措施。

一般而言，在社会需求不足、失业压力较大而物价又相对平稳，或财政赤字较大与社会总需求严重不足并存的情况下，采用这种模式。通过这种配合模式，能更好地发挥财政政策与货币政策各自的优势，可以在控制通货膨胀的同时，保持适度的经济增长。但货币政策过松，也难以制止通货膨胀。

（五）中性财政政策与中性货币政策的配合模式

在这一模式中，财政政策主要为了保持财政收支的基本平衡，货币政策为了保持货币供应量或利率的稳定，两大政策都强调“稳健”的取向。

一般而言，在社会总供求基本平衡、经济运行比较平稳而经济结构不尽合理的情况下，采用这种配合模式。但由于经济周期波动是市场经济发展的客观规律，一旦经济运行发生变化，这一配合模式就应及时做出调整。

三、灵活运用财政政策与货币政策

在社会主义市场经济中，财政政策与货币政策是政府进行宏观调控的重要手段。由于两者根本利益的一致性和同一的总体目标，使财政政策与货币政策的实施具有良好的前提，也为两者的协调配合奠定了牢固的基础。当然，两大政策各有特殊的地位，各有自身作用的范围。因此，既不能简单地等同或混同，也不能各行其是，而应该以科学发展观合理定位，灵活地互相协调、密切配合。

（一）两大政策的协调配合要以实现社会总供求的基本平衡为共同目标

政府宏观经济调控的总目标是实现社会总供求的基本平衡，这种平衡既包括总量平衡也包括结构平衡。财政政策与货币政策对总量和结构都有较强的调控能力，但两者的侧重点不同。货币政策侧重总量、财政政策侧重结构，两者必须互相补充、密切配合，产生合力，才能实现共同的目标。

上面政策搭配的分析是把财政政策与货币政策的调节放在对社会总需求的影响上，实际上，不管是扩张性政策还是紧缩性政策，在调节需求的同时也在调节供给。在社会总需求大于社会总供给的情况下，既可用紧缩性政策来抑制社会需求，也可用扩张性政策来促进供给。因此，紧缩性政策与扩张性政策并不是互相排斥的，而是互相补充的。可见，在运用财政政策与货币政策来实现社会总供求基本平衡的目标时，不能只看到需求的一面，还要兼顾供给的一面。当然也要看到，采用紧缩性政策在抑制需求方面可以很快奏效，而采用扩张性政策在增加供给方面往往在经历一个过程后才能见效。

讨论一下：为什么说无论是扩张性政策还是紧缩性政策，在调节需求的同时也在调节供给？

（二）两大政策既要相互配合又要相对独立

由于财政政策与货币政策的调控领域、调控手段、调控过程等都不相同，但总体目标又是共同的。因此，两者既要相互配合以加强调控效应，又需要保持相对的独立性，以更好地发挥各自的应有功效。前面已经阐述了财政政策与货币政策的差异性，这种差异性的存在，说明两大政策不能简单地等同或取代，而应充分发挥它们各自的优势。要注意的是一个政策的调控必然会不同程度地对另一个政策的调控效应产生影响，这种影响可能是同方向的，即一种政策的调控有助于另一种政策的调控，两者在效应上是互相加强的；但也可能是反方向的，即一种政策的调控抵消或削弱了另一种政策的调控效应。因此，在运用两大政策时要注意到相互间的影响，加强彼此间的配合，使两者朝向同一个共同目标而努力。

（三）从现实出发灵活地进行两大政策的配合运用

科学地组合财政政策与货币政策，是进行有效的宏观调控的客观要求，也是一项高超的管理艺术。究竟应该采取什么样的财政政策与货币政策相配合，必须从现实情况出发。首先需要判断社会总供应与社会总需求是否平衡，若总供求失衡，是求大于供还是供大于求？在总需求大于总供应的情况下，是以控制需求为主还是以增加供应为主？或控制需求和增加供应并重？在总供应大于总需求的情况下，如何扩大需求？如此等等。只有在对国民经济运行状况作出透彻分析和对宏观经济形势作出正确判断的基础上，才能科学灵活地选择政策模式。

（四）需要外部环境的协同配合

财政政策与货币政策协调配合的效应，不仅取决于科学确定两大政策的配合方式及其具体操作，在很大程度上还取决于外部环境的协同配合。如需要有产业政策、收入分配政策、外贸政策、社会保障政策等的协同；要有良好的国际政治经济环境及稳定的国内社会政治环境；要有合理的价格体系和健全的现代企业制度；要有完善的市场体系；要有健全的法律体系等等。

近些年来我国政府针对不同的经济运行态势，分别运用了扩张性政策、紧缩性政策和中性政策，财政政策与货币政策也进行过不同模式的配合运用。这足够表明，我国政府已经能够灵活地运用财政政策与货币政策来实施国民经济的宏观调控。

小知识

财政政策乘数和货币政策乘数

财政政策乘数是用以反映财政政策的变化对国民收入的增减有何效应的乘数，包括三大乘数：政府支出乘数、税收乘数和预算平衡乘数。

政府支出乘数是指投资或政府公共支出变动引起的社会总需求变动对国民收入增加或减少的影响程度。税收乘数是指税收的增加或减少对国民收入减少或增加的程度。预算平衡乘数是指当政府支出的扩大与税收的增加相等时，国民收入的扩大正好等于政府支出的扩大量或税收的增加量，当政府支出减少与税收的减少相等时，国民收入的缩小正好等于政府支出的减少量或税收的减少量。

货币政策乘数是在基础货币基础上货币供应量通过商业银行的创造存款货币功能上派生存款信用的倍数。其基本意义是表示中央银行创造或消灭一单位的基础货币，能使货币供给量增加或减少的数额。或者说，货币乘数就是货币供给量对基础货币的倍数。

【重要概念】

财政政策　扩张性财政政策　紧缩性财政政策　中性财政政策　财政政策目标
财政政策手段　货币政策　存款准备金率　公开市场业务

【思考与实训】

1. 结合我国实际，思考我国有哪些具体的财政政策手段刺激经济增长。
2. 举例说明我国货币政策是如何调节经济的。
3. 查找最近的我国存款准备金率调整资料，思考其调整的原因和对经济的影响。

【分析与讨论】

2008 年 11 月，为应对国际金融危机，中央决定实施积极财政政策和适度宽松的货币政策。根据有关资料，分析与讨论我国近年来的财政政策和货币政策的主要特点及其今后的主要走向。

主要参考书目

1. 财政部:《2010 年政府收支分类科目》,中国财政经济出版社 2009 年版。
2. 王国星、韩宗保:《财政与金融教程(第 2 版)》,中国财政经济出版社 2007 年版。
3. 金人庆:《中国财政政策理论与实践》,中国财政经济出版社 2006 年版。
4. 高培勇:《共和国财税 60 年》,人民出版社 2009 年版。
5. 谢旭人:《中国财政改革三十年》,中国财政经济出版社 2008 年版。
6. 哈维·S·罗、特德·盖亚:《财政学(第 8 版)》,中国人民大学出版社 2009 年版。
7. 龚六堂:《公共财政理论》,北京大学出版社 2009 年版。
8. 陈共:《财政学》(第四版),中国人民大学出版社 2006 年版。
9. 戴罗仙:《财政学》,中南大学出版社 2009 年版。
10. 巫建国:《公共财政学》,经济科学出版社 2009 年版。
11. 弗雷德里克·S·米什金:《货币金融学(第 8 版)》,清华大学出版社 2009 年版。
12. 严存宝、石全虎:《金融学教程》,中国金融出版社 2009 年版。
13. 石月华:《货币银行学》,中国人民大学出版社 2009 年版。
14. 卞志村:《货币银行学》,人民出版社 2008 年版。
15. 方显仓:《货币银行学》,北京大学出版社 2009 年版。
16. 宗伟:《金融学概论(第 2 版)》,中国人民大学出版社 2009 年版。
17. 孙文基、魏晓锋:《财政与金融概论(第 4 版)》,经济管理出版社 2009 年版。
18. 杨明:《财政与金融》,中国经济出版社 2009 年版。
19. 赵志恒、邵惠芳:《财政与金融》,中国人民大学出版社 2009 年版。
20. 蒙丽珍、安仲文:《国家税收》,东北财经大学出版社 2009 年版。
21. 财政部网站 http://www.mof.gov.cn。
22. 中国人民银行网站 http://www.pbc.gov.cn。
23. 国家统计局网站 http://www.stats.gov.cn。
24. 中国财经报网站 http://www.cfen.com.cn。